KB259746

펄떡이는 물고기처럼
그후 이야기

Stephen C. Lundin, Ph.D., Harry Paul,
John Christensen, and Philip Strand

유영만 옮김

FISH! TALES

한언 HanEon Community

펄떡이는 물고기처럼 그후 이야기

펴 냄   2004년 9월 1일 1판 1쇄 펴냄 / 2009년 12월 15일 1판 7쇄 펴냄
지은이   스티븐 C. 런던 외
옮긴이   유영만
펴낸이   김철종
펴낸곳   (주)한언
          등록번호 제1-128호 / 등록일자 1983. 9. 30
주 소   서울시 마포구 신수동 63-14 구 프라자 6층 (우 121-854)
          TEL. 02-701-6616 (대) / FAX. 701-4449
홈페이지   www.haneon.com
e-mail   haneon@haneon.com

이 책의 무단전재 및 복제를 금합니다.
잘못 만들어진 책은 구입하신 서점에서 바꾸어 드립니다.

ISBN 978-89-5596-036-5   03320
      89-5596-036-0   03320

펄떡이는 물고기처럼
그후 이야기

FISH! TALES

by Stephen C. Lundin, Ph.D., Harry Paul and John Christensen

Originally published in the United States and Canada by Hyperion as FISH! TALES
Copyright © 2002 ChartHouse Learning, John Christensen,
Stephen C. Lundin, Ph.D., and Harry Paul
All rights reserved.
Korean translation copyright © 2002 by Haneon Community Co.

This translation edition published by arrangement with Hyperion,
New York through Korea Copyright Center, Seoul.

이 책의 한국어판 저작권은 한국저작권센터(KCC)를 통한
저작권자와의 독점계약으로 (주)한언에 있습니다.
저작권법에 의해 한국 내에서 보호를 받는 저작물이므로 무단전재와 복제를 금합니다.

지난 몇 년 동안 전 세계의 수많은 사람들이 파이크 플레이스 어시장 상인들의 'FISH! 철학' 을 배웠다. 그들은 삶과 직장에 대해 새롭게 생각해 보았고, 그곳에서 새로운 비전과 가능성을 발견했다. 우리가《펄떡이는 물고기처럼》과 다양한 필름으로 그들을 소개한 이후, 그 신나는 일터에 관한 소문은 입에서 입으로 빠르게 퍼져나갔고, 이제 'FISH! 철학' 의 무대는 어시장에서 수많은 사람들의 일터로 옮겨갔다.

시인 데이비드 화이트(David Whyte)의 말처럼, 우리는 "직장이라는 곳을 보람 있고 활기찬 삶의 무대로 봐야지, 단순히 돈을 벌기 위한 수단으로 봐서는 안 된다." 그러기 위해서 우리는 각자의 삶이 얼마나 소중한지를 스스로 깨달아야 하며, 우리의 소중한 하루하루를 100% 연소시키며 살기 위해 끊임없이 노력해야 한다.

우리는《펄떡이는 물고기처럼》에서 어시장 상인들의 이야기를 소개하면서 '놀이', '그들의 날 만들어 주기', '그 자리에 있기', '그날의 마음가짐을 선택하기' 를 설명했다. 우리는 이 네 가지 원칙이 여러분의 직장을 신나고 활기찬 곳으로 바꾸어 주는 열쇠가 되길 바라며, 전편에 이어《펄떡이는 물고기처럼 그후 이야기》를 펴냈다. 여기서는 네 가지 'FISH! 원칙' 을 비즈니스 현장에 적용한 기업들의 재미있는 성공 사례들을 소개한다. 여기에 나온 'FISH 철학' 이야기들은 우리 이웃과 동료들의 실제 이야기이며, 이들의 경험은 여러분의 삶을 보다 더 생생하고 활기차게 만들어 줄 것이다.

《펄떡이는 물고기처럼 그후 이야기》의 핵심 아이디어는 매우 간단하다. 보다 의미 있고 보람된 삶은, 다름 아닌 여러분의 선택에 달려 있다는 사실을 이야기하고자 한 것이다.

구체적으로, 1부부터 4부까지는 실제 회사나 작업 현장에서 'FISH! 원칙'을 어떻게 실천하고 있는지를 보여 준다. 하지만 한 가지 이야기에 꼭 한 가지 원칙만 나오는 것은 아니다. 각각의 이야기는 주된 원칙 한 가지에 대해 집중적으로 설명하고 있지만, 다른 원칙들도 모두 함께 이야기된다.

예를 들면, '놀이'는 '그 자리에 있으면서', 함께하는 사람들에게 '그들의 날을 만들어 주고', 일상에 임하는 '그날의 마음가짐을 스스로 선택하는' 것이다. 자신의 마음가짐을 정하고 놀이에 적극적으로 참여함으로써 누군가를 즐겁게 해준다는 것이다. 이런 것을 보면 이 네 가지 원칙들이 서로 영향을 주고받는 긴밀한 관계에 있음을 알 수 있을 것이다.

그리고, 각 부의 주요 내용이 끝나면 가볍게 읽을 수 있는 짧은 이야기들이 이어진다. '한입씩 깨물어 먹는 이야기'라고 이름 붙인 이 이야기들은, 그 부에서 이야기했던 'FISH! 원칙'을 보충해 주고, 잔잔한 여운을 남길 것이다.

다음으로, 네 가지 'FISH! 원칙'의 실제 사례들 속에서 즐겁게 헤엄쳐 보았다면, 이젠 여러분이 이 책에 나온 사람들처럼 FISH!에 빠질 차례다. 마지막 5부에서는 실제로 'FISH! 원칙'을 여러분의 생활 속에서 실천해 볼 수 있도록 구체적인 행동 계획이 수록되어 있다. 이 책에 나온 평범한 우리 이웃들의 체험을 읽고 공감했다면, 그리고 '나도 충분히 할 수 있다.'는 자신감이 생겼다면, 5부의 12주 프로그램을 성실히 따라해보자.

이 책에서 스티븐 런딘(Stephen C. Lundin)은 내레이터가 되어 여러분에게 네 가지 이야기를 소개한다. 존(John Christensen)과 해리(Harry Paul)는 'FISH! 철학'을 실천하고 있는 사례를 취재·정리했고, 필(Phil Strand)은 각각의 이야기를 써내려갔다.

이 책을 통해 만족스러운 직장생활은 물론, 여러분의 삶의 질이 한 단계 더 올라가길 바란다. 읽는 것에 그칠 것이 아니라, 생활 속에서 이 이야기들을 직접 실천해 본다면, 여러분의 직장은 내부고객과 외부고객 모두 탄성을 연발하는 신나고 활기찬 곳이 될 것이다.

자, 이제 물고기를 낚으러 가자!

CONTENTS

Section FIVE

이제 낚시하러 가자!

꒰ 'FISH! 철학' 의 기본원리 ꒱

　존과 나는 우리가 가진 철학을 실천하기 위해 '우리가 할 수 있는 일이 과연 무엇일까'에 관해 항상 고민해왔다. 우리 나름대로의 철학이 다른 사람들의 삶의 질을 향상시키는 데 조금이라도 도움이 될 수 있다면, 그것은 얼마나 기쁜 일인가? 우리는 그런 기쁨을 맛보기 위한 여러 가지 방법들을 함께 고민하곤 했다.

　해마다 여름이 되면 나는 장애아동들을 위한 여름캠프인 캠프 커리지(Camp Courage)에서 자원봉사자로 활동했다. 그곳에서의 자원봉사활동은 그동안 내가 경험했던 다른 어떤 일보다도 즐겁고 재미있는 것이었다. 몸이 불편한 아이들을 돌보는 것이 결코 쉬운 일은 아니었지만, 그곳은 내가 이제까지 다녀보았던 수많은 '현실'의 직장들과는 비교도 할 수 없을 만큼 활기와 즐거움이 넘치는 곳이었다.

　장애아동 캠프는 이렇게 신이 나는데, 건강한 사람들로 가득 찬 회사는 왜 이렇게 재미가 없는 것일까?

　우리는 매일 아침 출근하는 일터에 대해 생각해 보았다. 안타깝게도 우리 주변에 에너지와 열정으로 넘치는 일터를 찾기란 그리 쉽지 않았다.

　하루의 대부분을 일터에서 보내야 하는 우리의 일생을 생각하면, 가끔씩 암담해지고 우울해질 때가 있다. 지겹고 짜증스러운 직장은 치워버리고, 즐겁고 신나는 곳으로 우리의 일터를 바꿀 수 있는 뭐 기발한 방법이 어디 없을까…?

좋은 방법이 있다. 분명 우리의 일터를 멋진 곳으로 만들 수 있는 방법은 얼마든지 있다. 우리는 사람들에게 그 방법을 알려 주고 싶었고, 그래서 그 방법을 제시하기 위한 적당한 모델을 찾아보았다.

1997년 존과 나는 촬영을 위해 시애틀 근처 위드베이 섬(Whidbey Island)에 위치한 어느 작은 마을을 방문한 적이 있다. 우리는 시인 데이비드 화이트(David Whyte)의 이야기를 다큐멘터리 영화로 만들기 위해서 그를 만나러 촬영 장비를 가지고 간 것이었다.

데이비드는 시를 통해서 사람들에게 자신의 일에 헌신하고 열중하라는 메시지를 전파하던 사람이었다. 우리는 다큐멘터리 제작을 위해 그를 인터뷰하면서, 자신의 일에 혼신을 다하라는 그의 이야기에 흠뻑 빠져들었다. 데이비드는 우리에게 이런 이야기를 들려주기도 했다. "피로를 반드시 휴식으로 풀 필요는 없습니다. 맡은 일에 최선을 다해 열중하면 피로는 저절로 풀리니까요. 마지못해 하는 일이야말로 우리를 피곤하게 합니다."

카메라를 앞에 두고 우리는 데이비드에게 이런 질문을 했다. "자신의 업무에 최선을 다해야 한다는 당신의 메시지가 많은 회사와 크고 작은 조직에 커다란 파장을 일으키며 퍼지고 있습니다. 당신의 생각이 퍼지고 있는 회사들에 관해 알고 계십니까? 알고 계신다면 그런 조직에 대해 어떻게 생각하십니까?"

그러자, 데이비드는 이렇게 대답했다. "대부분의 회사 조직은 놀라울 지경입니다. 꼭 교도소 같다고나 할까요?"

그의 대답에 우리는 약간 충격을 받았다. 좀더 자세히 얘기해 달라고 하자, 그는 이렇게 말했다. "세상의 모든 조직과 기업이 다 그렇다는 얘기는 아닙니다. 제가 보기에 회사보다는 그 속에서 생활하는 사람들의 태도가 문제인 것 같습니다. 직원들은 마치 교도소 재소자들처럼 행동하는 것 같아요. 그래서 회사가 교도소 같다는 얘깁니다."

그때 데이비드와 보낸 시간은 우리에게 커다란 충격으로 다가왔고, 인생의 전환점이 되어 주었다. 영혼을 위한 축제와도 같았던 그의 이야기를 통해 우리는 일터에서 보내는 시간이 얼마나 소중한지 다시 한번 생각해 보았고, 자기가 마음먹기에 따라 얼마든지 그 시간을 즐겁고 신나게 보낼 수 있다는 사실을 깨달았다. 한마디로 우리가 기존에 가지고 있던 직장에 관한 개념 자체가 변하게 된 것이다. 그렇게 우리는 그에게서 큰 충격과 깊은 인상을 받고 위드베이 섬을 떠났다.

우리는 다시 시애틀로 돌아와 그곳에서 금요일 밤을 보냈다. 나는 다음날 아침에 비행기를 타고 시애틀을 떠났지만, 존은 일요일까지 그곳에 머물렀다. 시애틀에 혼자 머물면서 뭔가 재미있는 게 없을까 고민하던 존은 사람들에게 가볼 만한 곳을 좀 추천해 달라고 했다. 그때 마침 어떤 사람이 파이크 플레이스 어시장을 추천해 주었는데, 옆에 있던 호텔 지배인도 그곳이 시애틀의 유명한 관광 코스가 되었다며 한번도 못 가봤다면 꼭 가보라고 거들었다. 존은 시애틀이 처음이었고, 특별히 할 일도 없었기 때문에 파이크 플레이스 어시장엘 가보기로 했다.

　그날 오후, 존이 시장 입구에 들어서려는 순간, 저 안쪽에서 웃음소리와 고함소리가 섞인 시끌벅적한 소리가 들려왔다. 떠들썩한 파티라도 열린 것 같았다. 존은 마치 하멜른의 피리 부는 사나이를 따라다니는 아이처럼, 뭐에 홀린 듯 소리가 나는 곳으로 가보았다. 한바탕 웃고 즐기는 사람들 사이를 비집고 들어가 보니, 그 안에서는 상인들의 즐거운 소동이 벌어지고 있는 것이 아닌가. 그곳이 바로 그 유명한 파이크 플레이스 어시장이었던 것이다.

　파이크 플레이스 어시장에서는 주문 받은 생선을 평범하게 전달하는 법이 없다. 주문을 받은 생선을 진열장 뒤의 동료에게 던지면, 카운터 뒤로 포물선을 그리며 날아가는 생선을 다른 상인이 멋지게 받아서 포장을 했다. 이곳에 모인 손님들은 그들의 멋진 생선 던지기 묘기를 가장 좋아했다. 가끔씩 그들은 즐거워하는 고객들을 카운터 뒤로 초대해서 날아오는 생선을 받아볼 수 있는 기회를 주기도 했다.

　하지만 존은 그런 묘기와 이벤트보다는 상인들의 태도에 깊은 인상을 받았다. 반복적이고 힘든 일을 하면서도, 그들은 분명히 그 일을 '즐기고' 있었다. 어시장은 몰려든 구경꾼들로 발 디딜 틈이 없을 정도로 혼잡했지만, 상인들은 주변의 그러한 소란은 전혀 괘념치 않았다. 그들은 손님을 맞을 때, 어시장 안에 마치 그 손님과 자신만 있는 것처럼 오로지 한 사람의 고객에게만 집중하고 있었다.

그러면서 상인과 손님은 큰 소리로 웃고 있었다. 가장 중요한 것은, 손님과 상인의 마음이 서로 통했다는 점이었다. 어시장의 금전등록기가 미친 듯이 따르릉거리는 것은 결코 우연이 아니었다.

존은 이 활기찬 어시장의 광경을 지켜보느라 시간 가는 줄도 몰랐다. 그때 상인 한 사람이 넋을 잃고 보던 그를 불렀다. "안녕하세요. 전 숀이에요." 존에게 말을 건 붉은 머리카락의 상인은 장난기 가득한 눈을 반짝이며 얼굴 가득 미소를 짓고 있었다.

존은 그에게 이렇게 물었다. "여기 무슨 일이 있나요?"

그랬더니 숀은 대답 대신 존에게 엉뚱한 질문을 했다. "점심은 드셨어요?"

존은 그가 무엇을 알고 싶어하는 건지 의아해하며 더듬더듬 말했다. "물론…이지요."

존의 질문에 대답해 줄 생각은 안 하고, 숀은 존에게 계속 뚱딴지 같은 질문을 했다. "그 식당, 서비스는 어땠어요?"

"괜찮은 것 같았어요." 존이 머쓱해 하며 대답했다.

"웨이터가 정말 당신 마음에 들게 해주던가요?"

숀의 질문에 존은 속으로 이렇게 생각했다. '마음에 들게 해주다니, 이 사람이 지금 무슨 소릴 하는 거야?'

숀은 존의 눈을 바라보며 이렇게 말했다.

"보세요, 손님. 지금은 손님과 저, 우리 둘만의 순간입니다. 지금 이 순간만큼은 손님과 제가 세상에서 가장 친한 친구가 되었으면 해요."

손의 말을 듣고 나서야, 존은 이곳에서 무슨 일이 일어나고 있는지 어렴풋이 이해가 갔다. 이곳의 상인들은 경영학과 교수도 기업을 연구하는 권위자도 아니었지만, 재미있게 일에 집중할 수 있는 방법을 누구보다도 잘 알고 있었고, 그 비법을 몸소 보여 주고 있었다.

사람들은 상인들의 재미있는 행동에서 눈을 뗄 수가 없었고, 상인들은 특별한 이벤트로 사람들의 마음가짐을 사로잡았다. 존은 이런 모습을 계속 지켜보았다. 재미있는 일도 많았는데, 그 중에서도 유난히 기억에 남는 장면이 있었다.

장난기가 발동한 상인 한 사람이 엄마를 따라 시장 구경을 온 어린 소년에게 가재 한 마리를 들고 다가갔다. 그는 아이에게 가재를 보여 주면서 아이의 바지를 살짝 물게 했는데, 소년은 그 가재를 보고 깜짝 놀라 그만 울음을 터트리고 말았다. 엄마 치맛자락을 붙잡고 서서 울먹거리는 아이에게 그 상인은 미안해서 어쩔 줄 몰라 하며, 옆에 쪼그리고 앉아서 먼저 용서를 빌고 아이를 안아 주었다. 자신의 잘못을 인정하고 아이에게 먼저 용서를 비는 그의 그런 모습은 정말이지 무척 인상적이었다.

그 모습을 보면서 존은 바로 며칠 전에 있었던 일을 다시 떠올렸다. 천식을 앓고 있는 그의 딸 켈시가 갑자기 호흡곤란을 일으켜서 존은 아이를 안고 부랴부랴 의사에게 데려갔었다. 아이는 헐떡이며 힘겹게 숨을 쉬고 있었는데, 그런 아이를 안고 접수계로 갔더니 간호사는 얼음장 같은 목소리로 몇 가지 질문을 했다. 존이 대답을 하자, 간호사는 역시 모니터에서 눈을 떼지 않은 채 타이핑을 했다. 그리고 나선 쌀쌀맞은 목소리로 "앉아서 기다리세요." 하고 툭 내뱉는 것이었다.

접수를 마치고 병원 복도에서 애간장을 태우며 기다리던 시간이 존에게는 마치 영원처럼 느껴질 정도로 길고 괴로운 시간이었다. 얼굴이 파랗게 질린 아이를 안고 한참을 초조하게 기다린 끝에, 드디어 "켈시 크리스틴" 하고 부르는 목소리가 복도 끝에서 들려왔다. 켈시를 돌봐 줄 간호사는 어디 있는지 보이지도 않았고, 그 딱딱한 목소리 역시 어디서 나오는지 알 수 없었다. 아이를 데리고 치료실로 들어가자, 간호사는 거의 켈시를 쳐다보지도 않은 채 기계적으로 체온을 재더니 말 한 마디 건넬 틈도 없이 나가버렸다.

존은 가재를 보고 놀라 울먹이던 소년을 다시 바라보았다. 그 아이는 언제 울었냐는 듯이 아까 그 상인이 보여준 가재를 손에 들고 웃고 있었다. 켈시를 데리고 갔던 병원의 소아과 전문가들보다 어시장의 상인이 아이를 달래주는 법을 더 잘 알고 있었다. 그 둘의 차이가 무엇인지 어느 정도 감이 잡히기 시작했다.

존은 상인들이 고객 한 사람 한 사람에게 최선을 다해 서비스하는 모습을 지켜보았다. 그들은 늘 고객의 입장에서 생각하고 친절한 태도로 고객을 배려했다. 손님들이 꼬리에 꼬리를 물고 찾아오는 게 당연했다.

존은 이들의 모습을 다큐멘터리 영화로 만들어야겠다고 생각했다. 이들이 일하는 모습을 더 많은 사람들이 볼 수 있도록 필름에 담아 세상에 알려야겠다고 마음먹었다. 상인들의 친절한 말씨와 행동, 활기찬 하루하루, 그리고 그들의 삶에 폭발하는 힘찬 에너지를 보여 주면, 누구라도 감동 받지 않을 수 없으리라는 것을 직관적으로 알 수 있었다.

마음이 급해진 존은 하루라도 빨리 이 작업에 착수하고 싶었다. 하지만 만약 이들이 거부한다면 어떻게 할 것인가. 그는 걱정을 하는 한편, 일단 영화제작에 관한 대략적인 계획을 머릿속으로 세워보았다. 그리고 두 시간쯤 지나 존은 어시장의 사장에게 다큐멘터리 영화제작에 관한 이야기를 꺼냈다.

존은 일단 자신이 영화제작자라는 사실을 밝히고, 그들을 설득하기 위해 생각해둔 말을 계속하려고 하는데, 갑자기 상인 한 사람이 그의 말을 자르면서 이렇게 말하는 것이 아닌가. "어디에 계셨어요? 여태 기다리고 있었는데."

이렇게 해서 존이 경영하고 있는 차트하우스 사는 곧바로 파이크 플레이스 어시장의 이야기를 다큐멘터리 영화로 만들기 위한 촬영에 착수했다.

촬영과 편집을 거치면서 어시장 상인들의 모습을 꼼꼼히 검토할 수 있었던 우리는 결국 그들의 비밀을 알아냈다. 어시장 상인들은 그들 나름의 몇 가지 기본 원칙을 세우고, 그것에 따라 고객서비스를 실천하고 있었다. 그 원칙들은 사실 마음만 먹으면 누구나 실천할 수 있는 것이었지만, 그것의 효과는 누구도 상상할 수 없는 것이었다.

우리는 상인들의 생각을 'FISH! 철학'이라고 이름 붙였고,

'FISH! 철학' 으로부터 나온 그들의 몇 가지 원칙을 'FISH! 원칙' 이 라고 부르기로 했다. 우리가 발견한 그들의 비밀, 네 가지로 요약할 수 있는 'FISH! 원칙' 은 다음과 같다.

– 놀 이 PLAY

일은 즐거운 마음으로 해야 한다. 어려운 업무를 자발적으로 선 택했을 때는 특히 놀이가 꼭 필요하다. 하지만 놀이라는 것이 꼭 어떤 활동일 필요는 없다. 놀이는 일종의 마음 상태이기 때문이 다. 즐거운 마음 상태는 지금 당신이 하고 있는 일에 새로운 에 너지를 불어넣어 주고, 반짝거리는 아이디어와 창의적인 해결 책을 만들어내는 데 도움을 주기도 한다.

– 그들의 날을 만들어 주기 MAKE THERE DAY

작은 친절만으로도 당신은 누군가에게 '그의 날(혹은 순간)'을 만들어 줄 수 있다. '그들의 날을 만들어 주기' 는 그냥 스쳐 지 나가는 만남도 특별한 기억으로 바꾸어 준다.

– 그 자리에 있기 BE THERE

인간적인 친밀함이라든지 온정 같은 것은, 누군가를 위해 지금 이 순간 함께 있을 때 가장 잘 전달된다. '그 자리에 있기' 란 누 군가를 위해 마음을 열고 그에게 최선을 다할 수 있는 가장 좋은 방법이다. 마음을 반만 열어둔 채 미온적인 태도로 일을 하면 더 욱 지칠 수밖에 없다.

– 그날의 마음가짐 선택하기 CHOOSE YOUR ATTITUDE

우리는 살면서 수많은 문제에 부딪히고, 그때마다 무언가를 선택해야 한다. 예상치 못했던 최악의 상황에 부딪히더라도, 우리는 무언가를 선택해야만 한다. 선택은 오로지 우리 자신에게 달려 있다. 그때 무엇을 선택할 것인가에 따라 삶은 완전히 달라진다. 선택의 힘이 얼마나 강력한지 알게 되면, 예전에는 미처 깨닫지 못했던 기회들이 보일 것이고, 결국 그 가운데 최고의 기회를 거머쥘 수 있게 될 것이다. 기억하라. 지금 만약 당신을 불평하게 만드는 것이 있다면, 당신의 마음가짐을 새롭게 하고 당신의 태도를 바꾸면 모든 것은 해결된다.

'FISH!' 비디오필름이 출시되고 1년 후, 우리는 이 네 가지 원칙을 일터에 적용한 사례를 찾아냈고, 그것을 바탕으로 《펄떡이는 물고기처럼》의 이야기를 만들어 냈다. 그 이야기에 나오는 직원들은 'FISH! 철학'을 알기 전에는 자기 일에 애착도 열정도 없는 사람들이었다. 심지어 사내에서 '유독성 폐기물 더미'라고 불릴 정도였다. 하지만 그들은 'FISH!'를 통해 스스로 변하기 시작했고, 지금은 완전히 새로운 팀이 되었다. 《펄떡이는 물고기처럼》은 어시장의 교훈을 일터에 어떻게 적용했는지를 보여 주며, 조직이 직면하고 있는 어려움을 어떻게 극복해 나갔는지를 소설 형식으로 보여 주었다.

앞으로 'FISH! 철학'은 필름과 책을 통해서 점점 더 넓은 곳으로 헤엄쳐나갈 것이다. 전 세계의 수많은 회사와 크고 작은 조직에서

'FISH! 철학' 이 펄떡이게 된다면, 더욱 많은 사람들이 자신들의 직장을 즐겁고 신나는 곳으로 만들어갈 수 있을 것이다. 구성원들 각자가 일터에서 열정과 에너지를 쏟아가며 책임을 다 해내고, 업무 시간을 재미있게 활용하게 된다면, 개인적인 성취는 물론이고 팀의 성과도 놀랄 만큼 향상될 것이다.

우리는 'FISH! 철학' 을 직접 일터에 도입해서 성공한 많은 사례를 보았고, 그것으로서 'FISH! 철학' 이 우리가 몸담고 있는 조직을 혁신적으로 바꿀 수 있다는 사실을 확신했다.

다시 한번 강조하지만, 이 책에 나오는 사람들은 모두 여러분이나 나와 조금도 다를 바 없는 보통 사람들이다. 그들이 이렇게 특별한 성공을 거둘 수 있었던 것은, 그들이 매일 아침 그날 하루의 마음가짐을 스스로 선택했기 때문이다. 맡은 일에 책임을 다하고, 유쾌하고 즐겁게 살아보겠다는 마음가짐으로 하루를 시작한 결과이다. 그들은 오늘도 새로운 마음가짐을 선택했을 것이다. 그리고 내일 또 다른 하루를 새롭게 열어갈 것이다.

자, 이제 평범한 우리 동료들이 이룩해 낸 마술 같은 성공 스토리를 실제로 만나 보자.

도대체 뭐가 문제일까? | 즐겁게 일할 수 있다구요! | 그냥 놀기만 하면 안 되지 | 손님, 오늘은 공짜입니다! | 정말 좋은 생각이군요 | 뜻대로 안 되면 어쩌지? | 소문이 퍼지자, 즐거움이 터진다 | 기계가 아니었다니…, 정말 반 갑네요! | 엄마 덕분에 오늘 하루도 멋지게 보낼 것 같아 | 소유권이 생기면, 창의력도 살아난다 | 호옴, 흠… 흠! | 우리는 지금 펄떡이고 있어요

놀 이

PLAY

놀이란, 단순한 활동만을 뜻하는 것이 아니다.
새로운 에너지를 이끌어내고, 창의력을 폭발시키는 마음의 상태이다.

누구나 어릴 적에 들어보았을 잔소리 한 가지, "얘들아! 인제 그만 놀고 공부해야지!"

우리는 아주 어릴 적부터 이렇게 일과 놀이는 별개의 것이라고, 놀면서 일하는 것은 불가능하다고 배웠다. 하지만, 우리의 일터를 지속적으로 성장할 수 있는 보람 있는 곳으로 만들려면 어느 정도의 명랑함과 쾌활함은 필수적이다. 사람들은 누구나가 활기찬 일터에서 일을 놀이처럼 즐겁게 할 수 있기를 바란다. 그렇게 일터의 분위기를 혁신적으로 바꾸려면 '놀이' 가 필요하다.

점 A와 B를 이어보자. 아마 대부분의 사람들은 습관처럼 반듯한 직선을 그을 것이다. 점 A와 B의 최단거리인 그 직선이야말로 최선이라고 생각하기 때문이다. 그러나 그 뻣뻣한 직선은 A에서 B로 가는 또 다른 방법들을 생각해 낼 수 있는 가능성조차 억압하고 만다.

A에서 출발한 연필심이 꼭 직선을 따라가야 할 이유는 없지 않은가? 꼬불꼬불 장난치며 여기저기로 뻗어나갈 수 있도록 자유롭게 해줘야만 그 과정에서 창의적인 생각들이 생겨날 수 있다. 바보같이 보이는 넥타이를 아무렇지도 않게 매고 다닌다거나, 다른 사람들이 뭐라고 생각하든 큰 소리로 웃어 재낄 수 있는 사람들의 자유

로운 사고방식은 언제나 새로운 아이디어가 솟아나도록 용기를 북돋운다. 따라서 이들은 어떤 일을 할 때 '이렇게밖에 할 수 없어. 이게 최선이야!'라는 식으로 자신들의 사고 영역에 한계를 두지 않는다. 창의력이라는 것은 '이봐, 만약 ~라면?' 하고 이야기를 지어내는 놀이이다. '놀이'라고 생각하면 못할 게 없지 않은가?

《펄떡이는 물고기처럼》에 소개된 어시장 상인들은 놀이가 창의력을 자극한다는 사실을 잘 알고 있었다. 그러나 실은 그들에게도 '직선'만을 따라가며 기계처럼 일하던 시절이 있었다. 손님이 주문을 하면, 생선을 들고 카운터로 가서, 포장을 하고, 금전등록기에 가격을 찍는 판에 박힌 작업 코스….

그러던 어느 날 그들은 우연히 좀 색다른 방법으로 일을 해보았다. 상인 중 한 사람이 연어를 휙 던져서 카운터 너머의 동료에게 전달해 주었던 것이다. 연어는 멋진 포물선을 그리며 손님들의 시선을 사로잡았다. '바로 이거야!' 사실 따지고 보면 별로 대단한 행동도 아닌데, 이 단순한 변화는 일종의 새로운 행위예술이 되었을 뿐만 아니라, 매번 카운터 앞뒤를 오가며 들여야 했던 시간과 노력을 줄여주어 생산성도 향상되었다.

일터의 분위기가 밝고 유쾌해질 때, 결과적으로 좋아지는 점은 한두 가지가 아니다. 그럼에도 불구하고 대부분의 일선 관리자들은 이 '놀이'가 자신들이 고수하던 기존의 경영방식에 충격을 줄까봐 전전긍긍한다. 그들의 두려움은 실로 놀라울 지경이었다. 대형 패스트푸드 체인의 한 중역은 "30만 명이나 되는 십대 종업원들에게 식당 안에서 마음껏 뛰어 놀아도 좋다고 말하라는 겁니까?"라며 반박했다. 그는 지상 최대의 음식 싸움이라도 상상했던 걸까?

이러한 두려움의 가장 큰 원인은 아마도 '놀이'가 무엇인지 정확하게 모르기 때문일 것이다. 파이크 플레이스 어시장의 유쾌한 분위기가 아무리 부러워도, '그럼 우리 회사에선 어떻게 그런 분위기를 조성하지?'라는 질문 앞에선 다들 난감해한다. 그리곤 걱정스러운 표정으로 이렇게 묻는다.

"우리는 생선 대신 뭘 던질까요?"

만약 어시장 상인들이 이 아둔한 질문을 들었다면 아마 이렇게 답했을 것이다. "노는 방법은 수백만 가지예요. 꼭 생선을 던질 필요는 없다구요!"

당신이 공인회계사나 교사, 혹은 엔지니어라면 어시장의 상인들과는 다른 '놀이'를 찾아야 할 것이다. 이것이 바로 중요한 포인트다. '놀이'라는 것은 단순히 게임을 하거나, 장난감을 가지고 할 수 있는 활동만 뜻하는 것은 아니다. 주저하지 않고 열광의 도가니에 푹 빠질 때, 그 속에서 터져 나오는 유쾌한 감정이 바로 '놀이'다. 중요한 사안과 관련된 예산회의가 성공적으로 끝났을 때 느끼는 감정은, 즐거운 소풍에서 느낄 수 있는 감정과 결코 다르지 않다.

'놀이 안내서'를 보내 주세요

나는 어느 회사의 판촉회의에서 'FISH! 철학'을 소개하기로 했다. 그런데, 그 회의가 열리기 3주 전에 이상한 요청을 받았다.

"이 회의에는 우리 회사의 57개 지사 직원들이 모두 참석할 것입니다. 이들 모두가 더욱 즐겁고 활기찬 일터를 만들어가길 바라고 있습니다. 그래서 드리는 말씀인데, 미리 놀이 자료를 좀 보내주실 수는 없습니까? 아니면 어떻게 노는지를 설명해 주는 안내서라도 보내주세요."

나는 처음에 '이 사람이 농담을 하고 있나?' 하고 생각했다. 아이들에게 밖으로 나가서 놀라고 했을 때, 아이들이 팔짱을 끼고서 "좋아요. 근데 뭘 가지고 놀죠?" 하고 묻는 것과 같은 얘기 아닌가? 그런데 그는 정말로 진지했다. 그는 분명 이 '놀이'로부터 미리 예측 가능한 성과를 기대하고 있었던 것이다. 순간 나는 어떻게 하면 그가 우리의 '놀이'를 제대로 이해할 수 있을까 하고 고민했다. 그리고 이렇게 되물었다. "그럼 간단한 자료라도 드릴까요?"

그랬더니 그는 무척 반가워하면서, 놀이에 대해 설명해 줄 수 있는 것이라면 무엇이든 좋다고 이야기하는 것이었다. 그래서 나는 강연할 때 쓰는 플립 차트를 그에게 보내주었다. 그가 부디 내 의도를 알아차려 주기를 간절히 바라면서. 그랬다. 사실 내가 보낸 그 '자료'라는 것은 점만 잔뜩 찍혀 있는 플립 차트였을 뿐, 설명이라든지 도표 같은 것은 전혀 없었다.

기대하던 자료가 아니어서 처음엔 실망했겠지만, 다행히 그는 내 의도를 금세 알아차렸다. 그 무수한 점들을 보면서, 놀이라는 것은 새로운 회계시스템을 도입하듯 회사 전직원에게 일괄적으로 주입하거나 적용할 수 있는 성질의 것이 아니라는 사실을 깨달았을 것이다. 그는 점과 점 사이를 연결하는 것은 직선만이 아니라는 사실을,

무수한 점들 사이에는 눈에 보이지 않는 무수한 가능성들이 숨어 있다는 것을 알아차렸을 것이다. (내 친구 카 헤거먼(Carr Hagerman)은 마술용 속임수 칼을 챙기며 이렇게 말한 적이 있다. "이런 장난감을 가지고 놀 수는 있지만, 이것들이 '놀이' 자체는 아니야.")

노는 척만 해서는 아무런 소용이 없다. 마음에서 우러나는 진지한 감정이 있어야만 진짜 '놀이'를 할 수 있다. 그러려면 팀원들이 모두 함께 '놀' 수 있는 '놀 거리'를 만들어야 한다. 어쨌든 그 판촉회의는 큰 성과를 거두고 성공적으로 끝났다. 처음에 '놀이 안내서'를 보내달라며 자료를 걱정했던 사람들이, 지금은 그러한 유쾌한 분위기를 만드는 데 가장 앞장서고 있다는 사실은 굳이 말하지 않아도 눈치챘을 것이다.

놀이는 또한 신뢰가 필요한 일이다. 어시장의 상인들이 하는 행동만 따라한다고 해서 그들처럼 될 리 없다. 우리의 일터를 즐겁고 활기차게 만들어주는 '놀이'의 기본 바탕은 공동의 약속과 신뢰이다. 이것이 없다면 놀이는 아예 꿈도 꾸지 말아야 한다.

'FISH! 철학'을 통해, 어둡고 무거운 병원의 분위기를 바꿔 보려고 애쓰는 병원이 있었다. 그런데 그 곳의 주임 간호사는 직원들이 명랑한 분위기를 핑계로 엉뚱한 '놀이'나 하지는 않을까 매우 걱정스러워했다. 그래서 한 간호사가 불안해하는 그 주임 간호사에게 이렇게 말했다. "선생님이 제게 시키신 일은 환자들에게 생사의 갈림길이 될 수도 있는 약물 치료잖아요. 그게 얼마나 중요한 일인지는 누구보다도 제가 가장 잘 알고 있어요. 그런데 선생님은 저희를 믿지 못하시나 봐요."

'어떻게 하면 옳은 일을 하도록 도울까?' 보다는 '어떻게 하면 잘 못된 일을 하지 못하게 할까?' 를 고민하는 조직이라면, 그 곳에서는 놀이 문화가 꽃필 수 없다. 물론 그런 강압적이고 억눌린 분위기 속에서도 '놀이' 를 할 수는 있다. 몰래 숨어서 한다거나 혹은 반항의 한 형태로 말이다. ("빨리 치워, 사장 떴다! 다트 판에서 사장 사진을 얼른 떼버리라고!")

하지만 사원들 스스로 자기가 맡은 업무에 열의를 가지고, 동료들과 서로 돕고 책임 있는 자세로 일할 수 있는 건전한 직장이라면, 놀이문화는 저절로 생겨나게 마련이다. '그 자리에 있고', '그들의 날을 만들어 주고', '그날의 마음가짐을 선택하는' 네 가지 'FISH! 원칙' 속에서 놀이문화가 생겨난다면, 그 놀이야말로 일터의 분위기를 즐겁고 활기차게 바꾸어 줄 뿐만 아니라 생산성도 높여주는 놀이일 것이다.

다음의 일화는 침체된 분위기의 어느 직장이 다시 생기가 넘치는 곳으로 바뀌게 된 사연이다. 이 곳은 놀이문화가 생겨나면서 무겁고 우울하던 분위기는 사라지고 생생하고 활기찬 곳으로 바뀌었다. 중역과 사원이 함께 신뢰 속에서 각자의 책임을 다하며 자유로운 놀이 분위기를 조성한 덕분에 사원들은 더욱 즐거운 기분으로 일할 수 있게 되었다. 이로 인해 업무 처리 능력이 향상된 것은 두말할 필요도 없다.

즐거움을 연결시켜 주는 회사

[스프린트 글로벌 커넥션 서비스]

캔자스 주 르넥사(Lenexa)에 있는 스프린트 글로벌 커넥션 서비스(Sprint Global Connection Service) 사의 콜 센터. 바쁘게 전화벨이 울어대고 오늘도 또 하루가 시작되었다. 콜 센터 직원들은 모두 통화중이었는데, 난데없이 주차장에 엘비스 프레슬리 차림을 한 남자가 등장했다.

아니나 다를까, 콜 센터 창문 앞에 리무진 한 대가 멈추어 선다. '아~ 흐~! (숨쉬려고 잠깐 멈추고…) 아~ 흐~! 거물(巨物)이 나타났다!' 갑자기 푸들 스커트에다 발목까지 오는 짧은 양말을 신고, 그레이스랜드(Graceland, 멤피스 그레이스랜드는 엘비스 프레슬리의 자택이 있는 곳이다—역주)만하게 머리를 부풀린 엘비걸(Elvi Girls) 두 명이 그 거물에게 달려간다. 그 중 한 여자는 엘비스 프레슬리의 바짓가랑이를 붙잡고 그의 다리에 매달렸다.

콜 센터 안에서 그 광경을 지켜보던 사람들은 그 모습을 보고 눈물이 찔끔 날 정도로 웃어댔다. 그 어설픈 '엘비스'는 스프린트 사 피닉스(Phoenix) 지부의 지배인인 돈 프리맨(Don Freeman)이었고, 엘비걸 중 하나는 이 곳 르넥사 콜 센터 지배인인 메리 호건

(Mary Hogan)이었던 것이다.

2,3년 전만 해도 이런 일은 상상할 수도 없는 일이었다. 감시 카메라가 붙어 있는 걸 뻔히 알면서 회사의 중역들이 회사에 그런 차림으로 나타나다니…. 하지만 이제 이런 모습은 지극히 일상적인 것에 불과하다. 스프린트 글로벌 커넥션 서비스 사의 사장인 로리 록하트(Lori Lockhart)도 이제는 익숙하다는 듯 환하게 웃는다. 고객서비스 담당직원들은 전화를 받다가도 그 모습을 보면서 너무나 즐거워했고, 고객들 역시 수화기 건너편에서 들려오는 교환원들의 생기발랄한 목소리에서 열정과 에너지를 느낄 수 있었다.

엘비스 차림의 지배인 돈이, 비록 립싱크였지만, 엘비스 프레슬리의 노래까지 하는 것을 보고 로리는 또 한 번 크게 웃었다. 그리고 돈이 건물을 떠나자 로리는 그녀 특유의 편안하면서도 느긋한 말투로 "고마워유, 정말 고마워유."라고 말했다.

🖐 도대체 뭐가 문제일까?

스프린트 글로벌 커넥션 서비스 사는 스프린트 지역의 장거리 전화고객을 위해, 세계 어느 곳이라도 전화를 연결해주는 장거리 전화회사이다. 미국 전역에 7개의 콜 센터를 두고 1,000명이 넘는 직원들이 전화작동법 안내, 각종 전화정보 제공, 전화카드 발급, 선불전화카드 발급, 주소록 이용안내 등 다양한 서비스를 제공한다.

5년 전만 해도 로리에게 가장 큰 걱정거리는 콜 센터 교환원들의 이직 문제였다. "이쪽 업계에서는 이직률이 높다는 게 제일 큰 골칫 거리였어요. 장거리 전화 사업은 경쟁이 무척 치열하죠." 그녀는 회상한다. "열정을 가지고 일할 수 있는 곳, 손에 땀을 쥐게 할 만한 업무 환경이 아니라면, 직원들이 다른 곳으로 떠나버리는 건 당연하잖아요?"

그런데, 언뜻 생각해봐도 콜 센터 직원의 업무를 설명하는 데 '손에 땀을 쥔다' 는 표현은 어쩐지 좀 어색하지 않은가? 알다시피 콜 센터 교환원의 업무는 대체로 단순한 일이다. 교환원들은 하루에 500통에서 800통 가량의 전화를 받아서 해당 지역 전화국과 연결해주는데, 한 통화 당 평균 30~35초가 소요된다. 전화를 연결해 줄 때 필요한 정보는 대부분 그들 앞에 놓인 컴퓨터 화면에 다 나와 있다. "직원들 대부분이 업무에 금방 익숙해집니다. 처음 해보는 사람들도 금세 이 일의 달인이 된다니까요." 지배인 메리는 이렇게 덧붙인다. "계속해서 똑같은 전화를 받는 일부터 시작해요. 그런데 그러다 보면 쉽게 지겨워지고, 권태라는 놈이 몸에 착 달라붙죠."

이러한 직원들을 도울 방법이 없을까? 어떻게 하면 하루에 800통 이상의 전화를 처리해야 하는 직원들을 지루하지 않게 일하고, 업무에 집중할 수 있도록 도울까?

1997년, 스프린트 사는 여러 가지 규정을 만들어 이런 문제들을 해결하려고 노력했다. 사장인 로리는 말한다. "경쟁적이고 강압적인 근무 환경에서는, 직원들이 스스로 업무를 처리하는 게 아니라 회사가 모든 일을 일일이 직접 챙기는 경향이 있어요. 당시엔 우리도 예외가 아니었죠."

스프린트 사는 제일 먼저 콜 센터 직원들의 복장규칙을 만들었다. "간부 회의에서 복장 규칙을 놓고 토론하느라 꽤 많은 시간을 보냈어요. 짧은 스커트란 얼마나 짧은 스커트를 말하는가? 여직원의 경우 팬티스타킹을 신어도 되는가? 청바지만 아니라면 다른 색깔 진(jeans)은 입을 수 있는가? 하는 것들 말이에요."

직원들의 독서규정이라는 것도 있었다. "그때는 사원들이 출퇴근시간에 전철을 기다리면서 책을 읽는 것도 맡은 일을 잘 하는 것이라고 생각했지요. 하지만 스프린트가 발행한 것만 읽어야 했습니다. 무슨 일이 벌어졌을지 상상이 되시죠? 직원들은 스프린트에서 나온 간행물을 펴들고 있었지만, 그 속에는 〈스포츠 일러스트레이티드 Sports Illustrated〉나 〈피플 People〉 지가 들어 있었어요."

심지어 스프린트는 의자에 어떻게 앉아야 하는가 하는 착석(着席)규칙까지 규정했다. "아시죠? 생물 공학이라는 것." 로리는 말을 잇는다. "우리가 꼭 무슨 경찰이라도 된 것 같았어요. 사업상 이윤을 내는 새로운 방안을 모색하기는커녕, 항상 이곳저곳 돌아다니면서 직원들을 감시했으니 말이죠."

경영진의 압박이 커지면 커질수록 직원들의 저항도 점점 커져만 갔다. 로리는 이렇게 푸념했다. "직원들과 토론회라도 한번 할라 치면, 다들 어찌나 날카로운 눈초리로 꼬치꼬치 캐묻는지…. 왜 발을 의자에 올려놓으면 안 되죠? 화요일도 아니고, 금요일에는 왜 청바지를 입을 수 없는 건가요? 이런 질문을 하면서 직원들은 우리에게 불만을 토로했어요. 우리들이 근무 환경을 점점 더 짜증나게 만든다고 직원들로부터 호되게 질책을 받았습니다."

그러나 경영진도 스트레스가 쌓이기는 마찬가지였다. 1964년부터 지금까지 콜 센터에서 근무한 지배인 메리는 이렇게 말했다. "오랫동안 계속되어 온 회사의 사업 운영 방식이 문제였어요. 변해야 한다는 건 알았지만, 방법을 몰랐어요."

1997년 가을, 로리 사장을 중심으로 콜 센터 간부들이 참석한 가운데 스프린트 사 전체 간부 회합이 열렸다. 그 회합의 연사는 사우스웨스트 항공사(Southwest Airlines)에서 온 사람이었다. 강연의 내용은 그 항공사의 자유로운 분위기, 협동 정신, 직원들 개개인에 대한 존중에 관한 것들이었는데, 그 연사는 참석자들에게 직원들 하나하나가 가지고 있는 '빛나는 가능성'을 찾아내라고 이야기했다. 한 5분쯤 흘렀을까? 연사가 문득 하던 얘기를 멈추고 이렇게 말했다. "아참! 잠시만요. 제가 한 가지 잊어버린 게 있어요."

그녀는 연단 뒤로 몸을 굽혔다. 그리고 다시 나타났을 때 그녀는 우스꽝스러운 비행기 모양의 모자를 쓰고 있었다. 그리고 연설을 하는 내내 그녀는 그 모자를 쓰고 있었다. 그 순간 로리와 메리 그리고 다른 간부 직원들은 무언가를 깨달았다. 이제 회사 분위기를 좀 더 부드럽게 할 때가 된 것이다.

로리는 이렇게 말했다. "우리는 항상 '직원들이 왜 자신들의 본분을 다하지 않는 걸까?' 하는 것만 고민했지, 다른 가능성은 찾아볼 생각도 못했지 뭐예요."

즐겁게 일할 수 있다구요!

메리와 그녀의 팀원들은 함께 모여서 토론을 하기 시작했다. 힘들고 고된 일을 하면서도 즐거움을 느낄 수 있는 일터란 어떤 곳일까를 상상해 보았다. 그리고 이런 토의의 결과를 가지고 회사가 나아가야 할 방향에 관한 문화성명서를 작성했다. 성명서는 다음과 같다.

"우리는 변화를 적극적으로 받아들이고, 다양성을 중시하며, 체험을 통해서 학습하는 업무환경, 즉 건설적인 피드백이 원활하게 이루어지는 협력적인 공동체가 되는 것을 자랑으로 삼는다. 우리는 스프린트 고객과 사원 및 주주들의 가치를 증대시켜주는 창조적이고 혁신적인 아이디어를 통해서 번영을 기하고자 한다. 우리는 스프린트에 기여하여야 할 책임이 있기에 우리의 목표를 반드시 성취할 것이며, 모두가 함께 성공을 거두고 우리가 성취한 바를 축하하겠다는 열의에 차 있다."

물론 성명서대로 축하연을 벌이는 꿈이 하룻밤이나 일 년 사이에 이루어질 수는 없다. 메리를 비롯한 팀원들도 그 사실을 잘 알고 있었기 때문에, 조급하게 생각하지 않기로 했다. 3년에서 5년 앞을 내다보고 계획한 긴 여행이라고 생각했다.

그녀는 그때를 이렇게 회상한다. "이 일에 대해서는 상사들에게 보고하지 않았습니다. 우리가 꼭 해야 할 일이라고 생각했기 때문에, 그냥 밀어붙인 거지요. 하지만 솔직히 두려웠어요. 그 일을 정말 해낼 수 있을지 막막했거든요. 음, 그런데 슬슬 우리의 방법이 먹히더라구요. 결과가 조금씩 나타나기 시작했습니다."

다른 사람들도 겁먹기는 마찬가지였다. 메리는 웃으면서 그때를 되돌아보았다. "모두 협력해서 함께 밀고 나가자고 다짐했습니다. 우리는 각자의 마음속에 자리한 믿음을 끌어내야 했으니까요. 우리가 회사를 끌고 나가는 방식을 바꿔야 한다는 것, 그게 바로 우리가 꼭 해야만 하는 막중한 임무라는 신념 말이에요."

1998년, 메리의 개혁팀은 새로운 복장 규칙을 발표하면서 마침내 정식으로 출범했다. '근무복은 안전상 문제가 있는 옷만 아니라면 어떤 옷이라도 무방함.' 그리고 출퇴근시간, 전철을 기다리는 동안 읽고 싶은 것이라면 무엇이든지 읽도록 허용하기도 했다.

"우리의 목표는 좀더 책임감 있고 성숙한 일터를 만드는 일이었어요. 잘 아시겠지만, 우리 직원들은 고객을 위해 봉사할 책임이 있습니다. 두 가지 일을 동시에 할 수 없다면, 일하는 동안 다른 일을 해선 안 되지요. 이런 식의 제재들로 인해 그전까지 직원들은 우리가 자기들을 어린애 취급한다고 불평하곤 했습니다. 하지만, 이제는 분명히 바뀌었어요. 독서나 바느질 정도라면 직원 대부분 한 번에 두 가지 일도 거뜬히 할 수 있다고 생각해요. 하루종일 바쁘게 지내긴 하지만, 다들 맡은 일을 잘 처리하고 있어요." 메리의 말이다.

강압적인 규정을 폐지하는 등 다양한 변화를 시도한 덕분에 직원들의 사기는 한층 올라갔지만, 메리에게는 여전히 한 가지 고민이 남아 있었다. 문제는 주말과 야간 근무조였다. 모두 다 나오기 싫어하는 주말이나 야간에 근무당번을 맡은 직원들은 걸핏하면 지각이었고, 결근도 밥 먹듯 했다. '어떻게 하면 이 직원들의 결근율을 낮출 수 있을까?' 메리는 그 생각으로 밤잠을 설칠 정도였다.

르넥사 콜 센터는 캔자스 시 교외에 있었고, 그녀가 관리하는 캔자스 위성 센터 역시 도심에서 한참 떨어진 외진 곳에 있었다. "주말과 야간 근무 직원들은 출근시간이 되면 몸이 아파서 결근한다고 전화로 알려왔어요. 그런 사람들이 많아지니까, 주말과 야간시간이 우리의 목표 달성에 걸림돌이 되더라구요. 서비스 목표는 보통 걸려오는 전화를 얼마나 빨리 처리해주느냐를 가지고 측정되거든요. 직원들이 빠지면 교환원의 숫자가 줄어드니까 그만큼 전화응답도 지체될 수밖에 없죠."

어느 늦은 밤, 여느 때와 마찬가지로 콜 센터에는 나른하고 무기력한 기운이 퍼져 있었고, 그 와중에도 전화벨은 지겹게 울어대고 있었다. 그런데 웬 카키색 티셔츠를 입은 사람들이 군사작전을 펼치듯이 교환소에 침투하는 것이 아닌가? 그들은 바로 메리와 주임 몇 사람으로 이루어진 'MASH 부대였던 것이다. MASH란, '서비스 문제에 대한 중역들의 해법(MASH ; Managers Attack Service Level Headaches)' 이라는 프로그램인데, 메리가 고심 끝에 내놓은 비장의 카드였다. MASH 프로그램의 일환으로, 그들은 '호건 벅스' 라는 특별 수당을 마련하여 야간 연장 근무에 대한 인센티브도 지급했다. 연장 근무 수당은 직원들의 빠듯한 살림에 영양제 같은 역할을 했다. 또한, 주임들은 무기력해 보이는 직원에겐 리모콘으로 움직이는 장난감 지프차에 막대사탕을 실어보내기도 하고, 즉석에서 장기 자랑 대회를 열기도 했다.

이런 재미있는 이벤트와 작은 선물들 덕분에 직원들의 얼굴에는 다시 미소가 피어오르기 시작했고, 콜 센터는 그들이 정해놓은 서비스 목표에 한 걸음씩 다가가기 시작했다. "직원들은 이따금씩 자신들이 직접 손으로 쓴 편지를 전해주기도 했어요. 그런 걸 받으면 얼마나 뿌듯한지 몰라요. '아, 정말 뭔가 변하고 있긴 하구나!' 하는 생각도 들구요. 제가 받은 편지 중에는 이런 내용도 있었습니다. '회사가 직원들을 위해서 이렇게 재미있는 일을 해주다니 너무 놀랐습니다. 이제까지 살면서 이런 일은 생각지도 못했습니다. 고마워요. 그리고 앞으로도 계속해 주세요.' 와 같은 내용이요. 사실 무슨 일을 해야 할지는 모두 알고 있었지만, 누군가 나서서 적극적으로 밀어붙일 용기가 없었어요. 그런데 그 편지들이 우리에게 용기를 주었던 겁니다. 직원들의 격려가 가장 큰 힘이 되었어요."

🐟 그냥 놀기만 하면 안 되지

1998년 가을, 로리와 메리는 우연히 'FISH! 철학' 교육용 필름을 보고, 서로의 얼굴을 바라보며 이구동성으로 외쳤다. "저건 바로 우리 얘기잖아!"

그렇다. 로리와 메리가 콜 센터에 재미있는 이벤트를 만들었던 것처럼, 어시장의 상인들은 평범하고 단순한 일을 재미있는 놀이로 만들었다. 게다가 손님들을 보며 개구쟁이 같은 표정으로 짓궂은 장난을 치기도 했다. 사람들은 그런 재미있는 광경에 눈을 뗄 수 없었고, 신나게 놀면서도 열심히 일하는 그들의 모습에 깜짝 놀랐던 것이다. 누가 종업원이고 누가 주인인지 구별할 수 없을 정도로 모두 다 즐겁게 열심히 일했고, 그러다 보니 상사의 지시를 기다리며 우두커니 기다리는 사람은 단 한 사람도 없었다. 누가 시키지 않아도 그들은 즐겁게 일하는 법을 끊임없이 연구했고, 고객에게 즐거움을 줄 수 있는 새로운 놀이 전략을 시도하고 또 시도했다.

여기서 한 가지 꼭 집고 넘어가야 할 것이 있다. 상인들의 놀이에는 분명한 '목적'이 있다는 사실이다. 일단 한 고객을 향해서 물고기 머리를 흔들었다면, 다음 단계는 그 고객이 더 많은 생선을 주문하도록 하는 것이다. 놀기만 하는 줄 알았는데, 사실은 이런 분명한 목적을 한시도 잊지 않고 고객 서비스에 최선을 다하는 것이었다. 그러니 그들의 생선이 순풍에 돛단 듯 불타나게 팔리는 데는 다 이유가 있었다.

메리를 위시한 개혁팀의 여러 가지 새로운 시도들이 과연 옛날 같은 분위기에서도 다 먹혀 들었을까? 천만에! 뭔가를 해 보자고 할 때마다, 아마 직원들은 흘려 넘기면서 "좋아요. 이번엔 또 뭐지요?" 하고 빈정거렸을 것이다. '다들 아마 '이번 달엔 또 뭘 하려는 걸까?', '또 한번 들쑤셔보는 거겠지 뭐….' 이렇게 생각했을 거예요." 도나 젠킨스(Donna Jenkins) 주임은 말한다. "하지만 이제는 달라졌어요. 새로운 시도를 할 때는 머뭇거리지 말고 밀고 나갑니다. 이랬다저랬다 우왕좌왕하면 안 되죠. 무엇이든 일관된 자세로 꾸준하게 추진하는 모습을 보여줘야만 리더에 대한 신뢰가 깊어집니다."

우선 그들은 콜 센터를 'FISH! 철학'의 무대로 삼았다. 직원들은 'FISH! 원칙' 네 가지가 커다랗게 씌어진 포스터를 콜 센터 곳곳에 붙였고, 주임들은 직원들에게 매일 'FISH! 철학'을 상기시켜주기 위해 낚시용 조끼를 입고 돌아다녔다.

콜 센터의 사람들은 외형적인 모습만 달라진 것이 아니었다. 그 원칙을 듣고 일상에 깊숙이 심어 삶의 한 부분으로 받아들였던 것이다. 그것이 가장 중요한 변화였다.

"우리는 플라스틱 팔찌를 구입해서 직원 모두에게 하나씩 나눠주었습니다. 그리고 고객이 감동 받을 만큼 친절하게 응대한 교환원들에게는 색색가지 종이 물고기를 그 팔찌에 달아 주었어요. 그냥 종이 물고기가 아니라, 그것은 주임들이 교환원의 행동을 있는 그대로 기록해 둔 종이로 만든 물고기였어요. 자신들의 행동을 객관적이고 정확하게 관찰한 기록이다 보니 직원들은 그걸 보고 여러 가지 생각을 하게 되었죠. 그래서 말 한마디를 하더라도 더 조심스럽게 했고, 행동도 신중히 했습니다. 그러다보니 자연히 전화도 더욱 친절하게 받을 수 있게 되었답니다." 메리는 이렇게 회상한다.

"우리는 1년에 세 번 낚시 경연대회도 열었습니다. 강가에 나가서 하는 낚시가 아니라 종이 물고기 낚시대회였죠. 각자 자기 팔찌에 달린 종이 물고기를 모두 커다란 통에 집어넣은 다음에 뽑기를 하는 거였습니다. 자기 이름이 씌어진 종이 물고기가 나오면, 달려가서 자석이 달린 막대기로 상품을 낚는 게임이었죠. 다들 얼마나 재밌어 했는지…. 직원들은 이 놀이를 무척 좋아했고, 덕분에 업무 능률도 쑥~ 올랐어요."

ᐳ 손님, 오늘은 공짜입니다!

콜 센터에서는 네 가지 'FISH! 원칙'을 정기적인 교육시간에 강의했다. 그 시간에 로리는 이렇게 얘기했다. "우리, 앞으로 이렇게 구별합시다. 누군가의 고객 서비스가 훌륭했다면, 그것을 'FISH! 이야기'라고 부르고, 반대로 만족할 만한 서비스가 아니었다면, '제일 먼저 없어져야 할 서비스'라고 부르는 거예요."

직원들은 고객과 좀더 친근한 관계가 되려고 노력했다.

한번은 이런 일이 있었다. 어느 교환원이 800번(우리나라의 080 클로버 서비스처럼 수신자가 요금을 부담하는 전화 - 역주)으로 수신자 부담 전화를 걸려는 고객의 전화를 받았다. 그 직원은 고객에게 이렇게 이야기했다. "손님, 오늘은 그 전화를 무료로 이용하십시오!"

항의 전화를 걸어오며 교환원에게 다짜고짜 짜증부터 내는 고객에게도 교환원들은 최선을 다해 '그들의 날을 만들어 주려고' 노력했다. 메리는 말한다. "우리 회사의 전화연결시스템은 전체가 대부분 자동화되어 있어요. 그래서 혹시라도 장비가 제대로 작동하지 않으면, 그 전화가 우리 교환원에게 자동으로 연결되도록 만들어져 있습니다. 특히 그럴 때면, 고객들은 이미 기다리느라 짜증이 많이 난 상태잖아요. 그러니 더욱 친절히 대하는 게 당연하지요."

그런 일은 수없이 많지만, 그럴 때 교환원인 론다 린치(Rhonda Lynch)는 이렇게 한다고 이야기했다. "가장 중요한 것은 교환원의 어조(語調)예요. 거짓으로 명랑한 척하면 안 됩니다. 목소리부터 뭔가 성실한 기색이 있어야지요. '문제가 생겨서 정말 죄송합니다. 도와드릴 방법을 알아보겠습니다.' 이렇게 말씀드려야지요."

그것으로 충분하지 않으면 스프린트 사의 교환원들은 보다 더 적극적인 태도를 취한다. "어떨 땐 고객분이 너무 흥분하셔서, 우리 기분 같은 건 신경도 안 써요." 교환원 마샤 레이볼드(Marcia Leibold)는 말한다. "그렇지만, 저는 고객들이 아예 화도 못 낼 만큼 친절하고 상냥하게 전화를 받습니다. 제가 할 수 있는 한 최선을 다해서 도와드리면 화를 내시던 고객도 전화를 끊을 때쯤엔 저에게 '즐거운 하루 되세요.' 혹은 '수고하세요.' 라고 말씀해주신다니까요."

"외롭고 쓸쓸해서 우리에게 전화를 거는 사람도 있어요. 대개 연세가 지긋하신 분들이 그렇지요. 말투로 미루어보면 가족이 없는 것 같기도 하고…. 제가 전화를 연결하는 동안에도 제게 말을 걸고 싶어하세요. 물론 저는 제가 처리해야 할 전화가 계속 걸려오니까 다음 전화를 받아야 하는데, 그래도 가능하면 그런 분들의 얘기를 들어드리려고 노력해요. 외로운 노인분들의 말씀을 들어드리는 건 따뜻한 일이잖아요. 누군가가 자신을 생각하고 배려한다는 것, 그런 온정 같은 것을 느낄 수 있도록 무언가 긍정적인 말을 해드리려고 노력합니다."

교환원들은 하루 수백 통에 이르는 전화를 받으면서, '그 자리에 있기'라는 원칙을 깨달았다. 메리가 말을 이었다. "물론, 전화들이 모두 똑같은 소리로 지겹게 울어대는 날도 있습니다. 하지만, 다음번 전화는 몸이 불편한 할머니와 통화하려는 손녀딸의 전화일 수도 있고, 회사 일로 출장을 가다가 아내와 아이들이 보고 싶어서 전화를 건 것일지도 모르잖아요. 그러니 어느 한 통화 소홀히 할 수가 없답니다."

다음번 전화는 어쩌면 목숨이 왔다갔다하는 위기일발의 전화일 수도 있다. 교환원 론다는 실제로 이런 전화를 받았던 기억이 있다. "어떤 할머니 한 분이 집에 혼자 계시다가 넘어지셨는데, 몸을 움직이지도 못하신다는 거예요. 그 할머니는 우리와 겨우 연결이 되었지만, 911번을 돌려서 구급차를 부른다거나 당신이 어디에 계신지 위치를 정확히 알려줄 수도 없는 상황이셨어요.

그때 저는 그 할머니의 전화가 뉴욕 지역에서 걸려온 것이라는 걸 알아내고 뉴욕 근처의 경찰서와 소방서에 신고를 했어요. 그동안 다른 직원 한 명이 할머니를 진정시켜 드렸구요. 결국 경찰은 그 집 문을 부수고 들어가서 할머니를 구했습니다. 우리의 도움이 없었다면 정말 큰일날 뻔했어요. 그날 밤 집에 가서 '내가 정말 보람 있는 일을 하고 있구나!' 하는 생각을 했습니다."

🐦 정말 좋은 생각이군요

메리와 주임들은 여전히 금요일과 토요일 밤 직원들의 출근율을 높이기 위한 방법을 찾느라 골몰했다. "주말과 야간근무를 하는 직원들은 대체로 나이가 어리잖아요. 대부분 18세에서 24세 사이이고, 입사한지 얼마 안 된 신참들이지요. 신참이다 보니까 선배들이 나오기 싫어하는 주말이나 밤 시간에 근무하게 되는 일이 많은 거죠. 우리는 이렇게 자문해봤어요. '왜 고참 직원들은 주말 야간에 출근하는 걸 싫어하지?' 생각해 보니까 다른 게 아니더라구요. 그저 세상 다른 사람들처럼 파티에 가거나 신나게 놀고 싶어들 하기 때문이 아니겠어요?'

그래서 메리는 또 한 가지 재미있는 일을 벌이기 위해 행동을 개시했다. 그녀의 사무실에 있는 스테레오 시스템을 콜 센터에 옮겨 놓은 것이다. "센터가 너무 넓어서 스피커까지 필요하더라구요." 그녀는 웃으면서 이렇게 말했다. "처음에는 아무도 앞쪽에 앉지 않았어요."

그러나 직원들은 곧 스피커를 통해 흘러나오는 음악소리에 익숙해졌고, 걸려온 전화를 처리하는 사이사이에도 의자에서 일어나 몸을 흔들어 댔다. 교환원 제임스 화이트(James White)는 이런 이야기를 하기도 했다. "전에는 정말 까다롭게 구는 고객의 전화를 받고 나면, 기분이 나빠져서 하루를 다 망치곤 했어요. 물론, '그러지 말아야지.' 하고 노력은 해보지만, 그런 기분을 떨쳐내는 게 쉽지 않았거든요. 그런데 음악을 들으니까 기분전환도 되고, 잠깐이라도 다른 것에 집중할 수가 있어서 좋더라구요. 또 기분 나빴던 일을 훌훌 털고 다음 전화를 받으니까 다음 고객에게도 최선을 다할 수 있었습니다."

그런데 사실 메리에게는 한 가지 걱정거리가 있었다. "뒤에서 들려오는 음악 소리를 고객들이 어떻게 생각할까 걱정이 되었어요. 그래서 처음 몇 주 동안은 교환원들의 통화내용을 주의 깊게 청취하며 모니터링을 했죠. 그런데, 자세히 들어보니까 우리 교환원의 목소리에 웃음이 섞여 나오는 게 아니겠어요? 그제야 안심을 했죠."

그랬다. 메리가 걱정 반 두려움 반으로 통화를 청취했던 몇 주 동안, 르넥사 콜 센터는 고객불만사항이 단 한 건밖에 접수되지 않았다. 그 한 건도 실은 다음과 같은 내용이었다.

어느 부인이 금요일 밤늦게 전화를 걸어왔다. 전화 도중에 그 부인은 이렇게 말했다. "거기 무슨 일이 있는 겁니까? 파티라도 하고 있어요? 상사하고 얘기 좀 하게 해주세요!'

그래서 옆에 있던 주임이 전화를 받았다. 그러자 그 부인은 수상하다는 말투로 다시 물었다. "거기 무슨 일이 벌어지고 있는 거죠? 파티를 하고 있는 것 같은데…."

주임이 대답했다. "네, 그렇습니다, 손님. 파티 비슷한 것을 하고 있는 중입니다. 우리 직원들은 금요일과 토요일 밤에도 출근하거든요. 고객님 같은 분들에게 친절한 서비스로 편의를 제공해 드리려고 말이죠. 그러려면 재미있게 일할 수 있는 분위기가 좋겠지요. 음악이 마음에 안 드신다면 죄송합니다만, 직원들 생각도 좀 해주시고 너그럽게 이해해 주세요."

그러자 그 부인이 발끈하며 한 번 더 물었다. "뭐라고요? 직원들 때문에 그런다구요?" 전화선에 긴장감이 흐르면서 한순간 조용해졌다. 그러나 이내 부인의 누그러진 음성이 들려왔다. "정말 좋은 생각이군요."

뜻대로 안 되면 어쩌지?

만약 스프린트 사가 2년 전에 그런 불만을 접수했다면, 어떻게 되었을까? "우리는 곳곳에 사과를 하곤 음악이고 뭐고 다 그만뒀을 겁니다. 빌어먹을, 그런 불평이 한 건만 접수 됐다 해도 당장에 그 스테레오를 치워버렸을 거예요." 메리의 말이다.

그러나 스프린트의 새로운 문화성명을 다시 생각해 보자. 거기에 있던 말, '체험으로부터 배운다.' 는 이야기는 모험도 불사한다는 뜻이다. "옛날엔 무언가 새로운 것을 시도해 보자고 제안하면, 사원들은 전부 부정적인 생각에 걱정만 했어요. '일이 뜻대로 안 되면, 우리는 영원히 거기에 갇혀버리고 말 거야.' 라고 얘기했죠."

메리는 이렇게 말을 잇는다. "그때는 아주 조금이라도 실패할 가능성이 있으면 무엇이든지 안 하려고 했어요. 그러다 보니 우리는 아무 것도 할 수가 없었죠. 하지만 세상에 실패할 가능성이 전혀 없는 일이 어디 있겠어요? 그렇지 않아요? 이제 우리는 달라졌습니다. '좋아, 다르게 생각해보자. 무엇인가 시작해보고, 무엇인가 시도해보자! 성공할지 실패할지는 아무도 모르잖아? 성공이든 실패든 우리 문화를 좀더 좋은 방향으로 이끌어 가기 위한 노력이라면 적어도 시도는 해봐야지.' 하구요."

메리의 새로운 시도는 계속되었다. 그녀는 스폰지로 만들어진 원반모양 장난감과 푹신푹신한 축구공 장난감이 가득 들어 있는 장난감 상자를 콜 센터로 가져왔다. 사원들이 이리저리 던지며 가지고 놀 수 있는 부드러운 장난감들이었다.

"그건 정말 모험이었어요. 누군가가 그걸 던지다가 다치기라도 하면 어떡해요? 그렇게 되면 직원에 대한 보상 문제까지 생겨 일이 복잡해지잖아요. 그래서 우리는 생각했습니다. '책임 한계를 분명하게 정해두자.' 고 말입니다.

하지만 사실 그리 긴장할 필요는 없었습니다. 직원들은 자신들이 업무를 충실히 수행해야 한다는 것을 스스로 잘 알고 있어요. 우리가 그들을 믿지 못할 이유가 없잖아요? '무슨 일이라도 생기면, 최악의 경우 두 번 다시 안 하면 되지 뭐.' 이렇게 편하게 생각하니까 별로 걱정할 일도 아니었어요. 그냥 장난감일 뿐이잖아요?"

이번에는 메리가 콜 센터에 대형 텔레비전을 설치하자, 과연 기대했던 일이 벌어졌다. "축구와 농구를 좋아하는 직원들은 그 텔레비전 덕분에 주말에도 즐겁게 일할 수 있게 됐어요. 텔레비전을 갖다 놓았더니, 누군가가 비디오도 가져오던 걸요."

"한번은 월요일 아침에 출근해서 이메일을 확인해봤더니 이런 편지가 왔더라구요. '큰일 났어요. 비디오 영화를 봤는데, 이 센터에 어울리지 않는 장면이 나오더라구요. 이제 더 이상 비디오를 볼 수 없게 되었어요.' 저는 그냥 웃어넘기고 이렇게 답장해 주었습니다. '그랬군요. 앞으로는 비디오테이프 검열이라도 해야겠는걸요.'"

"긍정적이고 건설적인 일터는, 무언가를 없애려 하기보다는 사원들의 에너지가 발산될 수 있도록 진심으로 격려하는 곳입니다. 바람직한 문화가 자랄 수 있도록 끊임없이 학습하고, 해결책을 찾는 데 노력하는 곳이지요."

이 같은 일터를 만드는 데에 음악은 커다란 역할을 했다. "건전가요 같은 노래는 더 이상 듣지 않기로 했어요. 젊은 직원들은 대부분 신나는 음악을 좋아하잖아요. 물론 저마다 취향은 다 다르기 때문에, 여러 가지 장르의 음악 CD를 구비해 놓고 직원들에게 이렇게 얘기했습니다. '여러분들이 저마다 좋아하는 음악을 번갈아가며 골고루 틀 겁니다. 그런 식으로 하면 우리 모두가 함께 즐길 수 있을 거예요.' 그것은 다양성을 가르칠 수 있는 좋은 방법이었어요."

소문이 퍼지자, 즐거움이 터진다

조용한 나날이 계속된다 싶으면, 콜 센터 직원들은 여지없이 놀이를 하자고 제안했다. 물론 공식적인 루트를 통해서였다. 로리는 말한다. "우리는 이렇게 말하곤 했습니다. '이봐, 우리 뭔가 재미있는 걸 하자! 금요일 오후 1시에 파티를 여는 건 어때?'"

특히 금요일과 토요일 밤, 스프린트 콜 센터에서 무슨 일이 일어날지는 아무도 예측할 수 없었다. 재미있는 일을 꾸미는 데 주도적으로 앞장선 것은 다름 아닌 간부들과 주임들이었다. 그 해의 마지막 날, 그러니까 12월 31일에 메리는 또 무언가 재미있는 일을 준비했다. 그날 밤 익살맞은 분장을 한 메리가 주임들과 함께 콜 센터에 나타났다. 조용하던 콜 센터는 일순간에 파티장으로 바뀌었고, 모두 자리에서 일어나 한바탕 춤을 추었다.

"우리는 춤을 추고 신나게 놀면서 전화를 받았어요. 만약 고객들이 우리의 그런 모습을 봤다면, 아마 자기 눈을 의심했을 겁니다. 어디에서도 본 적이 없는 기상천외한 풍경이었을 테니까요." 그녀는 덧붙인다. "그래도, 이런 모습을 본다면 아마 가만히 있지 못할걸요? 우리와 함께 춤을 추고 싶어서 엉덩이가 들썩들썩할 거예요."

"매주 새로운 소문들이 나돌았어요." 로리는 뿌듯한 듯이 말했다. "젊은 직원들은 서로 '또 뭐 재미있는 일이 있을지 모르니까, 이번 주엔 꼭 주말근무를 신청하자.'고 말할 정도였어요."

그런가 하면, 주말을 앞둔 어느 날 메리는 천장에다 작은 디스코 볼을 매달았다. 직원들은 처음엔 좀 어리둥절한 표정이었지만, 곧 비지스(Bee Gees)와 KC 혹은 선샤인 밴드(Sunshine Band)의 음악을 틀어놓고 허슬을 추면서 신나게 일했다.

주말 이벤트가 기대 이상으로 히트치자, 메리는 커다란 디스코 볼을 두 개 더 설치했다. "물론 디스코 볼이 항상 도는 건 아니에요." 메리의 설명이다. "일하다가 분위기가 조금 늘어진다거나 직원들이 지겨워하는 것 같으면, 불을 끄고 스테레오의 볼륨을 높여요. 그때 바로 디스코 볼을 돌리는 거죠."

그들의 놀이는 정말 무한한 것 같았다. 직원들은 전화를 받는 틈틈이 빙고 게임을 하기도 했는데, 그때는 주임들이 주위를 돌아다니며 게시판에 숫자를 표시했다. "누군가 빙고를 외치면, 주임이 15분 동안 걸려온 전화를 처리해주는 거예요. 주임이 전화를 받는 동안 직원들은 잠깐 쉬는 거죠. 주임들도 통화업무에서 오래 손놓고 있으면 통화처리 방법을 잊어버릴 수 있는데, 그들에게 업무감각을 잊어버리지 않도록 하는 데 좋은 방법입니다."

당연한 얘기지만, 이런 일들이 모든 사람들에게 그저 즐겁기만 한 것은 아니었다. 특히 회사의 간부들은 언제 어디서 무슨 사건이 터지지나 않을까 하루하루 노심초사했다.

어느 날 밤 10시쯤, 스프린트 사의 피닉스 지부 콜 센터에서는 흥겨운 파티가 벌어졌다. 그런데 그 곳의 총 지배인인 돈 프리맨은 고객들이 혹시라도 이 소리를 듣고 놀라지나 않을까 해서 이만저만 걱정이 되는 게 아니었다.

"그래서, 저는 제 사무실에서 콜 센터로 걸려오는 전화를 교환원들이 어떻게 처리하고 있나 모니터링해봤어요. 그런데 한 통화씩 들어보고 정말 깜짝 놀랐습니다. 걱정했던 것과는 전혀 달랐으니까요. 시끄러운 음악소리나 뒤에서 열광하는 직원들 소리는 하나도 들리지 않았습니다. 오히려 저를 놀라게 한 것은 직원들의 활기찬 목소리였습니다.

예전에는 어디서 죽 한 그릇도 못 얻어먹은 듯한 기운 없는 목소리로, '스프린트인데요, 뭐⋯ 도와드릴⋯.' 했었는데, 어느새 직원들의 목소리 톤이 너무나 달라진 거예요. 다들 활기에 넘치고 씩씩한 목소리로 '안녕하십니까! 스프린트입니다. 무엇을 도와드릴까요, 고객님?' 하는 겁니다. 저는 놀랍기도 하고 신기하기도 해서 센터로 내려갔습니다. 그리고는 금세 그들과 함께 어울려서 파티를 즐겼어요."

그 후 돈은 콜 센터의 '놀이'를 전적으로 믿고 지지해 준 든든한 후원자가 되었고, 더 나아가 놀이를 주도적으로 이끄는 주동자가 되었다. 그래서 그렇게 어설픈 엘비스 프레슬리 차림으로 나타나서는 기타를 들고 정기순회공연(?)을 하게 된 것이었다. 그의 인기는 하늘을 찌를 듯해서 주임들은 그에게 계속 와 달라고 조를 정도였다.

돈은 또 한 가지 직원들에게 놀라운 선물을 준비했다. 피닉스 센터의 외적인 근무환경을 젊은이들의 감각에 맞게 다시 설계한 것이다. 소파와 당구대, 초고속 인터넷까지 갖추어 놓고, 젊은이들이 자주 찾는 분위기 있는 커피숍처럼 개조한 것이다. 그렇게 바꾸고 나니, 인근의 애리조나 주립대학의 학생들이 취업을 위해 점점 이 곳에 모여들기 시작했다. 게다가 예전에는 회사를 지겨운 일터라고만 생각했던 직원들도 회사에서 머무는 시간을 즐겁게 보낼 수 있게 되었다. "직원들이 이제는 회사에 좀더 오래 있으려고 일찍 나올 정도에요." 돈의 설명이다.

만약 회사 간부들이 사원들과 어울리려 하지 않고, 삐딱하게 서서 지켜보기만 했다면 스프린트 콜 센터가 이처럼 변할 수 있었을까? 한 간부 사원은 이렇게 말했다. "어깨 너머로 놀이를 즐기는 직원들을 바라보면서 우리 역시도 함께 어울리고 싶었지만, 그게 그렇게 선뜻 움직여지질 않았어요. 물론 정말 바쁠 때는 사실 놀 시간도 없었지만, 뭐 우리도 계속 우리가 일해왔던 방식으로만 일해서는 안 된다는 것쯤은 알고 있었어요."

🗨 기계가 아니었다니…, 정말 반갑네요!

스프린트 사는 놀이를 싫어하는 직원들을 배려하기 위해 따로 조용한 방을 하나 마련했다. 콜 센터에 보다 성숙한 분위기를 조성하기 위해 직원들에게 놀이를 하지 않아도 되는 선택권을 주기로 한 것이다. 메리는 이렇게 말한다. "음악을 들으면 머리가 아프다는 사람도 있고, 전화업무를 처리하면서 조용히 책을 읽고 싶어하는 직원들도 있어요. 그래서 콜 센터 본관 건너편에 조용히 일하고 싶어하는 사람들을 위한 방을 별도로 마련해놓았습니다." 직원들은 언제나 자유롭게 이 방에 드나들 수가 있었다.

로리 역시 이렇게 이야기한다. "일에 전념하려면 각종 놀이가 오히려 방해된다는 직원들이 있어요. 세대 차이일 수도 있고 자라온 방식이 달라서 그럴 수도 있죠. 어떤 직원들은 떠들썩한 놀이는 싫다며 조용한 분위기를 '이게 쿨하고 세련된 거야.'라고 말하는 사람들도 있구요.

놀이라는 것이 꼭 음악을 듣거나 게임에 참가해야 한다는 건 아닙니다. 어떤 직원들은 손자나 이웃집 아기에게 주려고 뜨개질을 하기도 하고, 아니면 좋아하는 무언가를 그리기도 합니다. 고객에게 감동과 즐거움을 가져다주는 것이라면 무엇이든 좋아요. 굳이 어떤 특별한 놀이가 아니라도 좋습니다.

가령, 우리는 누군가 완벽하게 전화를 받아서 처리하면, 그걸 주임이 듣고 교환원들에게 이야기합니다. 그러면 교환원들은 다들 그 교환원에게 달려가서 장난도 치고 칭찬도 해줍니다. 앉아 있는 다른 교환원들도 이것을 보고, 걸려오는 전화를 접수하면서 축하하지요. 이런 활발하고 유쾌한 분위기 덕분에 우리 교환원들은 항상 미소를 지으면서 고객과 대화를 나눕니다."

고객서비스에 대한 평가 방식도 예전과 달라졌다. 회사는 더 이상 직원들이 고객에게 얼마나 친절한 서비스를 제공했는가를 강압적이고 일방적으로만 평가하지 않았다. 그 대신 직원들이 스스로를 돌아볼 수 있는 자발적이고 자체적인 평가 문화를 만들었다.

예전에 각 콜 센터는 직원들과 공동으로 '월간 서비스 품질조사'라는 것을 실시했었다. 그 조사는 고객 서비스의 수준을 한 차원 높이기 위한 것으로, 직원평가의 일환으로 시행된 것이었다. "'죄송합니다만 혹은 감사합니다 하는 말을 몇 회 했습니까?' 와 같은 질문이 수십 개씩 들어 있는 서식을 이용했습니다." 메리는 이렇게 설명한다. "고맙다는 인사를 일정한 횟수만큼 하지 않으면 점수를 깎았습니다. 그것 때문에 저희도 그렇고, 교환원들도 그렇고 모두 다 정말 괴로워했지요. 직원들은 우리가 꼬투리 잡는 데 혈안이 되어 있다고 불평했습니다."

그러나 달라진 스프린트 사는 직원들의 의견을 적극 반영해서 새로운 평가 질문지를 만들었다. 불필요거나 억지스러운 질문들은 아예 빼버리고 친절한 전화응대에 꼭 필요한 요소만 모았다. 때문에, 직원들은 그 항목들을 스스로 체크해 보면서 자신들의 행동을 구체적이고 체계적으로 돌아보게 되었다.

"물론 회사는 직원들이 고객에게 친절히 대해주기를 바라죠." 메리의 설명이다. "요즘엔 직원들이 자발적으로 고객과 '놀이'를 하거나, '그 자리에 있을' 기회를 포착하려고 노력합니다."

그러다 보니 이제 스프린트 콜 센터에는 기계 같은 획일적인 응답이 사라졌다. 그 대신 성실함과 친절함, 교환원들 각자의 개성이 자리잡기 시작했다. 교환원 마샤는 이렇게 말했다. "돼지코를 걸치고 걷는 지배인님을 보면 저절로 웃음이 나요. 어쨌거나 예전에 비해 몰라보게 달라진 우리를 보고 고객들은 이렇게 말할 겁니다. '기계가 아니었다니…, 너무 반갑네요.' 라고요."

🐷 엄마 덕분에 오늘 하루도 멋지게 보낼 것 같아

스프린트 그룹의 연례 지도자 회의에 참석한 로리는 그 엄숙한(?) 자리에서도 놀이를 잊지 않았다. 그녀는 물고기가 그려진 화려한 옷을 입고 회의에 들어갔고, 엘비스 프레슬리와 엘비걸들을 붙잡고 함께 춤을 추기도 했다. "솔직한 제 자신이 될 수 있어서 마음이 편해졌다는 것이 가장 좋은 점입니다. 예전처럼 괜히 근엄한 척하면서 쫓기는 기분으로 살지 않아도 되구요. 이젠 훨씬 느긋해졌습니다. 저의 리더십에도 확신을 갖게 되었구요. 우리가 일구어낸 결과를 보고 모두들 즐거워하고 있었거든요."

당시에 그 회의에 참석하느라 집을 떠나 있던 동안 로리는 불현 듯 이런 생각을 하게 되었다. "나는 일하면서 'FISH! 철학'을 실천하고 있어. 그래서 이렇게 즐겁게 살게 되었고…. 그렇다면…, 집에서라고 못할 이유가 없잖아?!"

로리는 항상 회사에서 받은 스트레스 때문에 퇴근 후 집에 가서는 늘 피곤에 절은 목소리로 가족들에게 짜증을 내곤 했었다. 그런데 그런 그녀가 집에서도 'FISH! 철학'을 실천하기로 마음먹었다. 그녀는 이렇게 이야기한다. "'이제부턴 집에 가서도 재미있게 지내야지. 놀이도 하고….' 이렇게 마음먹었습니다. 그랬더니 제 딸아이들이 금세 알아채는 거 있죠. 제가 달라졌다면서, 애들이 저에게 '엄마, 뭐가 그렇게 재밌어?' 하고 묻더라구요. 그래서 저는 이렇게 말했지요. '엄마는 이제 새로운 사람이 됐고, 앞으로는 즐겁게 지내면서 더욱더 좋은 엄마가 되기로 했단다.' 그랬더니 아이들은 제가 전에도 좋은 엄마였지만, 지금은 세상에서 제일 좋은 엄마래요!"

사실 옛날에는 출근을 준비하는 아침시간이 하루 중 최악의 시간이었다. 늘 시간에 쫓겨서 종종거렸고, 가끔은 사는 게 한심스러워서 눈물이 날 지경이었다. 하지만 생각을 바꾸고 나니 생활도 달라졌다. 이제 로리는 출근 준비를 하면서 아이들에게 재미있는 이야기를 하고, 아침마다 '오늘 하루를 즐거운 마음으로 시작해야지.' 하고 다짐한다. 그러면 딸아이들은 그녀를 쫓아 나와 "안녕히 다녀오세요!"라고 인사하며 싱긋 웃는다. 그리곤 이렇게 말한다. "엄마 덕분에 오늘 하루도 정말 멋지게 보낼 것 같아요."

"처음 그 말을 들었을 때 저는 너무 기뻤어요. 그 말이 그날 하루를 '저의 날'로 만들어 주었습니다. 사소한 일에서도 얼마나 큰 즐거움을 찾을 수 있는지 몰라요. 언젠가 제 남편 패트릭이 자기도 이젠 생활 태도를 바꿔보겠다면서 앞으론 청소기를 돌리면서도 춤을 추겠다고 하는 거예요. 그래서 제가 그랬죠. "좋아요, 꼭 그렇게 해보세요."

소유권이 생기면, 창의력도 살아난다

스프린트의 콜 센터는 언제나 개방정책을 펴왔다. "하지만 그 문이 항상 열려 있는 것 같지는 않았어요." 교환원 론다는 엄지손가락과 검지손가락을 아주 조금 벌려서 들어 보인다. "개방 정책이라고 해야 고작 이 정도였지요." 그녀는 웃으면서 회고했다.

하지만 지금은 회사가 어떤 계획을 세우든지, 직원들이 그 계획과 떼려야 뗄 수 없는 관계가 되었다. "중요한 계획에 착수하기 전에 언제나 미리 충분히 검토하고, 사원들도 토의에 참여하도록 했습니다." 로리는 이렇게 말한다.

각 콜 센터에는 예전부터 다양한 의견 수렴 채널이 있었다. 로리는 온라인으로 의견을 제안할 수 있는 인터넷 사이트도 운영했다. "제가 추진하는 일이 혹시라도 우리 직장문화와 맞지 않는 것이라면 꼭 제게 알려달라고 직원들에게 요청합니다." 덕분에 로리는 여러 사람들의 생각을 다양하게 들을 수 있었다.

물론 여러 가지 의견이 모이다 보니 간혹 퉁명스러운 얘기도 나오곤 했는데, 한번은 어떤 교환원이 사장인 그녀에게 의사를 전달할 때 보다 분명하고 간결하게 해달라고 요청한 일도 있었다. "저한텐 바로 그런 게 필요해요. 입에 쓴 약이 몸에는 좋다고, 제 자신을 돌아보게 해주기도 하구요. 특히 회사 일에 관해서는 더욱더 필요하죠. 제가 잘 모르는 분야까지 제 짧은 식견만으로 판단하고 행동할 수는 없잖아요."

의사소통이 활발해지자, 교환원들은 실적을 올릴 수 있는 새로운 아이디어도 많이 생각해냈다. "3년 전이었다면, 교환원을 불러놓고 실적을 올릴 수 있는 좋은 아이디어를 내보라고 하지는 않았을 겁니다." 로리는 이렇게 말한다. "하지만 지금은 교환원들과 계속해서 서비스 발전에 관한 토의를 하고 다양한 방식으로 의견을 모으고 있어요. 일선 현장에서 직원들이 실제로 경험해 본 방법들, 예를 들어 통화를 효율적으로 처리할 수 있는 아이디어라든가, 고객 만족도를 높일 수 있는 방안을 제시하면 그것들을 함께 공유하고 토론해요. 그렇게 해서 나온 아이디어가 실제로 경영에 많은 도움을 주었고, 회사의 경비를 많이 줄여주기도 했답니다." 피닉스 지부의 지배인인 돈 프리맨 역시 기회가 있을 때마다 직원들에게 "당신이 스프린트의 사장이 되어 주세요."라고 말하면서, 그들이 제안하는 콜 센터 운영 방안에 귀를 기울인다.

투명하고 공개적인 의사결정 분위기가 서서히 자리잡아가자, 회사의 수뇌부도 공개경영 쪽으로 회사운영정책을 바꾸었다. "밤잠을 설치게 하는 문제들에 대해 사원들과 함께 토론했습니다." 로리는 말한다. "예산, 단가 목표, 이윤 문제, 다른 회사와의 경쟁 등에 관한 논의들을 공개적으로 진행했습니다."

사실 옛날 같았으면, 아무리 공개경영을 하겠다고 떠들어도 직원들은 본체만체했을 것이다. 그러나 스프린트 사는 분명히 달라져 있었다. "이제는 모든 사람들이 회사 일에 관심을 가지고 있습니다. 예전엔 재정이나 고객 만족, 사원 실적 같은 문제들은 자기와 아무런 상관이 없다고 생각했었는데, 이젠 모두 자기 일처럼 걱정하면서 뭔가 좋은 방법이 없을까 하고 고민하게 되었어요. 그러다 보니, 직원들은 자기들이 하는 말단 업무가 우리 회사에 얼마나 중요한 일인지를 새삼 깨닫게 되었고, 또 자부심이랄까, 책임감 같은 것이 더욱 커지게 되었습니다."

스프린트의 직원들은 아이디어 놀이를 하는 가운데 이제까지 자신들도 몰랐던 창의력을 맘껏 발휘했다. "일단 회사가 직원들을 신뢰하면 직원들도 달라지게 마련입니다. 어떠한 아이디어도 무시하거나 제한하지 않을 것이라는 점, 회사가 직원들의 아이디어를 적극적으로 받아들일 의향이 있다는 점을 직원들에게 분명히 인식시키면, 그들이 얼마나 달라지는지 아마 깜짝 놀라실 거예요. 평소엔 창의력이나 아이디어 같은 말이 그저 남의 얘기라고만 생각했던 직원들도 얼마나 기발한 아이디어들을 내는지…. 그들 자신들도 놀라워합니다."

중역들과 일반 직원들이 함께 하는 놀이가 많으면 많을수록, 이들 사이의 장벽도 낮아진다. 로리는 계속해서 말했다. "직원들에게 '내가 사장님이나 지배인님, 혹은 어느 주임에게 무엇인가를 건의하면 그들이 내 말을 듣고 그대로 실행할 거야. 혹시라도 그렇게 할 수 없으면, 분명하게 그 이유를 말해줄 것이고.' 라는 생각을 심어주어야만, 사원과 회사가 서로 진정한 신뢰를 쌓아갈 수 있습니다."

"주임들은 직원 한 사람 한 사람에게 깊은 관심을 쏟고 있습니다." 메리가 덧붙여 말했다. 그러자 교환원 마샤는 "가족 같은 느낌이에요. 어느 때보다도 회사와 직원들이 잘 통하고 있다는 느낌이에요."라고 공감했다.

회사의 미래를 놓고 본다면, 이 같은 신뢰는 발전과 도약에 중요한 관건이다. "많은 것이 변하고 있어요." 메리는 이렇게 설명한다. "예전엔 우리가 뭔가 바꿔보자고 할 때마다, 늘 회사 고위 경영층의 완고한 경영원칙에 부딪히곤 했습니다. 그 단단한 옹벽을 넘는 일 때문에 의욕에 불타던 사원들도 금세 지쳐 갔구요. 사원들에게는 비탄의 순간이라고 할 수 있죠. 하지만 이젠 달라져야죠. 더 이상 이렇게 길고 지루한 싸움에 시간을 낭비할 순 없잖아요. 회사와 사원 공동의 신뢰가 크면 클수록, 사원들의 자신감도 커지는 법입니다. 거기서 나온 자신감으로 우리는 변화를 주도하고 밀고 나갈 수 있어요."

1999년 10월, 스프린트 사와 엠씨아이 월드컴(MCI Worldcom) 사 간에 합병 논의가 오갈 때였다. 메리는 그때를 이렇게 회상했다. "합병이 발표되던 날, 우리 회사 고위 간부들은 대형 TV 앞에 모여서 직원들과 함께 뉴스를 시청했습니다. 그 자리에서 우리는 한참 진행 중이던 합병 논의에 대해 직원들과 많은 의견을 나누었습니다."

결국 합병 시도는 수포로 돌아갔지만, 메리는 그날 직원들이 보여준 인상 깊은 말과 행동에 감동 받았다고 한다. "이런 일이 몇 년 전에 있었더라면, 다들 아무말도 못하고 두려워하기만 했을 거예요. 하지만 그때는 이미 서로 간에 다져진 신뢰 덕분에, 믿기 어려울 만큼 차분하고 진지한 분위기였습니다."

흐흠, 흠… 흠!

메리가 콜 센터에 디스코 볼과 스피커 시스템, 대형 텔레비전을 설치한 후, 스프린트 본사의 서비스 담당 부사장인 게리 오웬즈 (Gary Owens)가 르넥사 콜 센터를 방문했다. 메리는 부사장과 함께 센터 안으로 들어가기 직전, 잠시 그의 걸음을 멈추게 했다. "제가 이렇게 말했어요. '저…. 부사장님, 그냥 들어가셨다간 가벼운 심장 마비라도 일으키실지 모르니까, 우선 들어가기 전에 저희들의 달라진 근무 환경에 대해 몇 가지 말씀드려야겠습니다.' 이렇게 말씀드리고 몇 가지 사항에 대해 제가 경고를 드렸죠. 놀라실까봐요. 그리고 나서 부사장님이 안으로 들어가셨는데, 콜 센터를 둘러보시면서 '흐흠…. 흠…. 흠….' 하는 소리만 연발하시는 거예요."

그날 메리는 게리 부사장에게 콜 센터의 서비스 수준에 관한 보고를 했다. 그 보고서에 있는 숫자들은 고객 보유수, 서비스 수준 평가점수, 생산성 지수, 고객만족도 등 회사가 정해놓은 목표와 대비해서 현재 르넥사 지부 콜 센터의 상황을 객관적으로 보여주는 것이었다. 그런데 놀랍게도 그 결과들은 한결같이 목표를 초과 달성하고 있었다. 메리는 "부사장님이 왜 디스코 볼을 설치했냐고 질책하셨다면, 저는 '어쩔 수가 없었어요.' 라고 대답했을 겁니다."라며 웃었다. 그러자 게리 부사장도 함께 웃으며 이렇게 말했다. "하지만 성공을 거두었으니 어쩌겠소."

그 후로 게리 부사장은 르넥사 콜 센터의 성공을 모범 사례로 인정했을 뿐만 아니라, 회사 전체에 르넥사 콜 센터의 '놀이' 를 배우도록 독려했고, 그 방식을 시행하도록 추진했다. 게리 부사장은 또 회사의 사명 선언을 이렇게 바꾸기도 했다. "우리는 고객과의 커뮤니케이션 과정에서 얻은 이상적인 체험을 실현하는 동안 즐거운 마음으로 업무를 수행하고자 한다."

이러한 적극적인 후원과 지지가 있은 후에 스프린트 글로벌 커넥션 서비스 사가 얻은 결과는 실로 경이로운 것이었다. '고객부지율 25% 증가' 라는 목표를 세운 첫 해에 이를 초과 달성했고, 그 후에도 계속 그 수준을 유지했다.

메리는 이렇게 이야기한다. "언젠가 저는 직원들에게 월급을 더 많이 받을 수 있는 스프린트 그룹의 다른 자리로 옮길 수 있도록 추천해주겠다는 말도 했지만, 우리 직원들은 모두 거절했답니다. 월급이 문제가 아니라는 거죠. 우리의 직장 분위기가 마음에 들었기 때문입니다."

르넥사 콜 센터는 이미 생산성에 있어서 업계 상위를 고수하고 있었지만, 1997년에서 2001년 사이 또 한번 20%의 신장을 기록했다. 게다가 르넥사뿐만 아니라 다른 지역의 스프린트 콜 센터들도 여러 가지 고객만족상을 받았기 때문에 스프린트 그룹은 해를 거듭할수록 좀더 높은 목표를 설정해야 했다.

이처럼 대내외적인 칭찬이나 점점 올라가는 수치들도 기분 좋은 것이었지만, 메리에게는 콜 센터가 나날이 발전하고 있음을 느끼게 해주는 그녀만의 리트머스 종이가 있었다. 그것은 무엇보다 자기 자신의 변화였다.

"전에는 복도를 걸어다닐 때, 불평소리 같은 것은 하나도 안 들리는 것 같았어요. 아니, 정확히 말하면 직원들의 불평에 제가 신경을 안 써서 못 들은 거였죠. 그런데 우리 회사의 문화가 바뀌고 나니까, 자연스럽게 사원들에게 관심을 가질 수 있는 여유가 생기더군요. 그런 여유가 생기다 보니, 이제는 복도를 지나다닐 때 조금이라도 찡그린 얼굴이 보이거나 불평소리가 들리면 즉시 달려간답니다. 옛날 같았으면 정말 상상도 못할 일이었죠. 아무튼 요새 우리 회사에선 불평불만이라는 게 아주 드문 일이 되었습니다. 저는 문제가 있으면 이를 즉각적으로 처리하려고 노력합니다. 그건 우리 일터를 좀더 멋지게 만들어 보겠다는 제 의지라고 할 수 있어요."

🐦 우리는 지금 펄떡이고 있어요

예전에 메리는 습관적으로 보고서를 들고 다녔다. 하지만 이제 그녀의 가방에는 건의서가 가득하다. "제가 여길 다닌 지 올해로 37

놀이 67

년째입니다. 이제까지의 변천사를 얘기할 수 있는 산중인인 셈이지요. 저는 우리도 얼마든지 변할 수 있다는 것을 몸소 체험했습니다. 제 경영 스타일 역시 몇 년 전과는 눈에 띄게 달라져서 요즘은 직원들에게 제 인간적인 면모를 보여주기도 하고 친해지려고 노력합니다. 지금 보고 있는 이 사람이 바로 저예요. 이제는 직원들도 그 사실을 잘 알고 있고요. 들을 수도 있습니다. 무슨 소리냐구요? 저는 항상 '하하' 거리면서 큰소리로 웃거든요."

메리는 높은 자리로 승진하거나 더 좋은 조건으로 옮길 수 있는 제안도 많이 받았다. "하지만, 옮기기 싫었어요. 요 몇 년 동안, 저는 제 생애에서 가장 열정적으로 일하고 있습니다. 저는 우리가 하는 일에 굉장한 열의를 가지고 있습니다. 우리는 함께 고생하면서 별별 일을 다 겪어보았습니다. 회사를 제대로 굴러가게 하려고 안 해본 일이 없을 정도예요. 여행을 시작한 이상, 안전한 곳에만 있을 수는 없잖아요. 이것은 상사의 허락을 받고 안 받고의 문제가 아닙니다. 허락을 구한다고 해결되는 문제도 아니구요. 우리에게는 모두 자기 힘이 닿을 수 있는 일정한 범위라는 게 있습니다. 그 범위 안에서 스스로 위험을 감수해야 합니다. 스타트랙(Star Trek, 미국의 TV드라마 – 역주) 같은 겁니다. 저는 앞으로도 용기를 내서 어느 누구도 가본 적이 없는 곳으로 계속해서 나아갈 겁니다."

한입씩 깨물어 먹는 이야기

향기로운 추억들

 놀이를 할 수 없는 일터도 있을까? 장의사는 어떤가? 우리는 어느 장의사로부터 이런 이야기를 들었다. 한 장례식에서 가족들이 고인을 떠나보낸 슬픔에 오열하며 모두 넋이 나간 채 앉아 있었다. 장의사는 그 가족들에게 고인과 함께 지냈던 나날을 떠올려보자며 즐거웠던 기억들을 이야기해 보자고 제안했다. 그들은 함께 모여 앉아서, 고인이 되신 어머니의 살아생전의 모습을 떠올려 보았다. 그리곤 어머니와 함께 했던 즐거운 일, 재미난 추억들을 이야기했다. 그러면서 그들의 눈물은 금세 웃음으로 번져갔다.

크레용으로 색칠하다

 수많은 강의자료나 발표자료들이 한결같이 세상에서 제일 따분해 보이는 이유가 뭘까?

 회의자료를 준비하던 어느 부인이 옆에서 놀던 자기 아이를 보고 무심코 이렇게 말했다.

 "애야, 그 크레용으로 이 차트를 예쁘게 색칠해 주겠니?"

 그리고 잠시 후 아이의 손길이 닿은 차트를 보니 딱딱하기 그지없던 자료들이 한결 더 재미있게 보였다. 뿐만 아니라, 다음 날 그녀의 동료들도 천진난만한 무지개 색깔의 차트를 보며 무척 좋아했다. 결국 사람들은 그녀의 장난기 어린 발표를 들으며 모두들 함께 즐거워할 수 있었다.

어? 볼펜이 살아있네?

존 크리스텐슨은 대형 할인점에서 물건을 산 뒤 계산을 하기 위해 카운터로 갔다. 계산을 끝내고 수표에 서명을 하기 위해 카운터에 매달아 놓은 볼펜을 집었을 때였다. 갑자기 볼펜이 저절로 그의 손에서 빠져나가는 것이 아닌가! 깜짝 놀라 점원을 쳐다보았더니, 계산대의 점원이 카운터 밑에 볼펜을 묶어놓은 줄을 숨겨놓고 그것을 잡아당겼던 것이다. 존은 웃음이 나왔다. 그 점원도 따라 웃었다. 그 후로 존은 이런 할인점에 갈 때마다 그가 했던 이런 재미난 장난을 떠올리며 미소짓곤 한다. 그리고 어떨 땐 장난에 속아넘어가지 않으려고 펜을 들고 다니기도 한다.

재미가 있으면 바뀌는 것은 시간문제

새로 생긴 어느 병원은 파이크 플레이스 어시장의 상인들에게 깊은 감명을 받았다. 그래서 '놀이'를 병원운영의 기본 원칙에 적용해 보기로 했다. 그 병원의 사명 선언문에는 이런 구절도 있다. "우리는 온정과 즐거움이 넘치는 분위기 속에서 환자가 기대하는 것 이상의 친절하고도 철저한 서비스를 제공하는 일에 헌신할 것이다." 그 병원의 직원들은 환자의 아픔을 함께 나누는 마음자세로 수준 높은 의료 서비스를 제공하면서, 성실함, 충실한 진료, 협동, 그리고 즐거움 등을 중요한 가치로 여기고 있다.

그 병원에서는 '놀이'와 '생산성'이 나란히 함께 갔다. 해변 파티가 있는 날에는 몸을 움직일 수 있는 환자들이 해변에서 함께 비치볼 게임을 했다. 그 환자대표 비치볼 선수들은 이것이 물리 치료라는 사실도 거의 모른 채로 게임에만 열중했다. 치료실에서라면, 그렇게 열심히 하지는 않았을 것이다. 결론은 재미있으면 모든 게 바뀐다는 것이다.

크리스마스 트리가 반짝반짝

'놀이', 물론 좋다. 그런데, 만약 우리의 일터가 안전을 최우선으로 고려하는 중장비 제조공장이라면 어떨까? 그런 곳에서도 과연 '놀이'를 할 수 있을까? 무엇보다 우선 '놀이'가 누군가를 위험에 빠뜨리는 활동이 된다면, 어떤 것이라도 '놀이'라고 할 수 없다. 그런 무분별한 '놀이'는 안하는 것만 못하다.

하지만 아주 고된 작업환경이라도, 기분전환을 하도록 도와주고 마음을 가볍게 해줄 수 있는 방법은 얼마든지 많다.

연장을 생산하는 어느 생산공장에는 해마다 12월만 되면 공장 담을 빙 둘러 크리스마스 트리 장식용 전구가 반짝거리며 빛났다. 그 회사의 시설 유지관리팀 직원들이 준비한 크리스마스 선물이었던 것이다. 그들은 안전사고가 일어나지 않도록 각별히 신경 쓰면서, 먼저 기계팀의 기사들에게 그런 장식을 해도 되느냐고 물었다. 안전에 관해 확실하게 조치를 해두고 나서 그들은 도관 위와 작업대 등, 고정된 곳이라면 어디든지 화환과 깜박이 전구로 장식을 하기 시작했다.

놀이가 꼭 특별한 활동일 필요는 없다. 진정한 놀이는 마음의 상태와 관련된 것이기 때문이다. 그리고 우리가 꼭 알아야 할 것은 그 마음의 상태는 우리가 조성한 환경에 영향을 받는다는 사실이다.

면접 준비? 좋은 수가 있지!

구직 면접이라는 것이 사실 그리 유쾌한 일은 아니다. 마음이 편치 않은 것은 물론이고, 겁도 난다. 때로는 하도 긴장해서 아끼는 셔츠가 땀으로 범벅이 될 만큼 진땀을 빼기도 한다. 그래서 어느 대학의 취업 상담소 상담원은 구직상담 과정에 놀이를 포함시켜 보았다. 그녀는 일단 학생이 지원하는 직종에 맞는 복장으로 학생을 만났다. 만약 건설업 계통의 직장을 구하는 학생이 인터뷰를 하고자 한다면, 그녀는 안전모를 착용하고 작업복을 입는 등 건설회사 직원 같은 차림으로 나타났다. 그리고 보안 관련 직종의 면접을 준비하는 학생을 만날 때는 경비원 복장을 했다. 이렇게 하면 지원자들은 자연스럽게 긴장을 풀게 되고, 놀이 문화를 알게 된다. 그리고 덤으로 그 분야에서 잘 나가고 있는 사람들의 마음을 사로잡을 수 있는 기술도 배울 수 있다.

결정적인 이유는 사실 별것 아니다

최고로 유능한 사원을 채용하고 싶어하는 것은 어느 회사나 마찬가지지만, 그 유능한 인재들의 마음을 끌어당기는 것은 사실 그렇게 거창하고 특별한 무언가가 아니다.

컴퓨터 천재라고 자타가 공인하는 어떤 젊은이가 취직을 하려고 어느 회사에 면접을 보러 갔다. 그는 그 회사 건물 위에 떠다니던 광고용 비행선이 마음에 들어서 그 회사를 선택했다고 한다. 물론 급

여와 수당도 다른 회사에 비해 나았지만, 그 기발한 광고 하나로 인해 그 회사가 더 재미있어 보였고, 자신의 분야에서 배울 수 있는 전문지식도 더 많을 것 같은 느낌을 받았다는 것이다.

놀이터를 사수하라

어느 스키 리조트의 직원들은 넓디 넓은 리조트 내에서 어디까지를 놀이 공간으로 쓸 수 있는지가 궁금했다. "직원들은 놀이터가 얼마나 넓은지 알고 싶었던 겁니다." 리조트 사장이 말했다. "함께 놀이터의 크기를 정해보자고 직원들에게 얘기했습니다. 사실 처음에 저는 좀 좁은 공간에 한정할 생각이었습니다. 의례 그렇게 하는 것이 규칙이라고 생각했어요. 그런데 직원들은 결사 반대였죠. '안돼요. 더 넓은 놀이터가 필요하다구요! 우리에게 좀더 많은 것을 믿고 맡기는 그런 놀이터를 주세요.' 라며 아우성쳤어요."

그래서 그 리조트의 사장은 구획을 다시 정해서 놀이터를 넓혔다. 덕분에 이제는 산에서도 즉석 가라오케 경연대회가 열리고, 아이들은 가재를 잡기도 한다. 손님들은 리프트를 타러 가면서 림보춤을 춘다. 그 지역에 있는 다른 스키장들도 아름다운 산 속에서 훌륭한 시설을 갖추고 있었지만, 이 리조트는 이런 식으로 다른 스키장과 차별화했다. 멋진 경치와 좋은 시설은 물론이고, 고객이 보다 특별한 체험을 할 수 있도록 직원들이 적극적으로 도왔던 것이다.

당신의 놀이터는 얼마나 큰가? 더 크게 할 필요가 있다면 좀더 넓히는 것도 좋지 않을까?

그들의 날을 만들어 주어라

MAKE THEIR DAY

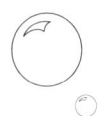

다른 사람에게 봉사하겠다는 마음가짐으로 행동한다면,
그 순간 세상은 더욱 살기 좋은 곳이 된다.

이젠 세계적인 명소가 되어버린 파이크 플레이스 어시장. 그곳을 처음 방문한 사람들은 즐겁고 활기찬 시장의 분위기에 빠져 자기도 모르게 'FISH! 철학'의 주인공이 된다. 생선들은 날아다니고, 씩씩한 함성과 흥겨운 노랫소리가 들려온다. 손님을 졸라대는 익살맞은 장난에 상인들이고 구경꾼이고 할 것 없이 모두 한바탕 웃고 즐긴다. 이런 정신없는 풍경에 취해 시간 가는 줄 모르고 구경하다 보면, 그저 구경이나 하려고 찾아온 사람들도 어느새 관객이 아닌 무대의 주인공이 되어 있다. 왜냐고? 상인들은 낚시질을 하듯 조심스럽게 손님들을 지켜보다가 기회가 생기면 곧바로 미끼를 던지기 때문이다. 사실 그들의 '놀이'는 흔히들 생각하는 놀이, 즉 단순히 웃고 떠들기 위한 놀이가 아니다. 장사라는 그들의 천직에 대한 새로운 비전을 만들어 내는 일종의 전략이다.

생선을 샀든 안 샀든, 어시장을 떠날 때는 무언가 재미난 얘깃거리를 얻어갈 수 있다. 파이크 플레이스 어시장의 인기 비결은 바로 이것이다. 여러 가지 재미있고 독특한 방법을 통해서 상인들은 고객에게 특별한 추억을 선물해 준다. 떠들썩한 놀이판에서 그들이 준 재미난 선물을 안고 시장을 떠난 고객은 다른 사람들에게 소문을 퍼트리고, 소문을 들은 다른 사람들 역시 호기심에 가득 찬 눈으로 시장을 찾아오게 된다. 소문은 물결처럼 퍼져나가고, 그러면 더욱 많은 사람들이 찾아온다. 또 소문이 퍼지고, 더 많은 사람들이 찾아오고…. 어떤 일이 벌어질지 상상이 가는가?

파이크 플레이스 어시장이 이렇게 성공한 이유는 그들이 손님 한 사람 한 사람에게 헌신적으로 봉사하기 때문이다. 그들의 원칙은 한 번에 한 사람의 손님에게만 최선을 다한다는 것이다. 이 원칙은 당신도 앞으로 계속 마음속에 새겨두고 생각날 때마다 꺼내봐야 할 것이다. 어시장의 상인들은 생선만 파는 것이 아니다. 고객과 오로지 일대일로 만나 최선을 다하고, 결국에는 시장을 찾는 모든 사람들을 행복하게 해준다. 그들은 하루하루 세상을 더욱 살기 좋은 곳으로 만들어 가고 있는 것이다. 어쨌든 생선은 오늘도 날개 돋친 듯 팔려나간다.

어느 날 나는 시애틀을 방문한 친구 한 명과 그의 일행 한 명을 데리고 어시장에 갔다. 나는 사업차 시애틀에 왔다는 그들에게 "시애틀에 왔으니 유명한 어시장엘 안 가볼 수 없지." 하고 제안했던 것이다.

그날 같은 시각, 켄(Ken)이 파이크 플레이스 어시장에 도착했다. 처음에는 가만히 뒷줄에 서서 흥미진진한 상인들의 묘기를 구경하던 켄은 어느새 어시장의 열기에 흠뻑 빠져들었다. 그러다 갑자기 무슨 좋은 아이디어라도 떠올랐는지, 표정을 살짝 바꾸었다. 상인인 새미(Sammy)가 먼저 켄에게 다가가 이렇게 물었다.

"자아. 뭘 드릴까요, 손님?"

"주말에 가족들이 모두 모이는데, 연어 요리를 좀 해볼까 하구요. 어떤 게 좋을지 모르겠네…. 아저씨가 추천 좀 해주세요."

"여러 가지가 있으니까, 주욱 한번 살펴보세요." 새미가 말했다.

잠시 후, 새미는 진열장 뒤편에서 세 종류의 연어를 가져왔다. 그리고 켄은 새미가 가져온 것 중에서 제일 먹음직스러운 놈으로 하나를 골랐고, 얼마나 살지 양을 정한 다음 새미에게 신용카드를 주었다. 새미는 카드를 조심스럽게 들고 신용카드결제기로 갔다. 그런데 잠시 후 새미가 얼굴 가득 걱정스러운 표정을 하고 돌아오는 것이 아닌가! 아니나 다를까, 그는 켄에게 "다른 카드는 없습니까?" 하고 물었다.

켄의 얼굴엔 당황한 기색이 역력했다. 그는 어쩔 줄 몰라 하며 허둥지둥 주머니를 뒤졌다. 현금이나 다른 신용카드를 찾기 위해 진땀을 흘리던 그 순간이 마치 영원히 계속될 것만 같았다. 그런데, 이를 가만히 지켜보던 새미가 천천히 말문을 열었다.

"음…. 그냥 알고 싶었을 뿐인데. 다른 카드는 필요 없어요, 켄."

그런데도 켄은 정신없이 호주머니를 뒤지느라, 그가 무슨 말을 하는지도 못 알아들었다. 새미가 또 한번 큰 소리로 말했다. "다른 카드는 필요 없어요, 켄. 그냥 혹시 가지고 계신가 해서 물어본 거예요."

켄은 하도 어이가 없고 허탈해서 '와하하' 하는 소리까지 내며 크게 웃고 말았다.

새미의 엉뚱한 장난은 그의 기억에 오래도록 남았다. 그 후로 그가 다른 사람들에게 이 이야기를 할 때마다, 웃음은 다른 사람들에게도 물결처럼 퍼져나갔다. 이 얘기를 들은 사람들은 그 가게가 어디냐고 물었고, 그곳이 어떤 곳인지 궁금해 하며 어시장을 찾아갔다. 자기들도 이런 재미있는 얘깃거리를 만들기 위해 시장을 찾아가는 것이다. 계속해서 웃음은 물결처럼 퍼져나가고, 그렇게 사람들도 물결처럼 몰려왔다.

켄이 가게를 떠난 다음, 옆에서 이를 지켜봤던 우리는 새미와 다른 상인들에게 방금 그 사람이 켄 블랜차드(Ken Blanchard)였다는 사실을 알았냐고 물어보았다. 우리는 흥분해서 방금 장난에 속아넘어간 그 사람이 《경호 Gung Ho!》와 같은 경영학분야 베스트셀러를 쓴 저자라는 이야기도 함께 전해 주었다. 하지만 새미는 별로 놀라는 기색도 없이, 켄 블랜차드가 누군지는 몰라도 이 가게에 찾아오는 손님이라면 대통령이든 누구든, 자기들에게는 모두 다 똑같이 소중한 고객이라고 말했다.

우리는 우리 아닌 다른 사람, 즉 고객이나 가족들 혹은 동료들에게 어떻게 하면 진심을 전할 수 있을까 고민하고, 어떻게 하면 매일매일 '그들의 날'을 만들어 줄까 고민한다. 스스로에게 이런 질문을 하면서 우리는 자신의 평소 태도를 반성하고, 보다 더 발전적인 방향으로 스스로를 변화시켜 간다. 남을 배려하는 것만큼 자신을 변화시키는 데 효과적인 것은 없다. 상대방을 배려한다는 것은 어시장의 상인 저스틴(Justin)이 말한 것처럼, 적어도 그 순간만큼은

'그들의 순간'으로 만들어 주는 것이다.

2부는 어느 자동차 중개인의 이야기다. 그와 만난 손님들은 그가 보여 준 따뜻한 배려와 감동적인 친절에 하나같이 칭찬을 모았다. 물론 알다시피 자동차 중개라는 것이 마냥 즐겁고 화기애애한 분위기로 고객과 만날 수만은 없는 일이다. 오히려 그 반대라고 해야 옳을 것이다. 그러나 그는 밤낮 고객과 자동차 견적을 둘러싸고 옥신각신해야 하는 일을 하면서도, 칭찬이 자자할 만큼 친절한 고객서비스를 실천했다. 그는 모든 것을 고객의 입장에서, 고객의 눈으로 바라보며, 고객을 최우선으로 배려하는 데 초점을 맞추었다.

그들에게 특별한 하루를 선물한다

[로체스터 포드 도요다]

로체스터 포드 도요다(Rochester Ford Toyota) 사의 건물 앞, 넓은 주차장은 수백 대의 자동차로 가득 차 있다. 나스카(NASCAR) 경주대회를 위한 멋진 새 경주용 차가 판촉활동을 위해서 지금 막 대리점에 도착했다. 롭 그레고리(Rob Gregory)는 상기된 표정으로 그 차를 바라보고 있었다. "저 엔진 소리 좀 들어보세요." 엔진에서 부르릉 소리가 나자, 그는 들뜬 목소리로 이렇게 말했다.

롭은 잠시 어린 시절을 회상했다. 그는 노스 다코타(North Dakota) 주의 그랜드 포크스(Grand Forks)에서 어린 시절을 보냈는데, 아버지와 함께 자동차 보러 다니길 좋아했던 개구쟁이 소년이었다. "그때는 세상에서 차가 제일 좋았어요."

하지만 모든 사람들이 롭처럼 차를 좋아하는 것은 아니다. 특히 차를 사고팔 때 겪게 마련인 여러 가지 일들을 끔찍하게 여기는 사람도 많았다. 심지어 "이 뽑는 것과 차 뽑는 것 중 하나를 고르라면 당연히 이를 뽑겠다."고 말하는 사람도 있을 정도이다.

롭의 첫 직장은 그의 고향 그랜드 포크스의 한 자동차 판매 대리점이었다. 때는 1987년, 롭은 그 곳에서 자동차 판매원으로 사회에 첫발을 내딛었다. 그리고 거기서 그의 일생에 커다란 영향을 준 웨스 라이델(Wes Rydell)이라는 특이한 사장을 만나게 되었다.

웨스는 늘 서부영화에나 나올 것 같은 카우보이 차림으로 돌아다녔다. 카우보이 재킷을 걸치고 밴다나 타이(bandana necktie) 같은 것을 하고 다니니, 차림새만 보아도 범상치 않은 인물인데다, 더욱 놀라운 것은 그의 톡톡 튀는 감각과 아이디어였다. "이제까지 아무도 하지 않았던 일을 시도하면 실적이 팍팍 올라갈 것이고, 목표를 더욱 쉽게 달성하리라는 것이 사장님의 생각이었어요." 롭은 웨스를 이렇게 회상한다.

"사장님은 직원들에게 늘 100점 만점이 되라고 말씀하셨습니다. 그래야만 자신이 가진 모든 역량을 발휘할 수 있다고 하셨어요. 사실 사람들은 누구나가 다 100점이 되길 바라잖아요. 그래서 저는 사장님께 '사회생활에서 100점이 되려면, 어디서부터 무엇을 어떻게 시작해야 합니까?' 하고 물었습니다.

그러자 사장님은 몇 가지 힌트를 주셨어요. 어떤 사업이든 다섯 가지 필수조건이 갖추어져야 성공한다고 하시면서 그 필수조건에 대해 말씀해 주셨습니다. 그 다섯 가지는, '고객에 대한 열의', '사원들의 만족감', '이윤을 창출해내는 능력', '시장을 넓히는 활동', 마지막으로 이 모든 것의 '지속적인 발전'입니다. 물론 이 다섯 가지가 모두 충족되면 더할 나위 없겠지만, 우선 한 가지만 목표로 정해도 됩니다."

대부분의 자동차 판매대리점은 세 번째 조건, 그러니까 '이윤을 창출해내는 능력'을 우선적인 목표로 삼았지만, 웨스 사장은 첫 번째 조건인 '고객에 대한 열의'에 초점을 맞추었다고 한다.

"사실 이 다섯 가지 조건은 모두 다 중요합니다. 어느 것 하나도 소홀히 해서는 안 돼요. 처음에는 다섯 개나 되는 조건을 어떻게 전부 충족시킬까 하고 걱정이 되겠지만, 일단 모든 것을 고객 위주로 생각하면 점차 행동이 바뀌게 되고 주변의 분위기도 자연스럽게 바뀌게 마련입니다. 그러면 모든 것이 달라집니다. 그런데, 그러자면 우선 이기적인 생각을 모두 버려야 해요. 내가 하고 싶은 대로 서비스를 하는 게 아니라, 서비스 받을 손님의 입장에서 생각해야 합니다." 롭은 말한다.

"사장님은 제게 이런 가르침을 주셨습니다. '친한 친구에게는 특별히 최고로 좋은 차를 최대한 싸게 팔려고 할 거 아닌가? 찾아오는 손님을 모두 친한 친구라고 생각하면 어떨까?'"

웨스 사장의 이러한 철학을 담아 대리점 운영에 관한 새로운 모토가 세워졌다. '손님에게 도움이 되는 존재가 되자!'

그때를 떠올리며 롭은 이렇게 말했다. "제가 일을 정말 잘 해낸다면, 모든 사람들이 저를 찾을 겁니다. 당연하죠. 그리고 그렇게 해서 제가 더 많은 사람들에게 더 성실한 마음으로 봉사할 수 있다면…. 아, 정말 그보다 더 기쁜 일은 없을 거예요." 롭은 이어서 말했다. "돈이요? 물론 중요하지요. 장사니까 이윤에 계속 신경을 써야 해요. 그렇지만, 돈 자체가 원인이나 결과가 될 수 있을까요? 아무나 붙잡고 물어보세요. 누구나 다 돈을 많이 벌고 부자가 되고 싶어합니다. 그 이유를 물어보면, 다들 또 이렇게 얘기해요. 행복하게 살고 싶어서. 하지만 진짜 행복은 자신을 버리고 다른 사람을 돕는 데서 나오는 겁니다. 저는 그렇게 생각해요. 그리고 그것이 바로 웨스 사장님이 제게 가르쳐 주신 것입니다."

◌⃗ 내 몫은 내가 챙긴다?

1999년 11월, 롭은 미네소타 주 로체스터(Rochester)에 있는 '유니버설 포드 도요다 사'를 인수했다. 헌데, 직원들은 새로운 사주의 등장을 그다지 기뻐하는 눈치가 아니었다.

"예전엔 안 좋은 소문이 자자했었습니다." 유니버설 사에서 몇 년간 부품 부장으로 일했던 앨 우테쉬(Al Utech)는 그때를 돌아보며 이렇게 말했다. "다들 그럭저럭 일하고 월급만 받으면 된다는 생각이었어요. 그러다 보니 고객만족도는 이 지역에서 최하위였고, 회사에 대한 사원들의 만족도도 거의 바닥이었지요."

옆에 있던 존 데이비드(John David)도 한마디 거든다. "예전엔 우리 회사에서 차를 사면 엄청나게 바가지 쓴다는 소문이 파다했었고, 흥정을 하다가 얼굴이 벌개져서 나가버리는 손님도 많았어요." 이렇게 이야기하는 존은 롭이 이 대리점을 인수했을 당시, 6개월 전에 판매사원으로 입사한 신입사원이었다.

게다가 이 대리점은 수익도 갈피를 잡을 수가 없었다. 전반적인 국가 경기는 수년간 호황이었고, 로체스터 시에는 명성 있는 의료센터인 마요 클리닉(Mayo Clinic)도 있어서 그 지역은 재정 기반이 제법 튼튼한 편이었다. "이전 사장이었다면 수익성만큼은 A급이라고 자랑스러워했을지도 모릅니다. 하지만 미래가 없었어요. 시장 잠재력 면에서는 C급도 안 될 만큼 형편없었으니까요." 롭의 말이다.

하지만 롭은 이러한 현실에 대해 크게 놀라지도, 전(全) 경영자에 대해 잘잘못을 따지지도 않았다. "전임 사장은 '고객만족'이 아니라 '이윤'을 선택했던 겁니다. 그는 이 사업을 자신의 사명으로 생각하지 않고 장사, 즉 투자로 보았어요. 그게 아니라면, 이렇게 많이 남는 사업을 왜 저에게 팔아버렸겠습니까?" 롭의 말이다.

매출액에만 신경을 쓰다 보면, 선의의 고객들에게까지 피해를 줄 수 있다는 사실을 롭은 잘 알고 있었다. 그런 부당함을 알고도 이윤 위주로만 회사를 운영한다면, 자연히 고객들은 방어자세로 대리점을 찾을 수밖에 없다. 그런데 판매원들은 그런 것은 신경도 안 쓰고, 그 고객을 두 번 다시 만날 리 없다는 생각에 바가지를 씌워서라도 최대한 많이 남겨 먹으려고만 했다.

상황이 이러니, 회사와 직원들의 관계 또한 좋을 리가 없었다. 경영자는 어떻게 해서든지 곳곳에서 돈을 짜내려 했고, 종업원들 역시 자기욕심 채우기에 바빠서 뭔가를 베풀기보다는 회사로부터 작은 것이라도 받아내는 데만 혈안이 되어 그 둘은 오로지 돈에 얽매인 관계로 전락해 있었다.

그리고 판매부, 서비스부, 부품부의 세 파트로 나눠서 '이윤을 얼마나 남겼나? 를 평가하는 부서별 실적제를 운영하다 보니, 직원들은 자신도 모르는 사이에 동료들을 경쟁자로만 인식하게 되었다. "부서의 실적에 대해 이야기하면 직원들은 모두들 다른 동료를 탓하기에 바빴습니다." 부품부 부장이었던 줄리 스웨닝슨(Julie Sweningson)의 말이다. "심지어 친한 친구가 차를 산다고 하면 판매부 실적을 올려주기가 싫어서 다른 대리점을 소개해 줄 정도였어요. 그럼 판매부는 가만히 있었겠습니까? 판매부는 판매부대로 부품에 관해 문의하는 고객들에게 우리 회사 부품부 대신 다른 부품 가게를 알려줬죠. 우리끼리도 사이가 이렇게 안 좋았습니다. 함께 일하기 어렵다고 생각했습니다."

사태가 이 지경에 이르니, 사장을 포함한 직원들 모두 이 상황을 그대로 놔둬서는 안 된다는 위기의식을 느끼기 시작했다. 하지만 어떻게 바꾸어야 할지는 아무도 몰랐고, 누구 하나 나서서 바꿔보려는 사람도 없었다. 다들 돈만 많이 벌면 된다는 생각이었으니, 그들의 눈에 겉으로 드러나는 사업성과는 그럭저럭 괜찮아보였을 것이다. 하지만, 웨스 라이델의 말마따나 무엇에 초점을 맞추느냐에 따라 세상은 다르게 보이는 법이다. 어쨌거나 내부적인 문제들이 점점 곪아가고 있는 상황에서 사람들 역시 뭔가 잘못되어가고 있다는 사실을 인정하지 않을 수 없었다.

"처음 여기에 와서 기회가 있을 때마다 직원들과 이런저런 얘길 나누었어요. 직원들이 얘기해 주는 예전의 회사 이야기는 꼭 드라마 같았다니까요." 판매부의 부장으로 롭과 함께 로체스터 포드 도

요다 사에 옮겨온 브라이언 코펙(Brian Kopek)이 이렇게 이야기한
다. "그때 직원들에게 슬로건이 있었다면, 아마 '내 몫은 내가 챙긴
다!' 였을 겁니다."

롭은 제일 먼저 대리점 상호를 '유니버설 포드 도요다' 에서 '로
체스터 포드 도요다' 로 바꾸어 외부적인 이미지 쇄신을 시도했다.
그리고 기회가 있을 때마다 종업원들에게 내부적인 변화가 가장 먼
저 선행되어야 한다고, 그것이 가장 중요하다고 누누이 강조했다.

"어떻게 해야 될까요?" 롭은 직원들이 모인 자리에서 이렇게 물
었다. "지금 하던 대로 계속 회사를 끌고 나간다면 어떻게 될까요?
상황이 나아질까요? 아니면 악화될까요?"

롭의 질문에 모두들 "더 악화되죠." 라며 입을 모았다.

"그럼, 어떻게 해야 우리 모두가 행복해질 수 있는 회사가 될까
요?" 롭은 잠시 숨을 가다듬고 이어서 말했다. "지금 상황이 우리가
바라고 있는 상황입니까?" 순간 방안은 조용해졌다.

"이제 우리는 새로운 행로를 선택해야만 합니다. 고객이 원하는
바를 최우선으로 생각하고, 그것을 제일 먼저 처리하면 어떨까요?"
롭이 물었다. "고객이 진정으로 원하는 것이 과연 무엇일까요?"

롭이 가장 먼저 바꾸자고 제안한 것은 지금까지 고수해 온 판매
방식이었다. 이제까지 대리점을 찾은 고객들은 조금이라도 차를 싸
게 사기 위해 판매원 여러 명을 붙잡고 지칠 때까지 흥정했다. 하지
만 롭은 이제부터는 우리가 제시할 수 있는 최저가를 공개하고, 그
것을 고객에게 알려 주자고 제안했다. 고객은 어느 쪽을 더 좋아할

까? 물어볼 필요도 없다. 당연히 고객은 피곤한 흥정보다는 솔직한 가격을 원할 것이다. "좋아요. 괜히 가격을 높게 불러서 많이 남겨 먹을 생각일랑 하지 맙시다. 처음부터 가격을 부풀려서 흥정하거나 은근히 강압적인 분위기를 조성하는 전술은 더 이상 쓰지 말기로 합시다." 롭이 말했다. "우리가 제시할 수 있는 최저가를 주차장에 전시된 모든 차에 붙여 놓읍시다. 이건 마치 카드 패를 보여주면서 포커게임을 하는 셈인데, 보다 수준 높은 전략임에는 분명해요!"

그렇다면 또 한 가지, 차의 상태는 어떨까? 고객은 당연히 상태가 좋은 차를 사고 싶어한다. "좋아요. 오늘부터 중고차를 구입하는 고객을 대상으로 '일주일 이내 환불 서비스' 를 실시합시다. 고객이 우리 회사에서 구입한 차가 마음에 안 들어서 한 달 이내에 도로 가져온다면, 설사 그 가격보다 더 비싼 중고차라 해도 교환을 해주는 겁니다."

고객이라면 하다못해 구멍가게에서 껌 한 통을 사더라도 최고의 서비스를 받고 싶어한다. 당신이 고객이라면 단지 판매에 대한 대가로 월급을 받는 직원과 서비스까지 겸한 대가로 월급을 받는 직원 중 누구와 거래를 하고 싶겠는가? 당연히 서비스로 보수를 받는 판매원이다. "좋아요. 앞으로는 판매이익이 얼마나 되느냐가 아니라, 판매한 차량의 대수에 따라 보너스를 지급하겠습니다. 그 말은 이익을 얼마나 남겼느냐가 문제가 아니라는 겁니다. 얼마나 많은 고객에게 친절하게 서비스했는가에 중점을 두겠다는 이야기입니다."

롭은 차의 가격을 낮추는 대신 종전보다 두 배 더 많이 판매하는 박리다매(薄利多賣) 전략을 펴자고 이야기했다. "조금 팔아서 많이 남기거나, 많이 팔아서 조금 남기거나, 둘 중에 하나입니다. 샘 월턴(Sam Walton)은 이런 얘길 했죠. 조금 남기고 많이 파는 것이, 그래도 이익이라고."

롭은 간부 사원들에게 이런 얘기도 했다. "우리는 앞으로 두 배, 아니 그 이상으로 열심히 일해야 할 겁니다. 뭐, 어쩌면 회사가 파산할지도 모르지만, 그러고도 여러분들의 보수는 전과 똑같을 텐데, 어떻습니까? 그래도 한 가지 제가 분명하게 약속드릴 수 있는 것은 우리 모두 정말 즐겁고 신나게 일할 수 있을 거라는 것입니다!"

이 얘길 듣고 솔직히 어떤 직원이 손뼉 치며 좋아할까? 몇몇 직원들이 호의적인 반응을 보이기는 했지만, 나머지 대부분은 무슨 일이 벌어질지 조용히 지켜보자는 쪽이었고, 그 중에는 물론 그만둔 사람도 있었다.

◠◞ 우리는 '이윤'이 아니라 '고객'을 선택했습니다

롭이 제안했던 방식으로 성공한 사업이 과연 있기는 할까? 직원들은 모두 이 점을 의심스러워했다. 직원들은 대체로 롭의 제안에 회의적인 반응을 보였지만, 그런 반응들에 대해서 롭은 자신의 신념을 이야기해 나갔다. 이런 방식으로 잘 되고 있는 사업이 분명히 있다고 강조하며, 제일 먼저 파이크 플레이스 어시장 상인들의 이야기를 꺼냈다. 그들은 '돈만 많이 벌면 그만이지.' 하고 생각했던 것이 아니라, 즐기며 사는 행복한 인생을 꿈꾸고 그러기 위한 비전을 실천했던 것이다.

어시장 상인들도 처음에는 자기 자신만 생각하는 평범한 사람들이었다. 하지만 그러한 이기적인 시선을 밖으로 돌려 다른'누군가를 돕는 일에 열중하자, 그전까지는 상상하지도 못했던 만족감을 얻게 되었다. 손님들에게 친절을 베풀면 베풀수록, 점점 더 많은 손님들이 알음알음으로 모여들었다. 점점 더 많은 사람들이 그들의 서비스에 감동하여 자발적으로 어시장을 찾아온 것이다. 자기들을 일부러 찾아온 손님들을 보고 상인들은 얼마나 신이 났을까? 두말하면 잔소리다.

하지만, 어시장 상인들의 이야기에 대해서도 사원들은 저마다 다른 반응을 보였다. 상인들의 성공에 그럴 만하다며 고개를 끄덕이는 사람도 있었고, 그저 재미있다는 반응도 있었다. 물론 롭의 기대대로 자기들에게 필요한 영업방식이 바로 그것이었다고 깊이 공감한 사람들도 있었지만, 반대로 속보이는 짓이라고 얘기하거나 손님들에게 간사하게 아부나 하라는 것이냐고 반발하는 직원들도 있었다.

"다들 생각은 달랐지만, 변화를 위해서는 무언가 새로운 시도를 해야 한다는 것은 모두들 잘 알고 있었습니다. 선택의 기로에 선 거였죠. 각자 자기 일에 책임을 지고 변화를 시도하느냐, 아니면 가만히 앉아서 해결책이 나오기만을 기다리느냐 둘 중에 하나를 결정해야 했습니다." 롭의 말이다.

롭은 다시 어시장 상인들의 얘기로 돌아갔다. 그들은 '날아다니는 생선쇼'를 보여주면서 자기들끼리 생선을 휙휙 던지며 주고받기도 했고, 진열대 앞에서 코믹한 발레 동작을 하기도 했다. 힘들고 고된 일을 손님들과 함께 즐길 수 있는 '놀이'로 바꾸었던 것이다. 그들은 손님에게 즐거움을 주는 것이라면 무엇이든 했다. "그냥 평범하게 남들이 하는 대로 하면 누가 눈길이나 줍니까? 종업원뿐만 아니라 가게 주인까지 함께 '놀이'를 하면, 지나가던 사람들도 '뭐 하는 거지?' 하며 한 번 더 쳐다보게 되요."

이 얘길 들은 판매부 부장 브라이언은 이렇게 말한다. "그곳엘 처음 가본 사람들이라면, 진열대 앞에서 뒤쪽 카운터로 생선을 던지는 걸 보고 가장 놀랄 겁니다. 종업원부터 가게 사장님까지 모두 그런 놀이를 서슴지 않고 한다니까요."

대리점을 인수한 지 몇 개월 후, 롭은 전체사원회의에서 이렇게 말했다.

"새로운 경영방침들에 잘 따라주셔서 감사합니다. 전에 말씀드렸던 다섯 가지 필수조건이 모두 잘 지켜지고 있는 것 같습니다. 하지만 '실제로 변한 건 아무 것도 없잖아요?' 하고 묻는 직원들이 몇 분 계셨습니다. 음, 하지만 우리는 분명히 조금씩 조금씩 변하고 있습니다. 자신의 입장에서 볼 때 아무 것도 변한 게 없다면, 그것은 자신이 변하지 않았기 때문이에요. 변한 게 없다고 푸념하는 사람들은 자신들이 변하지 않았다는 사실을 제게 고백한 거나 다름없습니다. 그런 직원들은 항상 이렇게 말해요. '자동차를 두 배 더 많이 파는데, 똑같은 월급을 받는다니, 이게 말이나 됩니까? 아무리 좋은 쪽으로 생각하려고 해도, 기분이 좋을 수가 없다구요!'"

롭은 '이제 시작이야!'라고 생각했다. 그 옛날 자신이 모시던 사장 웨스가 말한 다섯 가지 필수조건과 어시장 상인들의 'FISH! 철학'을 어디에든 적용시킬 수 있을 것 같았다. "우리 자신이 변하지 않으면 아무 것도 변하지 않습니다. 어시장 상인들은 그들의 가게가 무대였던 셈이죠. 그들은 구태의연한 기존의 관행과 습관을 뿌리뽑으려고 여러 가지 프로그램을 다양하게 시도해 보았던 겁니다. 그래서 그들에게 가장 잘 맞는 가장 효과적인 방법을 찾아냈고, 그래서 그렇게 성공할 수 있었던 거예요."

롭은 웨스가 이야기했던 다섯 가지 사업 원칙을 하나의 '철학'이라고 생각했다. 철학은 프로그램과는 달리 무작정 실행한다고 해서 구현되는 것이 아니다. 스스로 선택해서 신봉하는 것, 실천의 받침돌이 되는 이 기본 원칙이 필요하다. 자동차 판매대리점의 직원 중에는 이미 이 원칙을 실천하고 있는 사람도 있었고, 이 원칙을 받아들이는 데 10분이면 충분한 사람도 있었다. 하지만 불행히도 그것을 받아들이는 데 수 년이 걸리는 사람도 있었다.

"무뚝뚝한 사람들에게 물총을 쏘면, 겉으로는 '뭐야?!' 하고 버럭 성질을 낼지도 모르지만, 속으로는 재미있다고 생각할 겁니다. 장난도 장난이지만, 그러려면 우선 서로 간에 신뢰와 책임의식을 가져야 합니다. 그달의 목표를 달성하기 위해 각자가 얼마나 노력하고 있는지를 서로 보여줘야 해요."

얼마 후 롭은 광고판을 새로 세우기 위해 두 개의 간판 디자인 시안을 보았다. 둘 다 '정말 저렴한 가격!'과 같은 흔한 광고문구가 씌어진 것들이었다. 롭은 이 진부한 광고판 두 개를 놓고 무언가를 골똘히 생각했다. 그리고는 새로운 광고문구로 재미있는 아이디어를 떠올렸다.

'우리 생선 맛보셨어요?'

광고판을 함께 검토하던 간부 몇 사람도 처음 두 개의 광고판이 모두 마음에 들지 않기는 마찬가지였다. 그들의 굳어진 표정을 옆에서 보던 롭은 방금 자기가 생각한 문안을 보여주었다. "이건 어떨까요?" 하고 롭이 물었다. 그러자 그들은 이구동성으로 이렇게 외쳤다.

"아하! 바로 이거야!"

⌒ 다들 변화를 기다리느라 근질근질했어요

2000년 3월, 로체스터 포드 도요다 사는 대리점 맞은편 고속도로에 새 광고판을 세웠다. 롭이 생각해낸 특이한 광고문구가 사람들의 눈길을 끌었다. 간판을 설치한 첫날, 어떤 여자가 전화를 걸어 무슨 생선을 파느냐고 문의해왔다. 브라이언은 이런 황당한 문의전화를 재미있어 하며, 대리점에 조그마한 연어 상자라도 달아 놓아야겠다고 생각했다.

하지만 재미있다고 생각하는 사람만 있는 것은 아니었다. 광고판을 수상하게 여기는 사람들도 있었다. 판매보조원 샘은 이런 전화도 받았었다고 말한다. "손님들이 전화를 걸어서 그게 무슨 뜻이냐,

뭔가 수상한 짓을 하고 있는 게 아니냐고 캐묻기도 했어요. 어떤 엽기적인 손님은 자기들을 낚아서 그 안에 가둘 생각이냐고 따지기도 했다니까요."

사실 판매부의 간부 사원들은 광고판을 크게 신경 쓰지 않았다. 하지만 실제로 손님들과 만나야 하는 판매부의 일선 직원들은 이 이상한 메시지가 무슨 말이냐고 물어보는 손님들에게 어떻게 대답해야 할지 걱정이 됐다. "뭐라고 대답해야 하지?" 하며 모두 모였다. 그런데, 머리를 맞대고 곰곰이 생각해보니 별로 어려운 일도 아니었다. 우리의 변화를 고객들에게 그저 진솔하게 설명하면 되는 것이었다. 어시장에서도 성과를 거둔 전략이니까, 이 곳에서도 성공할 것이라며 모두들 안심했다.

판매부의 샘은 말했다. "그 '이상한 메시지'는 친절한 태도로 손님을 맞이하겠다는 뜻이니까요. 손님들이 물어보시면, 최고의 서비스로 손님을 대접하고, 도움이 필요하면 언제라도 달려가겠다는 뜻이라고 설명했습니다. 그랬더니 손님들도 다 이해하시던 걸요."

물론 처음에는 어려움도 많았다. 우선 고객들이 가지고 있던 예전의 '유니버설 포드 도요다'의 이미지를 바꾸어 놓는 일이 그랬다. 이전까지의 악명 높은 소문을 씻어내고, '로체스터 포드 도요다'는 말만 앞세우는 회사가 아니라는 것, 새롭게 달라졌다는 점을 인식시켜야 했다. 그리고 차에 부착된 가격이 실제로 판매할 수 있는 최저 가격이라는 것을 믿을 수 있도록 신뢰를 심어주어야 했다.

수많은 문제점들을 해결하기 위해서 롭과 직원들은 여러 가지 방안을 연구했다. 일단 고객의 신뢰를 되찾는 것이 가장 시급한 문제라고 판단하여, 고객에게 신뢰를 심어주는 일에 역점을 두고 노력했다. 덕분에 판매 상담의 분위기도 많이 변했다고 했다. "손님들은 싸울 태세라도 되어 있다는 비장한 표정으로 가게에 들어오시지만, 이제 싸움 같은 것은 결코 일어나지 않아요." 샘의 말이다.

처음에 우려했던 것과는 달리, 판매부 직원들의 걱정은 점점 사라져갔다. 직원들은 우선 돈만 벌면 된다는 생각을 버렸고, 고객이 원하는 것을 먼저 생각하려고 노력했다. 고객을 앞에 두고 눈치작전을 펴거나 신경전을 벌이지도 않았다. 무엇이든지 고객중심으로 생각했고, 언제 어디서나 고객이 바라는 것에 초점을 맞추었다.

대리점을 찾은 한 고객이 이렇게 이야기했다. "예전엔 판매원들이 저뿐만 아니라 모든 손님에게 '손님께만 특별히 이렇게 싼 가격에 드리는 겁니다.' 라고 했었어요." 그러자 옆에 있던 사람도 맞장구를 치며 "그래요, 맞아요. 판매원들은 죄다 그런 식으로 얘길 하죠. '저는 1년에 3만 명도 넘는 고객을 만나지만, 선생님께는 정말 특별한 가격에 드리는 겁니다.' 라구요. 그런데 여기는 다르더군요. 이 곳의 판매원들은 모든 옵션과 서비스 범위를 아주 친절하고 자세하게 설명해 주고 장단점도 잘 얘기해 줘요. '이런 점은 좋은 점이고, 저런 점은 나쁜 점입니다. 뭔가 도움이 될 만한 방법을 알아보겠습니다.' 라고 친절하게 얘기한답니다. 말이 나왔으니 말인데, 저는 여기가 바뀌기 전, 그러니까 '로체스터' 가 아닌 '유니버설' 이었을 때도 와본 적이 있는데…. 한마디로 옛날의 그 유니버설과 지금 여기는 하늘과 땅 차이예요!'

그리고 고객들로부터 이런 편지들까지 날아오기 시작했다.

"이 차를 구입할 때 정말 즐거웠어요. 덕분에 잘 샀습니다."

"친구처럼 솔직하고 편안하게 대해주시니…, 정말 고맙습니다."

"남편 없이 저 혼자 차를 사려니, 걱정스러운 게 한두 가지가 아니었어요. 혹시 여자라고 무시당하거나, 어리숙해 보여서 바가지를 쓰는 것은 아닐까 하구요. 그런데 전 그곳에서 정말 최고의 대접을 받았어요. 차에 대해서 잘 모르는 저의 입장을 배려하여 정말 자상하게 설명해 주셨어요. 고맙습니다!"

"동료들과 차를 살 때 겪었던 이런저런 경험들을 얘기한 적이 있습니다. 별별 사연이 다 나오지요. 바가지를 쓴 것은 비일비재하고, 상담하면서 불쾌했던 일, 판매원과 거의 싸움이 날 뻔했을 만큼 감정까지 상해가면서 차를 구입했던 경험까지…. 모두 다 유쾌하고 즐거운 기분으로 정직한 가격에 차를 샀으면 하고 바라고 있었습니다. 그런데, 그 바람처럼, '정말 이런 곳도 있구나.' 싶은 곳이 바로 로체스터 포드 도요다였습니다."

"전 여자인데다, 나이도 어려서 자동차를 사는 게 너무 겁났는데요, 거기서는 정말 모든 분들이 저를 최고로 대접해 주셨고 진심으로 존중해 주셨어요."

"저는 이제까지 서른 대 가까이 차를 구입해 봤는데, 이번이 가장 만족스러웠습니다."

이러한 성과에 만족하며, 롭은 새로운 아이디어를 또 하나 생각해냈다. 판매원들을 대상으로 새로운 수수료 제도를 도입한 것이다. 그러자 이번에는 샘을 포함한 몇몇 판매부 직원들이 회사를 그만둘까 하고 심각하게 고민했다. 실제로 간부 사원 몇 명은 정말 회사를 그만두기도 했다. 그러나 롭은 남은 직원들에게 일단 몇 개월만이라도 새로운 수수료 제도를 시행해 보자고 설득했고, 결국 일정 기간 시범적으로 실시해 보기로 했다.

그런데 이게 웬일인가? 직원들의 우려와는 정반대로, 그 사이 판매량은 놀라우리만치 향상되었다. 샘은 말했다. "효과가 있었어요! 고객이 저희를 믿기 시작했거든요. 고객들은 이제 더 이상 '정말 차를 잘 산 걸까?' 하고 의심하거나 '남들보다 비싸게 산 건 아닐까?' 하는 걱정을 하지 않습니다. 의심에 가득 찬 눈으로 쩨려보는 대신, 저희를 믿어주시고 저희 서비스에 만족하셨어요. 그러니 만사가 쉬워질 수밖에 없죠. 회사 이미지도 완전히 달라져서 옛 고객들도 저희를 다르게 봐 주시니까, 이제는 정말 마음도 편하고 즐겁습니다."

어느 날 롭은 차를 둘러보고 있던 한 고객에게 다가가 웃으며 인사를 건넸다. 키도 크고 우람한 체격의 그 고객은 우리 판매원과 구매 상담을 마무리짓고 있었다. 롭의 인사에 그 고객은 미소를 지으며 이렇게 말했다. "전 자동차 판매상을 굉장히 싫어합니다. 이제까지 한번도 즐거운 기분으로 차를 사본 적이 없거든요. 자동차를 살 때마다 정말 짜증스러웠죠. 그런데, 이런 곳은 처음이군요. 누군가를 저주하지 않고 차를 살 수 있다니…. 하하?"

나도 손님도 감동 받은 고객서비스

그 후 얼마 안 되어, 로체스터 포드 도요다의 간부 사원들은 개개인의 책임감 문제에 관한 비디오를 보았다. 존 밀러(John Miller)가 만든 영화였는데, 한 남자가 식당에 들어가서 레모네이드를 주문했다. 그랬더니 젊은 웨이터가 "죄송합니다만, 손님. 저희 식당에는 레모네이드가 없습니다."라고 양해를 구했다. 그런데 5분 후, 웨이터가 그의 테이블 위에 시원한 레모네이드를 한 잔 갖다 놓는 것이 아닌가? 그는 어리둥절한 표정으로 물었다. "이 식당에서는 레모네이드를 팔지 않는다고 하지 않았소?" 그러자 "예, 그렇습니다." 하고 웨이터는 씩 웃으면서 대답했다. "이건 저희 지배인이 저쪽 모퉁이에 있는 상점에 가서 방금 사온 것입니다."

며칠 후, 한 고객이 대리점에서 자동차를 둘러보고 있었다. 판매원이 음료수를 권하자, 그 고객은 지나가는 말로 "내가 정말 좋아하는 건 카푸치노인데…."라고 이야기했다. 판매사원은 "어쩌죠? 카푸치노는 없는데요." 하고 대답했다. 그때 옆에 있던 동료 직원이 '영화에서 본 것을 진짜로 한번 해볼까?' 라고 혼잣말을 중얼거렸다. 그리곤 판매사원이 고객과 상담을 하는 동안 편의점으로 달려가서 정말로 카푸치노를 사왔다. 추운 날씨에 이곳저곳 돌아다니며 자동차를 둘러보던 고객에게 따뜻한 카푸치노를 건넨 것이다. "그 고객이 어떤 표정이었냐구요? 깜짝 놀라며 정말 좋아하더라구요." 당시 옆에서 그 광경을 지켜본 롭의 말이다. 그 고객은 카푸치노를 받아들고 그들의 세심한 배려에 감동했다. 그리고 그날 결국 차를 한 대 구입했다. 그 일은 고객뿐만 아니라 판매사원에게도 잊을 수 없는 경험이었다. 판매원의 따뜻한 배려만큼이나 고객의 밝은 표정 역시 감동적인 것이었기 때문이다.

유능하고 노련한 판매원들은 한결같이 고객을 편안하게 해준다. 그 점에 대해서는 선배들에게 많은 것을 배우고 있다고 판매 보조원인 댄 코우서(Dan Kocer)는 말한다. "고객이 웃을 수 있게 해야 합니다. 판매원 경비에 중개 수수료까지 지불하면서 자동차를 구입하는 건데, 그 과정이 불쾌하거나 짜증스럽다면 말이 됩니까?"

우리가 주목해야 할 것은 이들이 주체적인 태도를 가지고 스스로 변화했다는 점이다. 댄은 이런 말도 덧붙인다. "아무리 집세 낼 돈이 없어도, '얼마나 남겨 먹을까?' 하는 생각으로 차를 팔면 안 되죠. 고객과 상담할 때, 그런 생각은 절대 하지 말아야 합니다. 입장을 바꿔놓고, '내가 고객이라면 어떨까?' 하는 생각을 해봅니다. 그러면 자연히 고객을 먼저 생각하는 마음으로 상담을 할 수 있습니다. 고객들이 당연히 좋아하죠. 아니, 비단 고객들만 좋아하는 게 아닙니다. 고객을 위해 최선을 다하면, 저 스스로도 얼마나 즐겁고 뿌듯한지 아마 모르실 겁니다."

친절을 베풀고 상대방을 배려하는 문화가 싹트기 시작하자, 생각지도 못했던 작은 친절들까지 회사 곳곳에 피어났다. 직원들은 예전 같았으면 무관심하게 지나쳤을 일도 이제는 세심하게 신경 쓰기 시작했다. 누가 시켜서가 아니다. 스스로가 변한 것이다. 누군가 어떤 부서의 위치를 물어보면, 예전에는 퉁명스럽게 손가락으로 방향만 가리켰는데, 이젠 웃으면서 손님을 그곳까지 안내해 드린다. 그리고 보상판매서비스를 받으려고 중고차를 가져온 고객에게는, 그 차의 상태를 확인하는 동안 고객을 사무실에서 혼자 기다리게 내버려두지 않고 함께 드라이브를 하기도 한다.

한번은 어떤 젊은 아기 엄마가 오일을 갈러 왔다가, 칭얼대는 아기를 안고 어쩔 줄 몰라 하고 있었다. 직원들은 그녀를 보고 누가 먼저랄 것도 없이 달려갔다. 그녀가 아기를 달래는 동안, 직원들은 차를 서비스부로 몰고 가서 오일을 대신 교환해 주기도 했다.

존 데이비드(John Davids)는 고객에게 '그들의 날'을 만들어 주려고 노력했다. 물론 보수를 바라거나 대가를 기대한 건 아니었다. 그는 조금만 신경 쓰면 고객들이 훨씬 편해진다는 것을 잘 알고 있었다. 예를 들어, 고객이 주문하는 즉시 차가 준비될 수 있도록 미리 부속품을 잘 챙겨두면 고객에게 기다리는 시간을 아껴 줄 수 있다. "그런 것은 모두 마음가짐에서 나오는 것입니다." 그는 말한다. "아무리 친절하고 온화한 성격을 타고난 사람이라 해도, 날마다 자신을 되돌아보고 새로운 결심을 해야 해요. 마음가짐이 흐트러지지는 않나 항상 긴장하고 늘 점검해야 합니다. 왜냐하면 사실 일이라는 게 돈을 먼저 생각하기 쉽거든요. 그런 마음을 다스려야 한다는 겁니다. 스스로 남에게 봉사하면서 살겠다는 마음을 가지면, 정말로 모든 사람들과 친구가 되고 진정한 우애를 쌓을 수 있습니다. 전에 한번은 어떤 고객이 제 서비스에 감동했다면서 저를 저녁 식사에 초대하기도 했습니다. 어떻게 마다하겠습니까?'

옆에 있던 판매부 부장 브라이언 코펙은 이런 얘기도 한다. "모든 고객들에게 그렇게 해드리는 건 아닙니다만, 손님이 구입한 차를 찾아가는 날, 우리는 파티를 열어드려요. 그 때는 판매 직원들이 모두 나와서 박수를 치고 감사를 표하지요. 장미꽃다발과 색색가지 풍선까지 준비하구요. 그러면 손님들이 감격해서 눈물을 흘립니다. 아! 그때의 감동을 어떻게 말로 다 설명하겠어요!"

"항상 가시적인 성과만 생각하다 보면, 고객은 눈에 들어오지도 않고 차와 돈만 생각하게 되요. 예전에는 그런 생각으로 고객을 만났으니, 얼마나 형편없는 서비스를 했겠습니까? 하지만 이젠 아니에요. 우리는 고객들에게 없어서는 안 될 중요한 물건을 팔고 있는 거잖아요. 그들은 우리 회사에서 산 차를 타고 병원에 가거나, 휴가를 떠날 수도 있어요. 매일 사랑하는 아이들을 학교에 데려다 주거나 데려올 때도 그 차가 필요합니다. 고객들의 삶에 꼭 필요한 것이죠. 고객들이 그렇게 눈물까지 흘리면서 감동하면, 롭은 눈이 빨개져서 쓰레기를 줍는 척 그 자리를 떠난답니다."

작은 배려는 큰 감동의 씨앗

사전에서 '고요한'이라는 단어를 찾아볼 때면 딱 한 명 떠오르는 인물이 있다. 로이드 하이버거(Lloyd Hyberger)가 바로 그 주인공이다. 로이드가 아주 조용하고 평온한 사람이라는 것은 자타가 공인하는 사실이다. "저는 꽤 태평스러운 편이에요. 무슨 일에도 좀처럼 흥분하는 법이 없죠."

로체스터 포드 도요다에서 판매 보조원으로 일하는 로이드는 직장에서도 그 느긋하고 여유 있는 성격을 유감없이 발휘한다. 고객들이 차를 구입하고 아직 인수하지 못했으면 거리낌없이 자기 차를 빌려 주기도 한다. "단 며칠이라도 차가 없으면 얼마나 불편하겠습니까? 출퇴근할 때 쓰시라고 제 차를 며칠 정도 빌려드릴 수도 있죠. 물론 고객 분이 새 차를 받으시면, 제 것을 돌려 줍니다. 무슨 일이 생기면 어떡하느냐고요? 그건 보험 회사가 알아서 할 일이잖아요. 제가 태평한 성격이라서 그런지 몰라도, 다른 사람들도 다들 여유를 가지고 살았으면 좋겠어요. 제 사무실에는 작은 선풍기가 하나 있는데, 푹푹 찌는 날 사무실에 누군가가 들어오면 저는 선풍기부터 그 쪽으로 돌려 드립니다."

로체스터 포드 도요다에서 침착하고 세심한 고객서비스로 유명한 사람은 단연 로이드였다. 한번은 이런 일도 있었다. 지독하게 추웠던 어느 겨울밤 로이드는 한 통의 전화를 받았다. 전화를 건 사람은 어떤 여자 손님이었는데, 새 차를 구입하고 싶다는 전화였다. 그녀의 남편은 마요 클리닉(Mayo Clinic)에서 폐렴치료를 받고 있다고 했는데, 매우 위독한 상태라고 했다. 엎친 데 덮친 격으로 타고 다니던 차까지 고장나서 수리를 맡겼는데, 수리도 까다로웠던 모양이었다. 그녀는 나날이 심각해지는 남편 걱정에 고장난 자동차까지 신경 쓰느라 지칠 대로 지쳤다며 새 차를 사고 싶다고 이야기했다.

그 전화를 받은 로이드는 그녀에게 택시 요금은 걱정하지 말고 일단 택시를 타고 대리점으로 오라고 했다. 로이드는 미리 히터를 켜서 따뜻하게 데워놓은 자동차를 몰고 나가 대리점 문 앞에서 그녀를 기다렸다. 잠시 뒤에 그녀를 태운 택시가 도착했고, 로이드는 그녀를 차에 태웠다. 그들은 함께 자동차가 진열되어 있는 경내를 둘러보았고, 마침내 그녀가 원하는 차를 발견했다.

"우리는 서둘러 차의 견적을 뽑고, 각종 사양에 관해 이야기했습니다. 상담은 금방 끝났죠. 저는 그녀가 고른 새 차를 깨끗이 청소하고, 수리를 위해 공장에 들어가 있던 고장난 차에서 소지품도 옮겨다 놓았어요. 그리고 그 손님이 호텔로 돌아가는 길을 잘 모르는 것 같아서, 종이에 조그만 지도를 하나 그려 주었습니다."

로이드가 그 손님을 보내고 났을 때는 이미 폐점 시간을 한 시간이나 넘기고 난 뒤였다.

다음 날 로이드는 누군가 그를 찾는다는 얘길 듣고 사무실 밖으로 나가보았다. 로이드를 만나러 온 사람은 어제 그 여자 손님이었다. 게다가 이번에는 혼자가 아닌 남편과 함께였다. 그녀는 로이드에게 이렇게 이야기했다. "남편에게 어제 얘길 했더니 꼭 인사드리고 싶다고 해서, 이렇게 함께 왔어요." 옆에 있던 그녀의 남편은 "그냥 넘어갈 수가 없었습니다. 제 아내에게 그렇게 친절하게 배려해주셨다니…. 정말 고맙습니다."라며 인사했다. 그들 부부의 인사에 로이드는 별것도 아니었다며 몸 둘 바를 몰라 했다.

이 일이 있고 난 뒤 몇 주 후, 로이드는 한 통의 편지를 받았다. 그때 그 여자 손님으로부터 온 편지였다. "제 남편이 마요 클리닉에서 용감하게 폐렴과 싸울 때, 차까지 속을 썩여서 사실 얼마나 힘들었는지 몰라요. 그때 저에게 베풀어주신 인정과 배려가 너무나 고마워서 다음날 제 남편과 함께 다시 찾아갔었던 것 기억하세요? 제 남편은 선생님과 악수를 하고 나서 한 달 만에 세상을 떠났습니다."

로이드는 그때를 이렇게 회상했다. "저는 그때 해야 할 일을 했을 뿐입니다. 최선을 다해서 누군가를 돕는다는 게 전 정말 좋았거든요." 그의 차분한 목소리는 더욱 부드러워졌다. "그때 그 부부를 전 아마 평생 잊을 수 없을 거예요."

🗨 가장 중요한 것은 우리의 비전

로체스터 포드 도요다의 분위기는 점차 좋아지고 있었다. 하지만 롭은 가끔씩 조바심이 났다. "저는 직원들이 빨리 변화를 받아들이고, 어서 회사가 안정되길 바랐어요. 제 성격이 좀 급해서이기도 하지만, 다들 그렇듯이 무언가 바라는 게 있으면 빨리 손에 쥐고 싶어하잖아요. 그런데 어느 순간 깨달았어요. 세상을 바꾸고 싶다면, 가장 먼저 자신이 변해야 한다는 것을 말입니다. 예전에 저는 남의 결점은 잘 찾아내면서, 장점은 잘 몰라보는 경향이 있었어요. 그런데 이제는 확실히 변했어요. 우리 회사에 무슨 문제가 있다면 그것들 중 열에 아홉은 언제나 제 자신 때문이라고 생각해요. 싫어도 어쩔 수 없는 사실입니다. 다른 사람들을 설득하는 것보다, 제 자신을 바꾸도록 스스로를 설득하는 일이 훨씬 어려워요."

롭은 우선 직원들의 말에 진지하게 귀를 기울이자고 마음먹었다. 롭의 변화에 대해서 부품부 지배인인 앨 우테쉬 역시 이렇게 말한다. "롭은 다른 사람들의 충고를 듣기 싫어했었어요. 직원들이 그에게 뭐라고 충고를 하면, 예전엔 인상부터 쓰기 일쑤였죠. 하지만 이제는 그의 변한 모습을 직원들도 잘 알고 있습니다. 직원들이 해준 말의 진의를 깊이 생각해보고, 스스로를 반성해요. 그리고 언제나 진심으로 고마워하지요."

롭은 직원들이 무슨 말이든 자유롭게 할 수 있는 분위기를 만들려고 노력했다. "솔직히 말하면, 저는 경영자니까요, 아직도 마음속에서는 오만 가지 생각으로 갈팡질팡합니다. 모든 일을 돈과 관련해서 생각하게 되요." 롭은 이렇게 말한다. "하지만 무엇보다도 회사 재정에 관한 문제는 원칙에 따라 처리하고 아주 조심스럽게 생각합니다. 화가 난다고 마음대로 직원을 해고할 수는 없잖아요? 모든 것은 우리가 세운 가치기준에 따릅니다. '우리에게 가장 중요한 것은 직원들이다.'라는 게 우리의 가치기준이에요. 말뿐인 가치기준 아니냐구요? 실제로 그 기준이 회사 경영에 어떻게 적용되는지 궁금하시다면, 우리 직원들에게 물어보십시오. 우리 회사가 직원을 귀하게 여기는지 아닌지는 그들이 가장 잘 알고 있으니까요."

롭은 계획을 세우거나 의사결정을 할 때도 단기적인 이익에만 매달리지 않았다. 모든 의사결정에 있어서 가장 먼저 고려했던 것은 회사의 비전이었다.

"로이드의 고객 중 한 사람이 어느 날 전화를 했어요. 우리 대리점에서 구입한 트럭을 몰고 아이다호(Idaho)로 가는 중인데, 사우스 다코타(South Dakota)에서 차가 고장났다는 거예요. 눈보라가 몰아치는 상황에서 차가 퍼져버렸다는 겁니다. 그래서 차를 고치려고 근처 다른 대리점에 연락을 했는데, 그 날 안으로는 고칠 수 없다고 하더래요. 얼마나 기가 막히겠습니까? 눈은 오지, 갈 길은 멀지, 게다가 차까지 말썽이라니….

그래서 저는 '그렇다면, 그 근처 자동차 판매소에서 트럭을 하나 고른 다음, 거기에 짐을 옮겨 싣고 가세요. 저희가 그 차를 구입해서 손님에게 드린 것으로 할 테니까요.' 라고 말씀드렸어요. 그 손님의 문제를 가장 빨리 해결해 드리는 최선의 방법은 그것뿐이더라구요. 결과가 어땠냐구요? 재밌게도 그날은 고칠 수 없다던 그 대리점 사람들이 트럭을 수리해 주었다고 합니다. 우리랑 비교된다고 생각해서 자존심이 상했나봐요. 고객의 편의를 최우선으로 생각한 우리 회사의 서비스를 보고, 스스로도 비교가 되었겠지요. 어쨌거나 그 손님은 결국 트럭을 수리해서 안전하게 아이다호까지 갈 수 있었다고 합니다. 그 손님은 우리에게서 자동차만 구입한 게 아니라, 우리의 명성까지 구입한 셈이지요."

두 발로 뛰어들다

롭이 스스로 반성하며 자신을 바꾸어가기 시작하자, 앨 우테쉬를 비롯한 다른 직원들도 더욱 적극적인 자세로 그와 함께 가기로 결심했다. 하지만 다른 사람들의 그런 결심과는 다르게, 앨은 사실 오래 전부터 진지하게 퇴사를 고려했었다.

앨이 세차 인부로 자동차 대리점에 처음 발을 들여놓았던 것이 벌써 29년 전의 일이다. 지금은 부품부의 지배인이 되었지만, 예전에 그는 여러 가지 문제에 대한 고민으로 회사생활을 계속해야 할지 말아야 할지 갈등하고 있었다. 그는 부모님께 배웠고 자식들에게 가르쳐 주어야 할 그의 생활 신조, 바로 '남을 배려하면서 살자.'는 것을 끊임없이 생각했다. 그리고 회사생활을 하면서 과연 자신의 신념을 실천하며 살아가고 있는가에 대해 항상 스스로에게 질문을 던졌다.

어느 날 서비스부 지배인이 사직하자, 롭은 앨에게 그 자리를 맡아달라고 부탁했다. 앨 자신은 한사코 그 자리를 거절했지만, 다른 직원들 역시 앨이야말로 적임자라고 생각했다. 앨은 그때를 이렇게 회상한다. "부품부에서 고생한 지 2년 만에 좀 편한 자리로 옮길 수 있었던 셈이죠. 하지만 정말 두려웠어요. 하도 머릿속이 복잡해서 그 자리를 맡고 거의 두 달간은 걱정하느라 밤에 잠도 못 잘 지경이었습니다."

앨은 그야말로 온몸으로 새로운 서비스부 일에 뛰어들었다. 롭은 그때를 떠올리며 이렇게 말했다. "이 사람, 물이 차가운지 뜨거운지, 깊은지 얕은지 아무것도 안 보고 정말 무작정 몸을 던졌습니다. 발가락도 안 담가 보고 그냥 바다에 뛰어든 셈이었어요. 월급이 얼마인지도 안 물어 보더라니까요."

앨 역시 지금은 웃으면서 회상하지만, 그 당시에는 정말 치열하게 고민했다고 이야기했다. "그 당시 서비스부의 고객서비스 수준은 정말 한심할 지경이었습니다. 고객에게 헌신하겠다는 서비스 공약은 그냥 멋으로 있는 줄 아는 건지…. 문제점을 찾아내는 일이 가장 시급했습니다.

우선 모여서 문제점을 하나하나 찾아냈고, 그 다음 해결방안을 고민했죠. 그 자리에서 전에는 미처 몰랐던 직원들의 불만이나, 그들 나름대로의 애로사항을 알 수 있었습니다. 서비스부가 힘든 일이 많았다는 것을 저도 잘 알고 있었기 때문에 그만큼 직원들을 이해해 주고 싶었어요. 그만두고 싶다는 직원들도 있었지만, 그럴수록 '이번이 우리에게는 분위기를 바꿀 수 있는 절호의 찬스'라고 강조하며 그들을 설득했습니다. 그리고 새로운 운영 방침들을 시행해 보기로 했어요."

하지만 새로운 시도는 그리 쉬운 일이 아니었다. 처음에는 앨이 제안한 새로운 운영 방침에 따르지 않겠다는 직원도 있었다. "서비스부의 기존 직원들, 특히 차량 판매량도 많고 부서에서 핵심적인 역할을 하던 사람들은 워낙 사정을 잘 아니까, 우리의 방침에 따르려고 하지 않았어요." 롭은 그 당시를 이렇게 회상한다.

"사사건건 부딪치고 맞서기를 계속하다가, 결국 그들은 회사를 떠나겠다고 선언했죠. 그들이 그만둔다는 것은 회사 입장에선 큰 손실이었습니다. 그들 모두 굉장히 유능한 사람들이었고 회사에 꼭 필요한 존재였으니까요. 그러니 제가 얼마나 불안했겠습니까? 저는

제가 회사의 사주라는 것을 생각하고 또 생각하면서, 앨에게 다시
한번 물었어요. '당신의 새로운 방침들에 정말 확신을 갖고 있습니
까?' 그랬더니, 앨은 우리의 경영철학, 사명, 가치관을 다시 생각해
보라며 호소했습니다. 그는 굳은 확신을 가지고 있었어요. 그래서
저도 흔쾌히 동의했습니다. '좋아요, 당신이 정말 확신을 가지고 있
다면, 뜻대로 밀고 나갑시다!'"

　앨은 회사를 떠난 사람들의 빈자리를 채우기 위해 직원을 몇 명
더 채용했다. 특이하게도 그는 유능한 경력사원들을 제쳐두고, 서
비스 직종에서 한 번도 근무한 적이 없는 사람들을 뽑았다. 서비스
에 관한 한 완전히 백지상태인 신입사원들에게 아예 처음부터 새롭
게 서비스 교육을 시킨 것이었다. 그는 직원교육에 매우 열성적으
로 매달렸고, 그의 특별 훈련을 통해 마침내 신입사원들은 완벽한
서비스의 달인이 되었다. 고객지향적이며 긍정적인 사고방식으로
무장한 새로운 서비스 군단이 탄생한 것이다.
　앨은 거기서 그치지 않고 고객들이 드나드는 상담실도 새로 디자
인했다. "이전까지는 아침 6시 45분에 업무를 시작했습니다. 좁은
통로가 두 개였는데, 드나드는 사람이 많아지면 통로가 좁아서 서
로 밀고 부딪히고 난리도 아니었어요. 무슨 가축 떼가 옮겨 다니는
것도 아니고…." 그래서 앨은 그 좁은 통로 두 개를 하나로 합쳐 공
간을 넓혔고, 예약손님의 경우 고객 한 사람 당 최소한 15분 이상의
시간 여유를 드려야 한다는 것을 전제로 스케줄을 잡았다. "문제가
있거나, 불만사항이 있다면, 말씀하실 여유를 드려야죠. 쾌적한 공

간에서 차근차근 정확하게 직원과 이야기할 수 있도록 충분한 시간을 드리자는 게 목적이었어요."

그리고 몇 달이 지나자 믿을 수 없는 일이 벌어졌다. 최하위 수준이었던 서비스 부문의 고객만족도가 업계 상위 10% 이내에 들어갈 만큼 치솟았고, 그만큼 이윤이 증가하더니 시장 점유율도 눈에 띄게 높아졌다. 더욱 놀라운 것은 회사에 대한 사원들의 만족도 역시 최고 수준으로 높아졌다는 것이었다. "예전엔 그저 자동차만 수리했던 우리가, 지금은 사람들에게 실질적인 도움을 주고 있다는 사실에 모두 자부심을 갖기 시작했어요."

롭은 계속 이야기했다. "기운이 빠질 때도 많았고, 어떨 땐 정말 세상에 믿을 사람 하나도 없구나 싶기도 했습니다. 하지만 이젠 앨과 함께한다는 생각만으로도 힘이 납니다. 이 사람이 이렇게 든든한 버팀목이 되어 주니까, '아, 그렇지. 우리가 하는 일은 정말 중요한 일이야!' 하는 생각이 들어 참 든든해요."

특급 요주의인물에서 완벽남으로

차체 수리부 책임자인 척 데리(Chuck Dery)는 롭의 새로운 경영 방침을 듣고는, 허튼 소리 작작하라고 핀잔을 던졌다. 척은 그때를 생각하며 솔직하게 시인했다. "사실 여러 번 그렇게 얘기했어요. 나에게 개인적으로 찾아와서 설득하려는 사람들에게 험한 소리도 많이 했죠. 그런데도 사람들은 저에게 끊임없이 그 어시장 얘기를 하면서, '우리도 해보자!' 는 둥, '그렇게 하기만 하면 우리도 바뀔 수 있다.' 는 둥, 계속해서 저를 설득했습니다. 하도 귀찮게 하기에, 한 번은 콧방귀를 뀌며 이렇게 얘기했습니다. '정 그게 소원이면, 그래 한번 해보자.' 라고요. 하지만 속으로는 '내가 롭이 틀렸다는 것을 보여주지.' 하는 생각을 하고 있었습니다.

그런데 이게 웬일입니까? 제 예상은 완전히 빗나갔어요. 우리가 거둔 성과에 저도 놀라고 말았습니다. 절대 불가능할 거라고 생각했었는데, 사정이 점점 좋아졌던 겁니다."

그때부터 척은 '완벽남' 으로 통했다. "사원들이 제게 어떻게 지내느냐고 물으면, 늘 '완벽하지.' 하고 대답했습니다. 그럼 그들은 설마 그럴 리가 있냐는 듯이 저를 쳐다봤습니다. 저는 궁금했어요. '왜 그럴 리가 없다는 거지?' 그런데 생각해 보니까 이제까지의 제 태도가 문제였더라구요. 예전에 저는 아침부터 되는 일이 없다거나 일진이 사나운 날엔, 밖으로 나가 부하 직원들을 들들 볶았어요. 들볶이는 직원들이야 기분 좋을 리 없죠. 그래도 전 아무 문제가 없다고 생각했습니다. 출근할 때 기분 나쁜 일이 있었다거나 아내와 싸우고 나온 날은, 아예 작업장 문을 닫아버리고 싶은 마음이 굴뚝같았어요. 한마디로, 저는 직원들에게 특급 요주의인물이었던 셈이죠."

"질적인 면에서 따져 보자면 우리 작업장의 수준은 사실 그전에 비해 특별히 달라진 게 없었어요. 예전에도 그랬고 지금도 그렇지만, 항상 괜찮은 편에 속하거든요. 달라진 점이 있다면, 그것은 바로

'마음가짐' 입니다. 누군가 의기소침해 있거나 어깨를 축 늘어뜨리고 있으면 이제는 그냥 넘기질 못해요. 물론 각자의 상황은 다 다르지만 제가 회사선배이기도 하고 인생선배이기도 하니까, 자진해서 코치로 나서지요. 예를 들어 누가 아내와 다퉜다고 하면, 저는 결혼생활 상담사가 되어 얘기를 들어 줍니다. 그런 식으로, 직원들을 위해 그들이 필요로 할 때 늘 그 자리에 있었고, 그렇게 하니까 제가 베푼 것의 120%를 되돌려 받게 되더군요."

완벽남 척의 이야기는 계속되었다. "누군가가 전화로 안부를 물으면, '아주 좋아. 완벽해!' 하고 웃으며 대답하세요. 틀림없이 사람들은 당신을 '완벽 씨'라고 부를 겁니다. 물론 상대방이 '웃기지마. 완벽할 수는 없어!' 라고 얘기할 수도 있겠지만, 그렇더라도 저는 매일매일 저의 하루를 완벽한 날이라고 말해요. 말이라도 그렇게 하면 일단 기분이 좋아지잖아요. 그리고 실제로 완벽한 날이 되도록 저도 모르게 노력을 하게 되고요. 우리 직원들에게도 한번 그렇게 말해 보라고 했더니, 이제는 오히려 그 친구들이 '완벽해!' 라는 말을 입에 달고 삽니다."

스스로 변할 수 있도록 기회를 주세요

부품부 책임자인 줄리는 서비스부 기사 두 사람과 늘 함께 점심식사를 했다. "예전에 우리는 밥을 먹을 때마다 허구한 날 다른 직원들 험담만 했어요. 불평 늘어놓기 선수들이었죠." 그녀의 말이다. 그러던 어느 날, 함께 밥을 먹던 한 직원이 물었다. "다른 사람들은 나에 대해서 뭐라고 얘기할까?' 그 얘길 듣고 줄리는 고개를 흔들었다. 그러자 그 직원은 "아니, 괜찮아요. 말해보세요. 무슨 얘기든…." 하고 말했다. 그래서 줄리가 그 직원에 관해 주위들은 이러저러한 얘길 몇 마디 해주자, 그는 무척 화를 냈다. 다른 사람들이 뒤에서 그를 두고 험담한다는 사실을 참을 수가 없었던 것이다. "그렇게 틀어진 후로는 우리와 점심도 안 먹게 됐어요."라고 줄리는 말한다.

부품부의 업무는 항상 다른 사람들에게 불평만 듣는 일이었다. 여간해서는 고맙다는 말을 듣기 어려웠다. "간혹 부품주문이 다음 달로 이월되는 경우가 있어요. 그러면 고객불만사항이 여기저기서 터져 나오고 온갖 불평들이 쏟아져 나옵니다." 줄리의 말이다. "저희는 나름대로 부품을 찾느라고 갖은 고생을 다 하거든요. 그런데도, 고객들은 이런 걸 알아주기는커녕 조금만 지체돼도 버럭 화를 냅니다."

하지만, 이제 줄리는 변했다. 자기가 받아온 싸늘한 대접은 잊어버리기로 한 것이다. 일단 먼저 베풀기로 마음을 먹고, 작은 것이라도 베푸는 데 전력했다. "과거에는 부품주문이 잘못되어 문제가 생기면, 고객에게 무조건 기다리라고만 했어요. 하지만 지금은 고객과의 약속을 철저하게 지키려고 무진장 노력합니다. 또, 저희 쪽에서 직접 그 부품을 구할 수 없다면, 다른 대리점에서 같은 걸 사오는 한이 있어도 그 부품을 손님께 반드시 구해 드립니다. 물론 그렇게 해서 경비가 더 들어도 손님께 추가 경비를 청구하지는 않아요.

고객에게 부품 가격을 이미 알려 드렸다면, 어떤 일이 있어도 그 부품을 그 가격에 드려야죠. 당연하잖아요? 약속이니까요. 어쨌든 고객만족은 장기적인 이득입니다. 지금 당장은 경비가 나가니까 손해라고 생각할 수도 있겠지만, 장기적으로 보면 분명히 이득이라는 거죠."

"엉망이던 우리 회사가 어떻게 이렇게 달라졌는지 신기하고 놀라울 뿐이에요. 하여간 우리의 변화는 효과가 있었어요. 손님도 많아지고 덕분에 눈코 뜰 새 없이 바빠졌거든요. 직원을 새로 충원하지도 않고 우리끼리 종전보다 더 많은 양의 부품을 처리하다보니 더 힘들어진 건 사실인데, 오히려 예전보다 훨씬 더 즐겁게 일하고 있습니다. 그런데 가끔씩 저도 모르게 예전 모습으로 돌아갈 때가 있어요. 물론 그렇다고 해서 정말 예전 같지는 않지만요. 제가 생각해도 요즘 제가 많이 침착해진 것 같아요.

롭은 항상 우리와 업무효율을 높일 수 있는 아이디어를 공유하려고 노력합니다. 그리고 아이디어를 생각해내는 연습을 직원들과 함께 하니까, 저희들로서도 일에 훨씬 애착이 생기고 의욕이 솟아나요. 사실 월급을 아무리 올려줘도, 사람 마음가짐까지 변하게 할 수는 없잖아요? 직원들의 태도를 결정하는 것은 보수만이 아닙니다. 사원들에게 변신의 기회를 주는 것이 훨씬 더 효과적이지요."

⌁ 돈, 돈, 하다가 나 돌아버리겠네

　자동차 정비 기사인 웨인 브루스커(Wayne Brueske)의 아버지는 항상 고객에게 관심을 갖고 친절하게 서비스해야 한다고 이야기했다. 웨인의 아버지는 로체스터에서 허름한 자동차 수리 공장을 운영하셨는데, 그 공장은 광고를 하지 않아도 늘 손님으로 북적거렸다. "아버진 늘 고객에게 최선을 다하셨어요. 친절하고 공손한 말 한마디만을 가지고 사업을 하실 정도였습니다. 사업이란 모름지기 고객이 최우선이라고 하시면서, 고객에게 무관심한 사람은 사업을 하지도 말라고 하셨죠." 웨인의 말이다.

　웨인은 어릴 적부터 아버지를 따라다니며 정비 공장에서 수많은 자동차를 가지고 놀며 자랐다. 그래서 그는 아버지 밑에서 금세 숙련된 정비사가 될 수 있었다.

　그는 1980년에 유니버설 포드 도요다 사에 입사했고 아버지가 가르쳐주신 것처럼, 뭐든지 고객중심으로 생각하려고 노력했다. 하지만 그가 다닌 회사는 그가 입사한 이래 십수 년 사이에 사장이 다섯 번이나 바뀔 만큼 불안한 상태였고, 경영 일선의 간부라는 사람들도 고객에게는 전혀 관심이 없었다. "돈, 돈, 돈, 오로지 돈이 전부였어요."

　'로체스터'로 다시 태어나기 이전의 '유니버설 포드 도요다' 사는 고객뿐만 아니라 사원에 대해서도 무관심과 냉담함으로 일관했다. 직원들은 형편없는 공구와 장비들을 가지고 일해야 했다. 심지어 회사는 기술자들의 등과 무릎을 보호해 줄 최소한의 보호장비를 구입하는 일에도 매우 인색하게 굴었다. 그래서 웨인은 늘 이런 일로 회사와 싸워야 했고, 하루하루가 전쟁이었다. 회사와 싸우느라 지쳐 있던 웨인은 일에도 애착을 가질 수가 없었다.

그러던 어느 날 그를 정말로 화나게 하는 사건이 터졌다. 누군가 직원들의 셔츠에, 이름이 씌어 있던 자리에 이름 대신 직원 번호를 붙여 놓았던 것이다. "저희가 무슨 죄수들입니까? 경영하는 사람들에게 저는 웨인이라는 사람이 아니라, 그냥 23번이라는 숫자일 뿐이었던 겁니다."

웨인은 스스로 마음을 다독이며, 자기가 맡은 업무만큼은 충실히 해내려고 노력했지만, 속에선 천불이 나서 도무지 아무 일도 할 수가 없었다. 점심을 먹으면서 줄리에게 불평을 늘어놓아 봐도 답답하기는 마찬가지였다. 그는 한동안 기가 죽어서 고개를 떨구고 다녔다. "구렁텅이에 빠진 기분이었어요. 햇빛은커녕 앞도 안보일 정도로 암담했어요. 우울증에 걸린 사람처럼 기가 죽을 대로 죽어서, 계속 그렇게 지내다가는 몸까지 망가지겠더라구요."

그가 괴로운 나날을 보내며 간신히 버티고 있을 때, 마침 롭이 그 유니버설 사를 인수했다. 그 당시 웨인은 롭이 인수 협상을 시작했다는 말을 듣고, 혼자 이렇게 중얼거렸다고 한다. "'처음에 한 약속을 반만 지켜도 우리 형편이 훨씬 나아질텐데….' 저는 항상 '고객에 대한 관심'이야말로 우리 회사에 가장 필요한 것이라고 생각했었거든요. 근데 말입니다. 생각해 보니까 모든 것을 전부 회사 책임으로만 돌릴 수는 없겠더라구요. '여길 그만두고 다른 일자리를 구한다면, 과연 내 태도가 달라질까? 어딜 가더라도 내 마음가짐은 여전하지 않을까?' 하는 생각이 들었어요."

그래서 결국 웨인은 회사에 남기로 했다. 여러 가지 고민과 반성 끝에 내린 결론이었지만, 그렇다고 해서 그의 마음가짐이 하루아침에 변한 것은 아니었다. 그는 여전히 습관처럼 다른 직원들이 변해야 한다고 불평을 늘어놓곤 했다. 그 문제에 대해서 롭은 그에게 이렇게 이야기했다. "문제가 그렇게 심각하다면, 가장 먼저 바뀌어야 할 사람은 바로 당신입니다. 당신이 더 분발해야지요."

그때 그쯤에서 아무런 대책 없이 얘기가 흐지부지 끝날 수도 있었지만, 다행히도 롭과 웨인은 문제를 의외로 쉽게 해결할 수 있는 방법을 알고 있었다. 롭은 웨인에게 다른 기술자들과 모두 모여서 매주 한 번씩 회의를 하자고 제의했고, 웨인은 그 제의을 흔쾌히 받아들였다. 사실 웨인은 롭의 제안에 깜짝 놀랐다. 그런 것을 시도한 사주는 그때까지 한 명도 없었기 때문이다.

"우리 부서의 직원들이 모두 모여서 회의를 하면, 작업장에서 일어나는 문제들을 모두 다 해결할 수 있겠다 하고 기대했어요." 웨인은 말한다. "뭐, 사실 전부 제 생각대로 되지는 않았지만, 앞으로 점점 더 좋아지겠죠. 롭은 그 회의에서 항상 사장의 입장이 아니라 우리 직원들의 입장에 서서 생각했습니다. 우리가 강조하는 사항에 대해 적극적으로 토의했구요. 사실 누구나 자기 위주의 사고방식에 익숙해져 있기가 쉬운데, 롭은 우리에게 항상 거기서 벗어나야만 다른 사람을 이해할 수 있다고 강조했어요."

그런 일련의 토의와 의견조율은 롭 자신에게도 큰 공부가 되었다고 말한다. "그런 자리를 통해서 제가 그들을 이해하고, 그들이 저를 이해하게 되었어요. 그렇게 서로가 서로를 이해하고 성격과 특징을 알게 된 후에는, 아무리 첨예하게 대립되는 어려운 문제에 부딪쳐도 쉽게 합의점을 도출해 낼 수 있습니다."

웨인도 그 토론의 효과에 대해 이렇게 이야기한다. "예전에는 마음속에 있는 진심을 말하는 게 두려웠던 것 같아요. '내가 이렇게 말하면 상사들이 나를 어떻게 생각할까?', '혹시 이 얘길 꺼냈다가 해고라도 당하는 건 아닐까?' 하는 걱정을 했으니까요. 그런데 요즘은 모두 모여서 속에 쌓아둔 말들을 다 털어놓으니까 마음이 정말 가벼워요. 눈치볼 것도 없으니까 제 의견을 당당하게 말 할 수 있게 되었습니다."

게다가 웨인은 그 회의를 통해, 자신도 미처 몰랐던 숨은 장점들을 찾을 수 있었다고 말한다. "이제까지의 이기적인 태도를 버리려고 노력했습니다. 동료들이 나에게 보여주는 아주 작은 배려도 제게는 정말 소중한 것이라는 걸 몸소 깨달은 거죠. 아무리 하찮은 것이라도 나를 즐겁게 해주기 위한 배려라면, 그걸 고맙게 여기는 건 당연하잖아요? 그런데 예전엔 그런 고마움을 잘 표현하지 못했어요. 어색하기도 하고 쑥스럽기도 해서…. 하지만 이젠 달라졌습니다. 제가 고마워하고 있다는 것을 동료들이 알 수 있도록 확실하게 고마움을 표시합니다." 웨인은 동료들과 더욱 친해지려고 '사원문화위원회'에도 가입했다. 그리고 거기서 그가 생각해낸 아이디어가 바로 '감사카드' 라는 것이었다.

'감사카드'가 대리점에 도착하던 날, 앨 우테쉬는 주차장 남쪽에 제멋대로 자라난 관목을 어떻게든 정리해 보려고 애쓰고 있던 중이었다. 그 볼썽사나운 관목 덤불은 손님들뿐만 아니라 회사 사람들도 오가며 한마디씩 불평을 던지곤 하는 것이었다. 무척 덥고 끈적거리는 날씨였음에도 불구하고, 앨은 그 나무들을 정성껏 손질했다.

앨이 그 고된 일을 마치고 땀에 흠뻑 젖은 채로 사무실에 들어와 보니, 앨의 책상 위에는 예쁜 카드가 한 장 놓여 있었다. 그리고 카드에는 이런 말이 씌어 있었다. '모두가 고마워하고 있습니다. 오늘 정말 힘드셨죠? 당신은 정말 중요한 일을 하신 겁니다.' 그 카드를 쓴 사람은 다름 아닌 웨인이었다.

그 카드를 받았던 날을 떠올리며 앨은 이렇게 말한다. "처음엔 되게 어색했는데, 어느새 서비스부 직원들이 너도나도 서로 카드를 교환하게 되었어요. 물론 그 카드는 카드를 받은 사람에게 그날 하루를 '그의 날'로 만들어 주었습니다. 굉장히 즐거웠어요."

웨인 역시 변화를 받아들이는 앞길이 평탄치만은 않을 것이라고 예상은 하고 있었다. 다른 직원들도 내심 '앞으로는 또 무슨 회오리바람이 불어 닥칠까?' 하며 걱정하고 있었다. 하지만 웨인에게는 어떤 확신 같은 것이 있었다. '우리의 일터를 어떻게 하면 멋지게 바꿀 수 있는가?'에 대한 그 나름의 비전을 가지고 있었던 것이다.

웨인은 틈날 때마다 옴스테드 카운티(Olmstead County)의 수중 수색팀 자원봉사 활동을 하고 있다. 수중수색팀은 수영을 하다가 행방불명된 사람들의 시신을 찾거나 그들의 유품을 찾기 위해 연못이나 호수, 강 등을 수색하는 자원봉사자들의 모임이다. 한번은 호수에서 실종된 열세 살 먹은 소년을 찾기도 했다. 웨인은 그날을 떠올리며 이렇게 이야기했다.

"그날 우리는 하루 종일 수색작업에 매달렸지만, 시간이 흐를수록 강물은 수색을 계속할 수 없을 만큼 흙탕물로 변해갔어요. 그래서 우리는 자정 무렵 수색을 중단할 수밖에 없었습니다. 솔직히 물 속에 들어가는 게 겁났었어요. 다음날도 수색팀은 다시 물 속에 들어가 보았지만, 아무 것도 찾지 못했습니다. 그러다가 결국 월요일이 돼서야 시체 한 구를 찾아냈습니다. 그 시체를 보니 참 여러 가지 생각이 들더군요. 제가 이렇게 살아 있다는 것 자체만으로도 정말 감사한 마음이 들었어요. 제게도 어린 아들이 하나 있거든요. 오늘도 집에 가서 그 녀석을 안아줄 수 있으니, 살아 있다는 건 얼마나 큰 축복입니까?"

서비스부 주간회의에서, 웨인은 일과 삶을 비유하면서 자기가 겪은 이 수중수색팀 얘기를 꺼냈다. "흙탕물에서는 그 속에 무엇이 있을지 모르기 때문에 사람들이 좀처럼 수영을 하려 하지 않습니다. 하지만 우리는 반드시 계속 수영을 하며 앞으로 나아갈 것입니다. 우리가 하는 일이 많은 사람들의 하루하루를 새롭게 만들어 줄 것이라는 것을 잘 알고 있기 때문입니다."

〰️ 하나하나 차근차근

2001년 봄, 바야흐로 꽃피는 봄이 되었지만 로체스터 포드 도요 다는 아직도 변화의 진통을 겪고 있었다. 특히 회사의 문화적인 부분의 변화는 여전히 난항을 겪고 있었다. 브라이언 코펙은 말한다. "사원들이 우리를 불러내어 예전과 달라진 게 없다고 말할 때도 있습니다. 한마디로 헛스윙이란 얘기였어요. 방망이는 멋지게 휘둘렀는데, 볼을 놓친 격이라구요. 그래서 우리는 좀더 참고 기다리며 이해하자고 했습니다. 한 술에 배부를 수는 없으니까요. 그러다 보면 느려도 차근차근 앞으로 나아갈 겁니다."

이러한 확신 덕분이었을까? 회사의 모든 구성원들이 가진 믿음과 의지가 결국 기적 같은 변화를 만들어냈다. 로체스터 포드 도요다는 다섯 가지 경영철학, 즉 '고객에 대한 열의', '사원들의 만족감', '이윤을 창출해내는 능력', '시장을 넓히는 활동', 마지막으로 이 모든 것의 '지속적인 발전'이라는 각각의 항목이 눈에 띄게 발전하고 있는 중이었다.

수많은 변화와 함께 물고기 간판을 내건 지도 어느덧 일 년이 지나고 있었다. 대리점에 걸었던 '우리 생선 맛보셨어요?'라는 광고판의 반짝거리던 광택도 이제는 사라졌다. 롭은 광고판을 바꾸어야 할 때가 되었다고 생각했다. 그는 이렇게 말했다. "저에게 'FISH! 철학'은 우리가 얼마나 발전했나를 가늠해 볼 수 있는 잣대라고 할 수 있습니다. 그런데 곰곰이 따져 보니, 우리 회사가 정말로 이 네 가지 FISH! 철학을 착실하게 실천해 가고 있더군요. 그래요. 이제는 우리 직원들도 변화를 무척 긍정적으로 받아들이고 있습니다. 그러니 우리를 이렇게 이끌어준 'FISH! 철학'은 이제 졸업하고, 앞으로 한 걸음 더 나아갈 때가 됐다고 생각했어요."

그러나 그가 새 광고판을 세우자고 제의했을 때 중역들은 '저 사람이 또 왜 저러지?' 하는 표정으로 그를 쳐다보았다. 그리고 곧이어 'FISH! 철학'과 관련한 질문들이 사방에서 쏟아져 나왔다.

"우리가 우리의 마음가짐을 선택하는 것이 얼마나 중요한지, 모든 직원들이 마음으로 이해하고 있다고 생각하세요?" 누군가 이렇게 물었다.

롭은 머뭇거리며 대답했다. "아니오…. 뭐, 항상 그런 것 같지는 않아요."

"그렇다면, 우리가 현재에만 집중하며 충실하게 살아가고 있다고 생각하십니까? 우리가 과거에 대한 후회도 없고, 미래를 두려워하지도 않으며, 항상 다른 사람을 배려하며 살고 있다고 생각하느냐구요."

롭은 더듬거리며 말했다. "물론, 언제나 그런 건 아닙니다. 아직은요."

질문은 계속되었다. "우리가 삶 속에서 자신을 버리고 진심으로 남을 도와줄 때 얻는 기쁨을 완전히 이해했다고 생각하십니까?"

이번에도 롭은 "어…. 뭐, 그렇지는 않습니다만…." 하며 말끝을 흐렸다.

"그렇다면, 우리 조직에 진정으로 높은 수준의 신뢰와 책임으로 다져진 놀이문화가 완전히 자리잡았다고 생각하십니까?"

롭의 대답은 역시 "아니오." 였다.

"그런데도 앞으로 더 나아가자구요?"

롭은 갑작스럽게 쏟아지는 질문들에 당황했지만, 그래도 말을 이어갔다. "그러니까, 내 말은 우리는 계속해서 앞으로 나아가야 하고, 그러기 위해서 그 방향에 관해 다시 한번 생각해보는 기회를 갖자는 것뿐입니다."

그랬다. 롭과 중역들은 그 자리에서 지난 1년간의 'FISH! 철학'의 성과와 앞으로의 과제에 대해 열띤 토의를 벌였다. 모두들 진지한 표정이었다. 지난 1년간 회사와 직원들의 변화에 대해 칭찬할 것은 칭찬하고 비판할 것은 철저하게 비판하면서 앞으로의 발전 방향에 대해서도 모두 함께 고민했다.

이러한 토의를 거쳐서 로체스터 포드 도요다 사는 마침내 새 광고판을 내걸었다. 그 광고판에는 '생선 품절' 이라는 문구가 씌어졌고, 그 밑에는 다음과 같은 네 가지 항목이 추가되었다.

생선 품절

1. 놀자! - 즐겁게 일하자.
2. 고객에게 그날 하루를 그의 날로 만들어주자!
   - 특별한 이벤트를 만들자.
3. 늘 그 자리에 있자! - 바로 지금, 바로 여기에 집중하자.
4. 하루의 마음가짐을 정하자! - 모든 것은 나의 선택이다.

이렇게 해서 새로운 광고판이 걸렸지만, 사실 그 문구는 예전과 똑같은 셈이었다. 바로 'FISH! 철학' 에 관한 것! 달라진 것이 있다면, 이제 로체스터 포드 도요타 사는 'FISH! 철학' 을 정말 본격적으로 실천할 수 있는 토대가 갖추어졌다는 것, 그리고 앞으로는 그 토대 위에서 더 한층 비상하기 위해 보다 구체적인 모토를 정한 것이라는 데 있었다.

"그때 제게 거침없는 질문을 퍼부으며 공격하던 직원들은 마음만 앞서가던 저를 다시 제자리로 돌아오도록 도와준 것입니다. 직원들에게 그렇게 호되게 당한 것 때문에 혹시 기분이 나쁘진 않았냐구요? 기강이 무너진 것 아니냐구요? 그럴 리가 있겠습니까? 우리의 비전이 살아서 펄떡이려면 우리의 'FISH! 철학' 도 펄떡이게 해야 합니다. 그거야말로 기강을 반듯하게 세우는 일이죠. 저는 우리의 가치를 깊이 신뢰하고 있습니다. 물론 저와 함께 그 가치를 따르는 사람들도 굳게 믿고 있구요. 그 가치들은 우리가 생각하는 것 이상으로 중요한 것입니다."

마지막으로 롭은 이런 말을 덧붙였다.

"사실 저는 한 인간으로서, 그리고 한 사람의 회의론자로서 끊임없이 스스로에게 이렇게 물어봅니다. '그래, 다행히도 지금까지는 잘되어 왔다. 하지만 이제 앞으로 우리가 해야 할 또 다른 일은 무엇인가?' 그런데 곰곰이 생각해보면 사실 앞으로 새롭게 해야 할 다른 일이란 건 아무 것도 없습니다. 매일매일 우리의 비전과 가치를 실현하기 위해 꾸준히 노력할 뿐이죠."

한입씩 깨물어 먹는 이야기

다음에는 내 차례일지도 몰라

어느 회사의 전산 부서에 '놀이위원회'가 만들어졌다. 그들은 직원들의 사기를 올리기 위해 여러 가지 재미있는 놀이들을 제안했다. 사무실 벽에 두꺼운 종이를 붙여놓고 직원들에게 마음껏 낙서하도록 했으며(단, 욕설만 빼고), '부활절 계란 예쁘게 꾸미기 경연대회'와 '아기사진 콘테스트'와 같은 기발한 이벤트도 주관했다. 덕분에 매일매일 재미있는 일이 많았지만, 직원들이 가장 좋아하는 이벤트는 따로 있었다. 그것은 바로 '오늘의 주인공'이라는 깜짝 파티 이벤트였다.

놀이위원회는 아무도 모르게 '오늘의 주인공'을 선정하고, 그의 사무실을 파티 분위기로 장식한 다음, 조용히 그 주인공을 기다린다. 깜짝 파티의 주인공은 사무실에 들어와서야 비로소 자기가 '오늘의 주인공'으로 선정되었음을 알게 된다. 물론 다음 차례가 누가 될지는 놀이위원회만 알고 있다.

이런 이벤트를 통해서, 직원들은 무언가를 받는 것보다 오히려 남을 위해 베푸는 마음이 더 즐겁다는 사실을 새삼 깨닫게 되었다. 내가 무언가를 받는 것도 좋지만, 내가 동료를 기쁘게 해주기 위해 설레는 마음으로 무언가를 준비하는 것이 훨씬 더 의미 있는 일이라고 느낀 것이다.

아스피린 드세요

세무서에서 아스피린을 무료로 제공하겠다고 한다면? 친절한 미소로 납세자의 업무를 처리해 주기로 유명한 어느 지역의 세무서가 있었다. 그 곳에서는 세무서 특유의 '딱딱한' 인상에서 벗어나기 위해, 직원들 모두 캐주얼 복장으로 출근하기도 했다. 엄마 아빠를 쫓아온 어린아이들에게는 막대사탕과 장난감을 주었고, 심지어 애완견까지 반갑게 맞이하였다. 한숨을 푹푹 쉬는 고객들이 있으면, 물론 농담으로 건넨 말이지만, "한잔 하셔야죠?" 하며 맥주와 포도주를 권하기도 했고, 그 얘기에 납세자들은 인상을 잔뜩 찌푸리고 있다가도 웃음을 터트렸다.

그들의 이 같은 남다른 친절이 입에서 입으로 전해지면서, 작은 분소(分所)에 지나지 않던 이 곳이 해마다 봄철 세금신고기간만 되면 수천 건의 세무처리가 몰려 자연스럽게 규모를 확장해 갔다.

노란색 스쿨버스

누구나 학창시절 스쿨버스에 얽힌 사연 한두 가지씩은 가지고 있을 것이다. 특히 스쿨버스 운전기사 아저씨들의 불친절이란, 정말이지 우리를 화나게 했다. 때때로 운전기사 아저씨가 이유 없이 짜증을 내거나 꼬마 손님들을 무시하면, 덩치 크고 힘깨나 쓰는 골목대장 친구 녀석이라도 나서서 운전기사에게 대들어 봤으면 좋겠다고 생각할 때도 있었다.

콜로라도(Colorado) 주의 어느 대도시 학교에서 있었던 이야기다. 그 학교의 안전담당 감독관이었던 스쿨버스 기사는 아이들에게 스쿨버스에 관한 즐거운 추억거리를 만들어 주려고 이런저런 재미있는 시도를 했었다. 그는 운전대를 잡을 때마다, 그 버스를 타는 학생 하나하나를 모두 알아보고 먼저 아는 척하며 웃어 주었다. 그 학교에는 스쿨버스 승차권 제도가 없었지만, 아이들이 버스를 타면 승차권을 보여달라며 장난을 걸기도 했다. 학생이 당황하면서 승차권이 없다고 말하면, "좋아. 그럼 자리에 앉아서 재미있게 타고 가야한다." 하고 장난스럽게 웃으면서 얘기했다. 또, 버스가 아이들로 꽉 차서 자리가 없을 때는, 뒤에 타는 아이에게 생일축하노래를 불러주자고 타고 있던 아이들에게 미리 얘기하기도 했다. 그러면 잠시 후에 버스에 올라탄 아이는 얼떨결에 생일파티의 주인공이 되고, 깜짝 놀라는 그 반응이 얼마나 재미있는지…. 그 자리에 있어보지 않고는 아마 아무도 모를 것이다.

그 버스를 타는 학생들은 아저씨의 이런 장난들을 참 좋아했다. 그 스쿨버스 기사는 학생들에게 짜증내며 잔소리하기보다는, 애정이 담긴 따뜻한 말 한마디라도 건네려 노력했다. 또한 늘 학생들을 세심하게 보살펴 주려고 노력했고, 아이들도 이것을 잘 알고 있었다. 덕분에 아이들은 학교를 졸업한 후에도 77번 노란색 스쿨버스를 즐겁고 행복한 추억으로 떠올릴 수 있었다.

포근한 스웨터에 따뜻한 마음까지

깜짝 선물로 누군가에게 '그의 날'을 만들어 주는 건 어떨까? 어느 안경점에 한 노부부가 찾아왔다. 할아버지가 시력검사를 받는 동안, 안경점의 종업원은 할머니와 이런저런 얘기들을 주고받았다.

"요즘 손자 녀석 주려고 스웨터를 하나 짜고 있는데, 그게 여간 힘든 게 아니야. 이젠 나도 정말 늙었나봐."

"어머! 제 취미가 바로 뜨개질이에요. 저는 주변 사람들에게 무언가를 선물하기 위해 항상 뜨개질을 한답니다. 참! 제가 만든 아이들 스웨터가 몇 개 있는데…. 마침 크리스마스 때 입으면 딱 좋을 양털 스웨터인데, 누군가에게 선물하고 싶어요."

그 할머니는 내심 '옳거니' 하고 생각했지만, 그 종업원이 정말 진심으로 하는 말인지 알 수가 없었다. 그런데 며칠 후, 할머니는 포근한 스웨터가 예쁘게 포장된 소포 꾸러미를 받을 수 있었다. 그 날은 할머니와 손자 모두에게 '그들의 날'이 되었다.

빨간 리본을 함께 달다

끔찍했던 911테러 사건 이후, 대부분의 미국인들은 침통한 분위기에서 빠져 나올 수 없었다.

테러가 일어난 다음 날, 회사 동료 중 한 사람이 어느 패스트푸드 식당에 들렀다. 식당 문을 열고 들어갔더니, 식당의 지배인이 빨간 리본이 감겨 있는 릴을 들고 그녀에게 인사를 했다. 그 지배인은 그녀에게 다가와 들고 있던 리본을 작게 자르더니 그녀에게 달아 주어도 괜찮겠냐고 물었다. 그 지배인은 식당에 들어오는 모든 손님에게 리본을 달아 주고 있었던 것이다. 그 순간, 바쁘게 오가느라 서로 알아보지도 못했던 익명의 사람들은 같은 리본을 붙이고 하나로 연결되었다. 리본 하나로 그들은 슬픔과 고통을 함께 나누는 다정한 이웃이 된 것이다.

그 자리에 있기

BE THERE

유능한 사람은 여러 가지 일을 잘할 수 있다.
하지만, 그러려면 우선 고객을 위해 늘 '그 자리에 있어야' 한다.

파이크 플레이스 어시장 상인들이 가르쳐준 세 번째 'FISH! 원칙'은 고객을 위해 '그 자리에 있기' 이다. 그들의 행동을 유심히 관찰해보면 이것이 무슨 말인지 쉽게 알 수 있을 것이다. 우리는 그들로부터 고객 한 사람 한 사람에게 언제나 최선을 다해야 한다는 것, 관심과 애정을 가지고 서비스해야 한다는 것을 배웠다. 정신없이 이리 뛰고 저리 뛰면서 한꺼번에 여러 고객을 상대한다면, 제대로 된 고객서비스를 할 수 있겠는가?

고객은 언제 어디서든 종업원이 자신에게만 집중하고 관심 가져주길 바란다. 이것은 너무나 당연하면서 또한 너무나 쉽게 잊어버리는 사실이기도 하다. 하지만 꼭 기억해두자. 고객을 만날 때 이세 번째 'FISH! 원칙' 만 염두에 둔다면, 고객과의 흥정에서 벌써 50점은 따고 들어가는 셈이라는 것을. 어시장 상인들의 마술은 대개가 바로 이때 펼쳐지는 것이다.

머릿속으로는 계속 딴 생각을 하면서, 과연 지금 하는 일에 온전히 몰두할 수 있을까? 말 그대로 마음은 콩밭에 가 있는데 하는 일이손에 잡힐 리 없다. 왜 우리는 지금 하는 일에만 몰두할 수 없는 걸까? 아니, 왜 우리는 한 번에 여러 가지 일에 집중할 수 없는 걸까?

많은 사람들은 지나간 과거를 후회하거나 아직 오지도 않은 미래에 대해 쓸데없는 걱정을 하면서, 정작 가장 중요한 지금 현재를 놓치곤 한다. 그런 시간낭비 기운낭비 없이 오로지 지금 이 순간에만 충실할 수 있다면 우리의 삶은 완전히 달라질 것이다. 살면서 부딪히게 될 어떤 난관도 수월하게 극복할 수 있을 것이고, 자신이 발전할 수 있는 기회를 적절하게 포착하여 원하는 바를 성취해낼 수도 있을 것이다. 뿐만 아니라, 우리가 가진 건전한 사고방식은 더욱 굳건해질 것이고, 웬만한 일에는 흔들리지 않는 든든한 배짱과 도량도 키울 수 있을 것이다.

간호사가 희생과 봉사의 상징이라고들 하지만, 근무시간에 상관없이 환자를 위해 늘 '그 자리에 있기' 란 굉장히 어렵다. 하지만 그것은 분명히 의미 있고 중요한 일이다. 물론 가장 중요한 것은 간호사 자신의 의지이지만, 그것만으로는 버거울 때도 있다. 딴에는 최선을 다해서 환자를 돌보려고 성심껏 노력하는데, 병원 측은 끊임없이 비용을 줄이라고 요구한다거나, 정신없는 세상의 변화에 발빠르게 대처하라고 강압적인 분위기까지 조성한다면, 그의 열성과 의지는 금세 꺾여버릴 것이다. 그렇게 되면 결과적으로 병원이라는 일터는 간호사들에게 스트레스만 주는 끔찍한 공간으로 돌변할 것이고, '그 자리에 있기' 란 더욱 요원할 수밖에 없다. 이런 문제는 비단 병원뿐만 아니라 모든 회사와 작업장에서 흔히 겪을 수 있는 문제이기 때문에 모두에게 중요한 시사점을 던져준다.

'그 자리에 있기'란 현재의 상태에 집중하고 있다는 뜻이며, 지금 이 순간, 즉 주어진 상황에 최선을 다한다는 것을 의미한다. 흔한 예로, 누군가와 얘기하고 있을 때는 반드시 그 사람과의 대화에만 집중해야 한다. 혹시 그 상대방에게 어떤 질병의 고통이나 장애가 있다면 더더욱 대화에 집중해야 한다. 누군가가 주의를 기울이고 관심을 가져준다는 사실만으로도 병을 치유하는 데 커다란 도움이 되기 때문이다.

병원과 진료소에 입원 중인 환자나 요양소에 머물고 있는 사람들, 심각한 신체 장애를 가진 어린아이들은 모두 애정과 관심을 가지고 돌봐줘야만 하는 약자들이다. 그들에게 가장 필요한 것은 무엇일까? 그것은 다름 아닌 그들을 위해 '그 자리에 있기'이다. 이것은 환자를 위해 주변 사람들이 할 수 있는 가장 중요한 일이자 필수적인 일이다. 조금이라도 의심스럽다면 입장을 바꿔놓고 생각해보자. 삶의 가장 고통스러운 순간, 그 순간에 당신에게 가장 절실한 것은 무엇일 것 같은가?

손녀처럼 다정하게

나의 아버지는 몇 년 전 전신 뇌졸중 발작을 일으키셨다. 그 후로 지금까지 요양소에 머물고 계시는데, 혼자서는 몸을 잘 가누실 수도 없는 상태라서 하나부터 열까지 누군가의 보살핌을 받아야 한다. 게다가 아버지가 하시는 말씀은 다른 사람들이 거의 알아들을 수가 없을 만큼 발음도 불분명해지셨다. 하지만, 그럼에도 불구하고 아버지는 남들의 얘기를 다 이해하시고 항상 주의 깊게 들으신다. 그리고 대답을 생각해 두셨다가 힘들어도 스스로 말씀하시려고 애쓰신다.

　요양소 직원들의 업무는 참으로 어렵다. 환자를 돌보는 일은 아무리 밝고 쾌활한 사람이라도, 시간이 지날수록 우울하고 어두운 성격으로 변하게 하기 십상이다. 게다가 고된 업무에 비해서 보수도 그리 많지 않다. 그래서 늘 요양소의 최대 고민은 인력 부족이고, 그러다 보니 요양소의 간병인 자리는 대개 시골에서 대도시로 나온 사람들의 차지가 된다.
　미네아폴리스(Minneapolis)의 지역 요양소 역시 별다른 경력이나 기술 없이도 취업할 수 있는 곳이었기 때문에, 도시로 유입된 농촌 출신의 신참 노동자들의 첫 번째 직장이 되는 경우가 허다했다. 틀림없이 아버지가 계시는 요양소에도 시골에서 갓 올라온 초보 간병인들이 많았을 것이다.

　어느 날 아버지를 돌보던 간병인이 그만두고 새로운 사람이 왔다. 그런데 그녀는 이제까지 보아왔던 여느 간병인과는 매우 달랐다. 새 간병인은 아버지께 옷을 입혀 드리고는 향수도 뿌려 드렸고, 마치 손녀딸이 할아버지에게 이야기하듯 다정하게 웃으며 얘길 나누었다. 그녀가 아버지에게 하는 얘길 듣다보면, 마치 아버지가 그녀에게 세상에서 가장 소중한 사람이라도 되는 것처럼 보일 정도였다. 그녀의 미소는 한줌의 가식도 없는 순수한 것이었다. 그녀는 그렇게 웃으며 아버지께 재미난 이야기를 해드리고, 친구와 수다떨듯 이런저런 일상 얘기도 늘어놓았다. 그녀와 함께 있을 때면 아버지의 표정이 얼마나 환하게 밝아지는지, 그것을 본 사람들은 누구라도 아버지의 달라진 모습을 금세 알아차릴 수 있을 것이다.

그런데, 그렇게 아이처럼 좋아하시던 아버지가 다른 간호사들 앞에서는 이상하게 긴장하셨다. 하얀 유니폼을 입고 돌아다니던 그들은 병실 밖에서는 자기들끼리 유쾌하게 떠들고 잡담을 했지만, 병실에만 들어오면 차가운 표정으로 환자들에게 딱딱하게 굴었다. 그래서 그런지 아버지는 그들이 병실에 들어오기만 하면 무언가 불편하신 듯한 표정을 지으셨다. 다른 사람들의 얘기 듣길 좋아하고, 말하는 연습을 열심히 하셨던 아버지도 그들 앞에서는 움츠러드시는 것 같았다.

그들이 기록한 진료 기록에 따르면, 아버지가 분명하게 발음하실 수 있는 단어는 고작 한두 개 정도밖에 안 된다고 씌어 있었다. 하지만 실제로는 그렇지 않았다. 간호사들의 그 무거운 표정이 아버지를 긴장하게 했기 때문에 말씀도 안 하시고 뜻대로 발음하지도 못하셨던 것이었다.

환자에게 굳은 표정으로 차갑게 구는 것도 문제였지만, 이들 간호사들의 더 큰 문제는 무의식적으로 환자를 물건 다루듯 한다는 것이었다. 따뜻한 말이나, 미소 같은 것은 전혀 기대할 수도 없었다. 그들은 그저 자리를 옮겨 드리거나 몸을 일으켜 세워드리는 따위의 아주 기본적인 일만 했다. 물건을 다루듯 불친절하고 무관심한 태도로 꼭 필요한 조치만 마지못해 해드리는 것처럼 보였다.

하지만 새 간병인은 달랐다. 박봉에 시달리면서도 그녀는 자신이 해야 할 일을 꼼꼼하게 챙기고 성실하게 해냈다. 무엇보다 가장 눈에 띄었던 것은, 불친절한 간호사들과 전혀 다른 그녀의 태도였다. 그녀는 아버지를 친구나 가족 이상으로 성심껏 간호했다. 비록 환자이긴 했지만, 아버지 역시 자신처럼 감정이 있는 사람이라는 생각을 한시도 잊지 않고 따뜻하고 세심하게 보살펴 드렸다.

🐦 제겐 시간이 없어요!

차트하우스(ChartHouse Learning) 사의 명강사 카 헤거먼(Car Hagerman)이 어느 병원에서 간호사들을 상대로 서비스 강의를 하고 있을 때였다. 그런데 한참 강의가 진행되던 중 한 간호사가 자리에서 벌떡 일어나더니, 자기는 이런 얘기를 듣고 있을 시간이 없다고 말하는 것이었다. 그리곤 이런 일 말고도 할 일이 너무나 많아서 몸이 열 개라도 모자랄 지경이라고 투덜댔다. 순간 카와 강의실에 있던 간호사들은 모두 그녀를 쳐다보고 잠시 할 말을 잃었다. 얼마간의 정적이 흐른 뒤, 옆에 있던 다른 간호사가 자기 생각은 조금 다르다며 이렇게 이야기했다.

"우리가 지금 무슨 거창한 일을 하자는 게 아니잖아요. 이 강의는 어떻게 하면 환자를 진심으로 잘 돌볼 수 있는지 알려주는 겁니다. 환자와 함께 있을 때, 그냥 물리적인 치료와 보살핌에만 그치느냐, 아니면 환자의 감정까지 배려한 전체적인 치료를 하느냐는 전적으로 우리에게 달린 일이잖아요."

강의실에 있던 간호사들은 그녀의 계속되는 이야기에 모두들 조용히 귀를 기울였다.

"환자의 마음까지 배려해 주는 간호가 필요하다는 것을 우리는 모두 다 잘 알고 있습니다. 환자들을 대하는 우리의 태도가 어떤지에 따라 누구보다도 환자들 자신의 반응이 가장 먼저 달라지는 법이죠. 각자 환자를 돌볼 때 어떻게 해왔는지 이런 자리를 통해 반성해야 합니다. 주사를 놓거나 약을 주면서 그저 기계적으로 물건 다루듯 해야 할 일만을 하지는 않았는지, 바쁘고 피곤하다고 환자에게 퉁명스럽게 말하거나 무관심하게 대하지는 않았는지, 생각해 보자구요."

모두 고개를 끄덕이며 그녀의 얘기에 공감하는 표정들이었다. 그리고 그 자리에서 열띤 토의가 벌어졌다. 간호사들은 환자의 육체적인 면과 정서적인 면, 거기에 한 가지 더하여 영적인 측면까지 고려하여 환자들을 어떻게 배려해야 하는지 고민했고, 지금까지의 자신들의 태도를 반성하는 시간도 가졌다. 그리고 그러한 바람직한 전통을 간호부에 뿌리내리게 할 방법에 대해서도 토의했다.

다음 이야기는 어느 병원의 훌륭한 간호사들에 관한 이야기이다. 이들은 환자뿐만 아니라 동료들끼리도 서로에게 최선을 다해 배려하고 관심을 기울이려고 노력했으며, 그들의 그런 생각과 태도의 씨앗은 마침내 병원 시스템 전체를 바꾸어 놓았다.

늘 함께하는 것, 가장 큰 선물입니다

[미주리 침례교 의료센터]

샤리 봄마리토(Shari Bommarito)는 어릴 적부터 마음의 병이나 불편한 몸 때문에 고통 받는 사람들을 그냥 지나치지 못했다. 그녀가 간호사가 된 이유도 그런 이유였다.

환자를 간호하다 보면 자기도 모르게 눈시울이 붉어질 때도 있고, 알약과 환자용 변기를 들고 급히 달려가야 할 때도 있다. 도움이 필요한 사람들에게 가장 큰 힘이 되는 것은 누군가가 언제나 그를 도와주기 위해 '그 자리에 있다'는 사실이다. 다급하게 손을 뻗으면 항상 손닿는 곳에 도움의 손길이 준비되어 있다는 믿음이 중요하다.

기술적인 면만 생각해 본다면 의료기술은 나날이 눈부시게 발전하고 있고, 간호사들에 대한 교육과 훈련도 예전에 비해 훨씬 체계적이고 효율적인 방법으로 이루어지고 있다. 하지만 환자의 정서적인 욕구를 보살피는 일은 오히려 점점 퇴보하고 있다는 인상을 지울 수가 없다. 간호사들은 환자의 얼굴을 보고 웃으면서 이야기하기보다는, 첨단 기계장비의 모니터를 주시하며 복잡한 숫자로 나타나는 환자의 상태를 체크하는 일에만 매달린다. 덕분에 환자들의 입원 기간은 짧아졌을지 몰라도, 간호사들의 새로운 업무는 점점 늘어나고 있는 셈이다.

샤리는 이렇게 말한다. "환자의 손을 따뜻하게 잡아주는 일은 아무도 신경 쓰지 않아요. 물론 다정하게 손 잡아주고, 눈을 맞추며 따뜻하게 웃어주는 것이 환자들에게 얼마나 도움이 되는지 모르는 간호사야 없겠지만, 다들 피곤하고 바쁘다며 귀찮아해요. 안 해도 그만이라고 얘기합니다."

✐ 뭔가 새로운 일이 필요해

1999년 어느 여름 날, 차선을 가득 메운 자동차들로 혼잡한 도로는 거의 주차장을 방불케 했다. 피곤한 표정으로 차 안에 앉아 있던 샤리는 갑갑한 마음에 짜증이 울컥 치밀어 올랐다. 날마다 겪는 교통체증이었지만, 살인적인 더위까지 겹쳐 그날따라 유난히 숨이 막혔던 것이다. 운전대를 붙잡은 샤리의 손은 핏기를 잃어 더욱 창백해 보였고, 두통은 나아질 기미가 보이질 않았다. 머릿속은 온통 복잡한 생각들로 가득 차 있었고, 생각하면 할수록 골치가 아팠다.

그녀는 그때 감당하기 어려운 삶의 무게를 혼자서 근근이 버티는 중이었다. 한마디로 사면초가였다. 힘겹게 이어왔던 결혼생활은 결국 이혼으로 막을 내렸고, 그 충격에서 헤어 나오기도 전에 둘째 아이는 천식 진단을 받고 투병생활을 시작했다. 너무나 많은 일들이 한꺼번에 들이닥쳤다. 그것도 혼자서 짊어져야만 하는 일들이…. 하지만 그녀는 슬픔을 달래고 추스를 시간도 없었다. 그녀는 이제

가장이 되었고, 아이들을 키우고 생활을 꾸려 나가려면 돈을 벌어야 했기 때문이었다. 결혼 후 수년간을 전업주부로 지내던 그녀는 다시 간호사로 병원에 취직해야 했다.

그녀는 매일 아침 아이들을 학교에 데려다 주고 직장에 출근하느라, 차가 많이 막히는 날에는 몇 시간씩 길에서 보내기 일쑤였다. 몸도 마음도 지쳐 있던 그녀에겐 쉬운 일이 아니었고, 좌절감까지 느껴질 정도였다. "이젠 정말 지긋지긋해." 그녀는 운전대 앞에 엎드려 혼자 중얼거렸다. 그때 갑자기 미주리 침례교 의료센터(Missouri Baptist Medical Center)가 생각났다.

결혼 전에 샤리는 미주리 주 세인트루이스(St. Louis)에 있는 바네즈 유태 병원(Barnes-Jewish Hospital)의 임상간호사 교관이었다. 바네즈 유태 병원은 2000년에 〈U.S News&World〉 지가 선정한 최우수 병원 중 7번째로 꼽혔을 만큼 의료 수준이나 시설, 규모 면에서 대외적으로 인정받은 훌륭한 의료기관이었다. 또한 그 병원의 재단은 바네즈 유태 병원과 함께 그 지역에서 가장 큰 의료기관인 BJC 헬스케어(BJC HealthCare)도 함께 운영하고 있었다. 샤리 역시 그 병원은 최신시설에 최첨단 의료장비를 완벽하게 갖춘 곳이라고 이야기했다.

바네즈 유태 병원에 비교하면, 세인트루이스 서쪽에 있는 미주리 침례교 의료센터는 훨씬 아담하고 조용한 곳이었다. 미주리 침례교 의료센터는 최근 BJC 헬스케어와 통합되었는데, 규모만 놓고 보자면 바네즈 유태 병원보다 훨씬 작은 곳이지만, 암치료와 심장치료, 정형외과 분야의 기술은 인근 지역에서 최고 수준을 자랑하고 있었다. 그리고 산부인과 분만시술도 꾸준히 늘어나서, 향후 2년간 시술 건수가 4배로 늘어날 것이라고 전망했다.

마침 그 병원은 샤리의 집에서 차로 5분밖에 안 걸리는 곳에 있었다. 예전에 일했던 바네즈 유태 병원도 생각해 보았지만, 그녀는 여러 가지 조건을 고려하여 미주리 침례교 의료센터에 취업하기로 마음먹었다. 그리고 면접을 무난히 통과한 샤리는 임상간호사 교관으로 다시 병원에 출근하게 되었다. 임상간호사들이 실제로 환자들을 잘 보살피고 간호할 수 있도록 교육시키는 것이 그녀가 할 일이었다.

미주리 침례교 의료센터로 출근한 첫날, 사실 그녀는 새로운 환경에 대한 두려움과 걱정 때문에 바짝 긴장했다. 하지만 병원문을 열고 들어서자마자 그런 걱정은 눈 녹듯이 사라졌다. 지나는 사람들마다 모두 그녀에게 친절하게 미소지어 주었고, 눈을 맞추며 정답게 인사를 건네왔다. 처음에는 너무 생소한 모습이라 어색하기도 했다. 바네즈 유태 병원과는 너무나 달랐기 때문이었다. 그때는 모두들 정신없이 뛰어다니느라 바빠, 서로 웃어주거나 인사를 주고받지도 않았다.

"여기 직원들은 다들 너무나 친절한 것 같아요."

안내 직원과 함께 병원 이곳저곳을 둘러보면서 샤리는 이렇게 말했다.

"우리가 바라는 게 바로 그거예요. 가다가 길을 잃어버린 사람이 있으면, 가서 도와주면 되잖아요. 웃으면서 인사하고…. 그렇게 친구가 되는 겁니다." 안내해주는 직원이 말했다.

'와아, 그런 거라면 나도 잘 할 수 있어!' 샤리는 속으로 이렇게 생각했다.

점심을 먹으면서 샤리와 인사를 나눈 간호사 한 사람이 그녀에게 물었다.

"그럼 앞으로 어느 부서에서 근무하시는 거예요?"

"5층 신장신경과요." 샤리가 대답했다.

"저런, 5층이요?" 그 간호사가 놀라며 다시 물었다.

그녀의 반응에 샤리는 갑자기 걱정스러워지기 시작했다. 샤리는 속으로 '첫 출근한 사람에게 말을 그렇게 하다니….' 라고 생각하며 "왜요? 거기가 그렇게 많이 힘든 곳인가요?"라고 되물었지만, 돌아오는 대답은 시원찮았다.

점심식사를 끝내고 샤리는 앞으로 자신이 일해야 할 곳, 5층 신장신경병동으로 올라가 보았다. 5층을 담당하고 있는 수석간호사인 힐다 반나타(Hilda VanNatta)가 그녀를 따뜻하게 맞아 주었다.

그녀는 두 손으로 샤리의 손을 꼭 잡으며 이렇게 이야기했다. "정말 반가워요. 잘 오셨습니다." 샤리는 웃으며 고개를 끄덕였다. 하지만 속으로 '이 수석간호사는 왜 이렇게 피곤해 보이지?' 하고 생각했다.

⌒ 쓸쓸한 현실

미주리 침례교 의료센터의 간호사들은 모두 인정 많고 친절하기로 유명했다. "우리 층 간호사들은 모두 따뜻하고 친절한 사람들이에요." 힐다가 말했다. "한번은 이런 일도 있었어요. 그때가 추수 감사절이었나? 아무튼 가족이 없는 어떤 여자 환자가 입원 중이었는데, 우리 간호사들은 그녀가 휴일을 혼자 쓸쓸하게 보내지나 않을까 걱정했습니다. 그래서 우리 간호사 두 명은 비번이었는데도 병원에 나와서 그 환자와 함께 휴일을 보냈어요. 마치 친구나 가족이 문병을 온 것처럼, 손수 집에서 만든 칠면조 구이와 호박파이를 싸들고 왔습니다. 환자와 함께 추수 감사절 음식을 먹고 즐거운 얘기 하면서 휴일을 보냈던 거지요."

물론 이런 인정 많은 간호사들도 일에서 스트레스와 압박감을 느끼기는 마찬가지다. 특히 신장신경과 같이 까다로운 중환자가 많은 층에서 일하다 보면 더더욱 그랬다. 힐다는 이렇게 이야기한다. "우리가 돌보고 있는 환자들은 대부분 뇌졸중이나 동맥 경화, 뇌종양, 중풍 같은 치료하기 힘든 병을 앓고 있습니다. 수술환자들도 많구요. 그 중에서도 특히 신장병 치료 중인 환자들은 치료과정도 굉장히 복잡하고 까다로운데다가, 환자 자신도 무척 지쳐 있어요. 신부전증을 앓고 있는 환자들은 조금만 주의를 기울이지 않아도 계속해서 다른 합병증이 생기기 때문에 매우 고생하죠. 그래서 여러 가지로 신경 써야 할 문제들이 많아요. 게다가 그분들은 6주마다 투석

치료를 받기 위해 병원에 오십니다. 우리는 그 사람들은 '관리대상 1순위 고객'이라고 불러요."

"몇 년 전만 해도 이런 환자들은 대부분 집중 치료실에 들어가서 특별 치료를 받아야 했습니다." 신장신경과 간호부장인 캐시 플로라(Cathy Flora)의 설명이다. "우리 병원의 기술 수준은 다른 병원에 비해 꽤 높은 편이라서, 그렇게 집중 치료가 필요한 환자들도 많이 찾아오십니다."

신장신경병동에 입원한 환자들은 거의 대부분 상태가 매우 심각한 중증 환자들이었다. 병세가 위중한데다가 체력이 너무 약해진 탓에 혼자 앉거나 일어설 수도 없는 환자가 태반이었다. 그래서 식사 때마다 옆에 앉아 음식을 떠먹여 줘야 하는 것은 물론이고, 목욕을 시켜 드리려고 해도 간호사 혼자서는 어림도 없었다. 환자를 일으키고 욕실로 옮기는 일에만 적어도 두세 명이 달려들어야 했다. 샤리는 이런 고충도 털어놓았다.

"중환자실에 있는 환자를 돌보는 일도 쉬운 일이 아니에요. 중환자실 같은 격리실은 아무나 쉽게 들어갈 수 있는 곳도 아니고, 들어갈 때마다 꼭 가운과 마스크를 착용해야 하니 여간 번거로운 게 아니에요. 깜빡 잊고 핀셋이라도 하나 안 가져오면 다른 간호사를 불러서 가져다 달라고 부탁하거나, 제가 직접 가지러 갈 수밖에 없어요. 가운과 마스크를 다시 다 벗고 나간 다음, 필요한 것을 가지고 돌아와서 또다시 가운과 마스크를 꼼꼼하게 챙겨 입어야 하죠. 별일 아닌 것 같아 보여도 매일 그런 일을 수차례 반복하는 저희에겐 무시할 수 없는 고충이랍니다. 간호사들끼리 서로 의지해야 하는 부분도 많구요."

1999년 가을, 어느덧 샤리가 병원에 다시 출근하게 된 지도 몇 개월이 지나갔고, 계절도 여름에서 가을로 바뀌고 있었다. 새로운 업무에도 이제는 제법 익숙해졌지만, 일은 점점 많아졌고 그만큼 시간은 점점 더 빨리 지나가고 있었다. 샤리는 그때를 이렇게 회상했다. "제 일을 다 마치고 나면 다른 사람의 일을 도와줘야겠다고 마음먹었어요. 누군가 발을 동동 구르면서 도와줄 사람을 찾고 있는 게 보이면 달려가서 도와주기도 했구요. 그런데 그렇게 도와줘도 막상 고맙다는 말 한마디 들어본 적이 없었어요. 마치 '당신은 당연히 해야 할 일을 하는 건데, 내가 왜 고맙다고 말해야 하나요?' 하는 표정들이었죠. 늘 그런 식이었어요."

신출내기 간호사인 샤론 샌더즈(Sharon Sanders) 역시 정말 그랬었다고 맞장구를 쳤다. 샤론은 처음 이 병원에 왔을 때 동료들에게 많이 실망했었다며 이렇게 이야기했다. "다들 겉으로만 친절한 척하는 것 같았어요. 그들이 정말 희생과 봉사로 환자들을 돌보는 간호사가 맞나 의심이 들 정도였다니까요. 동료들끼리도 서로 도와준다거나, 무언가 협력해서 함께 하는 일은 거의 없었어요. 게다가 항상 그런 건 아니었지만, 선배 간호사들은 매사를 부정적으로만 보더라구요. 찬바람이 쌩쌩 부는 선배들 때문에 5층에 오고 싶지 않은 때도 많았어요. 그래서 저는 '이게 바로 현실이구나!' 하는 쓸쓸한 생각을 지울 수가 없었습니다."

우리 같은 팀 맞아?

물론 미주리 침례교 의료센터의 직원들은 다른 병원에 비해 확실히 친절한 모습들을 많이 보이고 있었다. 하지만 그 한계가 너무 명백했고, 친절마저 기계적인 습관처럼 보일 때가 많았다.

간호사들은 정작 함께 일하는 같은 팀 사람들끼리 서로 돕는 데 인색했다. 힐더와 캐시뿐만 아니라 다른 간호사들도 대부분 이 문제가 얼마나 심각한지 절실히 느끼고 있었다. 하지만 막상 별다른 묘안이 떠오르지가 않았다. 팀원들끼리 협동심을 기를 수 있도록 도와주는 일이 무엇보다도 시급했다. 5층 간호사들을 책임져야 했던 수석간호사 힐더는 샤리와 함께 이 문제에 대해 의논을 했다. 샤리는 임상간호사 교관이었으므로 이 문제에 대해 책임감을 가지고 함께 고민했다. 그리고 일단 샤리는 팀워크 훈련 계획을 세우기 전에, 직원들에게 다음의 여섯 가지 질문에 대해 어떻게 생각하는지를 조사해 보았다.

1. '협동' 이라는 말을 어떻게 생각하는가?
2. 바람직한 팀원의 자세는 무엇인가?
3. 다른 팀원들과의 의사 소통에 문제가 있는가?
4. 팀원들의 일을 자진해서 돕고 있는가?
5. 팀원들끼리 협동이 잘 되고 있는가? 그것에 얼마나 만족하고 있는가?
6. 팀원들끼리의 내부적인 토의가 잘 이루어지고 있는가?

샤리는 이 여섯 가지 질문에 대한 직원들의 대답을 통해 간호사들이 느끼고 있는 팀의 현재 상태는 어떤지, 상황파악을 하고자 했던 것이다.

결과는 샤리가 예상했던 것보다 훨씬 더 참담했다. 팀 내부의 협동이 긴밀하게 이루어지고 있다고 대답한 사람은 겨우 30%뿐이었다. 그리고 팀원들 간에 의사 소통이 활발하다고 생각하는 사람도 30%를 조금 넘는 수준이었다. 다른 항목도 마찬가지였다. 팀원들끼리 서로 잘 도와주고 있다고 생각하거나, 팀원으로서 스스로가 모범적인 역할을 하고 있는가, 그리고 팀의 협동심에 대해 만족스러웠는가에 대해 긍정적으로 대답한 사람은 겨우 네 명 중 한 명 꼴이었다. 그리고 마지막 질문, 팀원 간의 토론에 관한 상황은 특히 심각했는데, 팀 내부에서 무언가 자유롭게 발언할 기회가 있었다고 믿는 사람은 겨우 15%뿐이었다.

이런 결과는, 결론적으로 자신들의 팀에 만족하고 있는 사람은 직원 열 명 중 두세 명밖에 안 된다는 이야기였다. 이 결과에 충격을 받은 수석간호사 힐더는 팀워크 문제를 해결할 수만 있다면 무슨 짓이든 하겠다고 다짐했다. 샤리 역시 생각했던 것보다 상황이 훨씬 더 심각하다는 것을 알고 어떻게 해야 할까 고심하기 시작했다.

그러던 중 샤리는 바네즈 유태 병원에서 근무할 때 얼핏 들은 기억이 있던 'FISH! 철학'을 떠올렸다. 사실 그녀는 'FISH! 철학'이 무엇인지 잘 모르는 상태였지만, 5층 간호사들을 위기에서 구출해야 한다는 생각에 찬밥 더운밥 가릴 처지가 아니었다. 말 그대로 위기상황이었기 때문에 무엇이든 특단의 조치를 취해야만 했다. 그래서 샤리는 반신반의하면서도 'FISH! 철학'을 팀에 도입해 보자고 힐더에게 제안했다.

"우리는 팀원들 간에 서로 돕는 분위기를 만들고, 힘을 모아서 팀을 함께 꾸려갈 수 있도록 협동심을 배워야 했어요. 사실 제가 'FISH! 철학'에 대해서 확실하게 알고 있던 것은 딱 한 가지, 그것이 팀워크에 관한 것이라는 사실뿐이었어요." 샤리의 말이다.

펄떡이는 초대

샤리는 우선 그림을 한 장 그렸다. 커다란 물고기를 가운데 그리고, 그 옆엔 어릿광대와 별, 커다란 조개와 게도 그려 넣었다. 그리고 위쪽에는 "여기서 우리는 펄떡이는 물고기 같은 짓을 한다네…."라고 썼다. 그녀는 그 그림을 여러 장 그려서 5층 전체에 여기저기 붙이고, 며칠 동안 사람들의 반응을 지켜보았다. 예상대로 직원들은 모두 그 그림을 궁금해하며, "이게 도대체 무슨 뜻이냐"고 샤리에게 물어보기 시작했다.

처음에는 단순히 사람들의 시선을 잡아끌어 호기심을 자극했을 뿐이었지만, 그 그림을 관심 있게 지켜보는 사람들이 점점 더 늘어나기 시작했다. 샤리의 의도가 적중했다. 궁금증 유발 작전! 사람들에게 궁금증을 불러일으켜 'FISH! 철학'을 자연스럽게 스며들도록 한 것이다. 그리고 나서 간호사, 간호보조원, 의사, 병원관리인 등 5층에 근무하는 직원들을 모두 그녀의 사무실에 초대해서 'FISH! 철학'을 이야기했다. 'FISH! 철학'뿐만 아니라, 그녀가 직접 만든 치즈 케이크도 함께 나누어 먹었는데, 그게 키포인트였다고 그녀는 눈을 찡긋하며 귀띔해 주었다.

샤리는 사람들에게 파이크 플레이스 어시장 상인들에 관한 비디오테이프를 보여주었다. 그녀는 비디오를 보면서 어시장 상인들의 일상적인 업무를 설명했다. 화면 속의 상인들은 고객 한 사람 한 사람에게 최선을 다하고 있었고, 고객의 요구에 적극적으로 호응하면서 그들을 즐겁게 해주기 위해 끊임없이 재미난 이벤트를 준비했다. 그리고 설사 상황이 나빠지더라도 변함없이 자신들의 태도에 책임 있게 행동하면서, 어떻게 하면 오늘 하루를 즐겁고 신나게 보낼 수 있을까 생각했다.

마침 화면에는 어시장의 한 젊은 종업원이 클로즈업되면서 리포터가 그를 인터뷰하고 있었다. 리포터가 마이크를 들이대며 "항상 그렇게 밝고 긍정적인 자세로 살아가는데 무슨 비결이 있나요?" 하고 묻자 그는 밝게 웃으며 이렇게 대답했다. "모든 것은 자신의 선택에 달렸죠."

"방금 저 사람이 한 말 들었어요?" 샤리는 상기된 표정으로 직원들에게 물었다. "저 청년은 이제 겨우 스물 네 살이에요. 우리보다 한참 어린 청년이 저런 생각을 하고 있습니다. 자기 스스로의 선택에 의해 자신의 삶을 특별하게 만드는 것은 물론이고, 생선을 사가는 손님들의 삶에 무언가 특별한 선물을 주려 하고 있다구요. 파이크 플레이스 어시장 상인들의 일상은 우리들의 일상과 크게 다르지 않아요. 우리도 환자들에게 그렇게 못할 이유가 없잖아요. 병으로 고통 받는 사람들의 괴로운 일상을 뭔가 좀 특별하고 다르게 만들어주는 것, 얼마나 멋진 일이에요!"

샤리는 아침저녁 출퇴근할 때 자기도 많이 달라졌다고 이야기했다. 예전엔 차가 막히면 늘 짜증만 내던 자신이 이젠 뒤따라오는 차를 먼저 보내주기도 한다는 것이다. "예전에는 끝없이 이어지는 차량행렬이나 차선도 모두 지워진 도로를 보면 도저히 진입할 엄두가 안 났는데, 이젠 여유를 가지고 느긋하게 다른 사람들을 배려하려고 노력해요. 차 안에서 기다리는 것이 얼마나 지겨운 일인지 누구보다도 잘 아니까요. 예전 같았으면 그럴 생각도 못했을 겁니다. 하지만 요샌 중간에 주유소나 갓길이 있으면 잠시 빠져 나와 뒤따라오는 차들을 먼저 보냅니다. 그러면 따라오던 차의 운전자들은 고맙다며 손을 흔들어 주기도 하고, 뒷좌석 꼬맹이들은 제게 키스를 날려주기도 합니다. 그런 모습을 보면 저절로 미소가 지어져요.

서두르지 말고 다른 사람들에게도 관심을 가져 보세요. 누군가에게 따뜻하게 마음 써주고 작은 것 하나라도 배려해 보세요. 생색을 내라는 게 아니라, 남을 위해 무언가를 베풀었을 때 상대방이 고마워하면 기분이 무척 좋아지거든요. 하지만 그게 다가 아니에요. 그런 기쁨은 또 다른 누군가를 도와줄 에너지가 된답니다. 그러면 그 에너지를 가지고 또 다른 누군가를 도와주고 싶어질 거예요."

물론 거기에 있던 모든 사람들이 다 그녀의 이야기에 동의한 것은 아니었다. 간호사 하나는 뾰로통한 표정으로 되물었다. "우리보고 대체 뭘 더하라는 거죠? 결론은 직원들에게 더 열심히 일하라고 요구하는 것이군요? FISH인지 뭔지는 실은 직원들의 노력을 짜내기 위한 무슨 프로그램 아닌가요?"

"무언가를 강요하는 게 아닙니다." 샤리는 그녀의 말에 이렇게 대꾸했다. "우리가 하는 일, 그 숭고한 일을 생각해 보세요. 우리가 아픈 사람들을 위해서 봉사하는 일을 이왕이면 즐겁게 하자는 겁니다. 병원 측은 여러분에게 뭔가 대단한 것을 하라는 게 아니에요. 우리 모두가 이곳에서 계속 일하기를 바랍니다. 함께 잘해보자는 거예요. 당신이 원하는 것도 이런 게 아니었나요?"

그 간호사는 아무 말이 없었다. 그리고 잠시 후 입을 열었다. "저도 그러고 싶어요…."

🐟 물고기 선물, 친절은 엔돌핀 같은 것

'FISH! 철학' 강의가 끝날 때마다 샤리는 참석자들에게 플라스틱으로 만든 자그마한 물고기를 나눠주었다. 어느 신상품 카탈로그에서 물고기모형을 찾아낸 샤리는 그것을 사서 병원 배지에 길이가 맞도록 꼬리 부분을 약간 잘라냈다.

"앞으로 누군가가 여러분에게 친절을 베풀면 지금 나눠드린 이 물고기를 그 사람에게 주세요." 그녀가 직원들에게 얘기했다. "물고기가 필요하면 여기 얼마든지 있으니까, 마음껏 가져가시구요."

얼마 지나지 않아, 직원들 사이에서 물고기가 하나 둘씩 오가기 시작했다. 물고기를 많이 받은 사람도 있었고, 반면에 몇 개 없는 사람도 있었다. 친절한 일을 많이 해서 물고기 선물을 많이 받은 동료에게 물고기가 없는 직원은 이렇게 말하기도 했다. "이건 내가 할게. 나도 물고기 좀 받아보자."

이렇게 물고기 주고받기가 점점 활기를 띠자, 직원들은 자신들도 모르게 스스로 서로 돕는 일에 익숙해지기 시작했다. 모두 바빠서 도와줄 사람이 하나도 없을 때는 병원 관리인들까지 나서서 간호사를 도와주었다. 환자들에게 밥을 떠먹여 주거나 환자를 옮기는 일을 도와주었다. 휴식 시간에도 직원들끼리 서로 돕는 모습이 속속 눈에 띄기 시작했다.

간호부장인 캐시는 이렇게 말한다. "서서히 '우리'라는 의식에 눈뜨기 시작했어요. '우리는 같은 팀이구나.' 하는 생각 말이에요. 각자 자기가 맡은 일만 하는 게 아니라, 한 팀이라는 생각으로 서로 돕게 되었어요."

어느 날 샤리가 병원 구내식당에 갔는데, 식당의 계산대 직원이 옷깃에 물고기를 하나 달고 있는 게 보였다. 샤리는 깜짝 놀라서 그녀에게 물었다. "글쎄요. 저도 이게 뭔지 잘 모르겠는데요. 어떤 간호사가 와서 주셨어요." 식당 직원이 말했다. "그 분 말이, 제가 훌륭한 일을 하고 있다면서 이걸 달아 주시더군요."

"아하. 그러면 그 물고기를 또 다른 누군가에게 주세요. 당신에게 기분 좋은 말을 해주거나, 친절한 행동을 보여준 사람에게요." 샤리가 뿌듯한 표정으로 말했다. 그 직원은 샤리의 표정을 보고 무언가 알았다는 듯 고개를 끄덕이며 "그럴게요." 하고 대답했다.

샤리의 말에 따르면, 그 작은 물고기 모양의 플라스틱 조각이 직원들 사이의 어색함이나 서먹함을 푸는 일등공신 역할을 했다고 한다. 처음엔 직원들 대부분이 서로 도와준다거나 친절을 베푸는 것에 익숙지 않아서, 친절한 말을 하거나 남을 도우면서도 쑥스러워하고 어색해했다고 한다. 샤리는 이렇게 이야기한다. "나이가 들수록 누군가에게 '정말 잘했다.' 라거나 '이런 일을 해주다니 너무나 고마워.' 같은 말을 잘 못하게 되잖아요. 자기가 받은 친절이나 배려에 대해 마음속으로는 무척 고마워하면서도 그걸 표시하는 건 다들 쑥스러워해요. 고맙다는 말 한마디 하기가 그렇게 어려운 문화에 젖어 살았던 거죠. 우리 병원 직원들도 마찬가지였어요. 하지만 물고기 덕분에 이제는 달라졌습니다."

물고기 주고받기의 효과는 직원들의 말과 행동에서 곧바로 나타났다. "간호사들이 무척 성실하고 밝아졌어요. 무언가 특별한 일을 하면 이에 대해 특별한 칭찬을 듣고 싶어하는 것은 당연하잖아요? 또 그렇게 해야 하고요." 캐시의 설명이다.

설사 처음엔 물고기를 얻기 위해 남을 돕기 시작했다고 해도, 어쨌든 친절한 행동은 점점 더 많은 직원들에게로 퍼져나갔다. 작은 것이라도 다른 사람에게 무언가 베푸는 행동이 반복되면서 친절함이라든가 배려, 협동 같은 것이 사람들의 몸에 자연스럽게 배어갔다. 직원들에게 물고기의 효과는 기대 이상이었다. 샤리도 놀랐다며 이렇게 덧붙였다. "누군가에게 '그의 날'을 만들어 준다는 것은, 그냥 재밌게 해주기만 한다고 되는 것이 아닙니다. 진심에서 우러난 행동이어야 합니다. 좀더 자세히 그 사람을 관찰하고, 강요가 아닌 스스로의 선택으로 그에게 무엇인가를 해줘야 해요. 친절은 엔돌핀 같은 겁니다. 내가 누군가에게 도움이 된다는 것, 그것만으로도 기분이 너무 좋아지기 때문에, 하면 할수록 더 하고 싶어지지요."

물고기를 통해서 사람들은 서로 돕고 친절을 베푸는 것이 얼마나 즐거운 일인지 서서히 깨닫고 있었다. 게다가 직원들은 서로 간에 몰랐던 새로운 사실들도 알게 되었고, 쌓였던 오해도 풀 수 있었다. "저희 직원 중 하나가 예전부터 은근히 저를 곱지 않은 시선으로 보곤 했어요." 샤리의 말이다. "하지만, 알고 보니 제가 그녀를 잘못 봤던 거였어요. 그녀는 굉장히 친절하고 따뜻한 사람이라서, 도움이 필요한 곳이라면 어디든지 달려가거든요. 세상에, 그녀가 받은 물고기를 모아서 줄에 꿰었더니, 그 길이가 50cm도 넘더라구요."

🐟 물고기 에너지가 환자들에게도

물고기 주고받기가 직원들 사이에 재미있는 놀이로 자리잡자, 간호사들은 자기가 돌보는 환자들에게도 플라스틱 물고기를 나눠 주었다. "만약 환자가 짜증을 내거나 심통을 부리면 저는 물고기를 하나 주고 이렇게 말했어요. '여기 짜증을 날려줄 친구가 갑니다아~.' 환자들의 호응도 대단했죠. 거의 집착에 가까운 사람도 있었다니까요. 한번은 이런 일도 있었어요. 어떤 환자가 자기가 받은 물고기 일고여덟 개를 줄에 꿰어서 엮어 놓았는데, 누가 실수로 그걸 세탁물 바구니에 집어던진 모양이에요. 그 환자는 흥분해서 길길이 날

뛰었죠. 저희가 얼른 새 물고기를 갖다 주어서 진정이 됐지만 말입니다."

간호사 캐럴 존슨(Carol Johnson)도 이렇게 말한다. "굉장히 아픈 치료를 잘 견뎌낸 환자에게 물고기를 주었어요. 겨우 플라스틱 물고기모형 하나였을 뿐인데, 그 환자는 마치 백만 달러짜리 수표라도 받은 것처럼 좋아하더라구요."

말기 상태이거나 회복될 가망이 없는 환자들에게도 물고기는 희망을 주었다. "투석치료를 받는 환자가 있었는데, 오랜 투병생활에 몸도 마음도 몹시 지쳐 있었어요. 한마디로 투병의지가 완전히 꺾여 있었죠." 캐시의 말이다. "많은 환자들이 그렇긴 하지만, 그 환자는 나이도 젊은데다, 남편과 아이들도 있었어요. 그녀는 어린 자식들 생각만 하면 눈물이 난다고 했습니다. 정말 살아야 할 이유가 많았는데도 그녀는 그때 오랜 투병생활에 너무나 지쳐서 삶을 거의 포기한 상태였어요. 병마와 싸워서 이기겠다는 의지도 없었고, 완전히 절망에 빠져서 하루 종일 침대에 누워있기만 했어요. 약도 안 먹고 주사도 거부했습니다. 스스로 아예 치료를 포기한 셈이었죠. 그럴수록 힐더와 저는 그녀에게 살아야 한다고 힘주어 이야기했습니다. 포기하면 안 된다고, 좀더 적극적으로 치료를 받아야 한다고 말이에요.

그러던 어느 날, 저는 그저 누워서 천장만 바라보던 그녀에게 치료를 받을 때마다 물고기를 한 마리씩 주기 시작했어요. 처음에는 플라스틱 물고기를 주다가, 나중엔 커다란 박제 생선을 주었습니다. 그런데, 정말 우리의 그런 마음이 전해졌는지, 치료를 받을 때마다 물고기를 받던 그녀는 언제부턴가 우리가 전해주려고 했던 삶에 대한 의지도 함께 받은 것 같았어요. 그리곤 무슨 일이 일어났는지 아세요? 놀랍게도 그녀는 곧 침대에서 일어나 스스로 걸어다닐 수 있을 만큼 기운을 회복했답니다. 표정도 많이 밝아져서 우리를 볼 때마다 물고기를 달라고 했어요. 그건 정말 기적이라고밖에 할 수 없는 일이었죠. 무엇 때문에 그녀가 그렇게 변했는지 한마디로 말할 순 없겠지만, 우리가 준 물고기도 분명 그녀의 회복에 크게 한몫한 것 아닐까요?"

이렇게 물고기에 관한 사연들이 늘어나면서, 간호사들이 환자와 함께 보내는 시간은 점점 길어지고 있었다. 캐시는 계속 이야기했다. "예전엔 병실에 들어간 간호사들이 환자 곁에 뻬딱하게 팔짱을 끼고 서서 침대에 있는 환자를 아래로 내려다봤습니다. 하지만 이젠 그런 모습을 찾아볼 수가 없어요. 간호사들은 환자 옆에 앉아서 나란히 눈높이를 맞추고 함께 얘길 해요. 사소한 일처럼 보일지 몰라도, 이건 특히 연세가 지긋하신 환자분들에겐 굉장히 의미 있는 일입니다."

이젠 환자들이 오히려 물고기를 달라고 조르기 시작했다. 특별히 배려해 주었거나 친절하게 도와준 직원들에게 자기들도 물고기를 선물하고 싶다는 것이었다. 어떤 환자와 보호자들은 간호사에게 감사 편지를 써서 보내기도 했다.

우울함과 슬픔으로 가득 차 있던 5층에 언제부턴가 새싹이 돋아

나듯 활기가 생겨나기 시작했다. 5층 직원들은 죽음을 앞둔 환자들에게도 함박웃음을 지으며 함께 즐거운 '놀이'를 했다. 간호사 샤론은 이렇게 이야기했다. "저는 재미있는 장난을 좋아해요. 그래서 일하면서도 가끔씩 장난을 했죠. 하지만 전에는 분위기도 경직되어 있고, 장난을 쳐도 받아주는 사람이 없어서 얼마나 무안했는지 몰라요. 하지만 이젠 아니에요. 이곳의 분위기도 많이 달라져서 예전처럼 그렇게 딱딱하지 않거든요. 재미있는 일로 다른 사람들을, 특히 환자들을 기쁘게 해줄 수 있다면, 그렇게 하도록 노력해야 한다고 생각해요. 삶이 반쯤 남았거나 혹은 거의 끝나가고 있는 환자분들의 처지를 정말 마음으로 이해한다면 말이죠."

사실 샤론은 누가 봐도 그렇게 즐겁고 쾌활하게 지낼 만한 상황은 아니었다. 몇 년 전 그녀의 남편 스콧은 백혈병 진단을 받았고, 그들에게는 아직 어린아이가 셋이나 있었다. 집에서 살림만 하면서 아이들을 돌보던 샤론은 남편의 병 치료와 생계를 꾸려가기 위해서 간호사가 되었다. "힘든 일도 많았죠. 물론 지금도 그렇구요. 하지만 하루하루를 정말 충만하고 행복한 날로 만들어가며 살고 있습니다." 그녀의 말이다.

스티커 경쟁 불붙다

2000년 1월, 샤리는 2주간의 휴가를 마치고 다시 병원에 출근했다. 그런데 세상에, 5층 엘리베이터 문이 열리자 눈에 띄는 것이라고는 온통 물고기뿐이었다! 천장 가득 물고기 모형이 매달려 있었고, 환자들의 병실 침대에는 물고기 자석이, 복도 벽에는 '물고기 팀'이라고 쓴 포스터가 붙어 있었다. "저는 깜짝 놀라서 이게 무슨 일인가 하고 두리번거렸습니다."

샤리가 힐더와 캐시의 사무실 문을 열었을 때 이 두 사람은 '병원 인가위원회(the Joint Commission on Accreditation of Health Care Organization)' 대표들의 방문을 준비하느라 준비사항들을 논의하고 있던 중이었다.

힐더는 그때 이야기를 이렇게 설명한다. "준비사항 점검표에는 준비항목이 200개도 넘게 있었어요. 이 많은 걸 언제 다 준비할지 정말 막막하더라구요. 그런데 갑자기 그날 아침에 제가 읽은 성경 구절이 떠올랐습니다. 마침 그날은 모세에 관한 구절을 읽었거든요. 그 부분이 무슨 내용이었냐면, 모세가 이스라엘 백성들을 '약속의 땅'으로 데려가려고 했는데, 이에 대한 준비를 제대로 안 했던 거예요. 그때 모세의 장인인 이드로(Jethro)가 말했어요. 팀을 만들어서 모든 사람들을 준비하는 데 참여시켜야 한다고. 저는 바로 거기서 힌트를 얻었습니다."

그때부터 힐더와 캐시는 위원회 대표의 방문 준비를 위한 팀을 조직했다. 각 팀은 의사 한 사람에 직원 아홉 사람까지 포함하여 모두 열 명으로 구성되었다. 각 팀은 리더를 한 명씩 정했고, '창꼬치', '퍼플 탱', '전자리 상어', '피라냐', '나이트 그루퍼' 같은 물고기 이름으로 팀의 이름을 지었다. 그리고 그 물고기 팀들을 주축으로 위원회 대표의 방문 준비는 착착 진행되어갔다.

이렇게 팀 활동이 점점 활성화되면서, 선의의 경쟁에 불이 붙었다. 팀 구성원 중 누군가가 병원이 인정해주는 독학과정을 끝냈다거나 하는 무언가 특별한 성과를 올리면, 수석간호사 힐더는 그 팀에게 스티커를 주었다. 그리고 3개월마다 팀별로 스티커를 모아서 가장 많이 받은 팀에게 상을 주고 축하 파티를 열어주었다.

또한, 힐더와 캐시는 놀이를 통해 실력도 쌓을 수 있는 일거양득 효과의 이벤트를 열기도 했다. 그 중 하나는 간호사 퀴즈대회였다. 힐더와 캐시는 잊어버리기 쉬운 기본 간호법에 관한 문제라든가, 계속해서 공부해 두어야 하는 새로운 약품에 관한 문제가 적힌 물고기 모양 질문지를 준비했고, 그 물고기로 퀴즈대회를 열었다. 그리고 정답을 먼저 맞춘 팀에게는 스티커를 주었다.

퀴즈대회가 회를 거듭할수록, 팀 간의 경쟁은 치열해졌다. 각 팀의 열띤 스티커 경쟁 덕분에 간호사들은 눈에 불을 켜고 공부하기 시작했다. 자주 사용하지 않아서 잘 몰랐던 약물에 관한 것이라든지, 공부한지 오래 되어서 잊어버린 치료법들에 관해 동료들끼리 서로서로 가르쳐주고 배웠다. 스티커를 많이 모으면 모을수록 간호사들의 실력도 부쩍 늘어갔고, 당연히 예전보다 효과적이고 능률적인 간호업무가 가능해졌다.

"우리에겐 그 스티커가 정말 유용했어요." 샤리의 말이다. "다들 꼭 어린아이 같았다니까요. 차트를 들고 서서 서로 이렇게 얘기할 정도였어요. '이봐, 우리 팀은 스티커를 일곱 개나 받았는데, 너희 팀은 겨우 네 개밖에 안 되잖아.'"

각각의 물고기 팀들은 자신들의 업무효율을 높일 수 있는 방법이라든지, 좀더 능률적으로 일할 수 있는 여러 가지 방법들을 생각해내기 시작했다. 누가 시키지 않아도, 업무에 꼭 필요한 것과 없어져야 할 것을 스스로 생각해 보았다.

샤리는 말한다. "한번은 재미있는 일이 있었습니다. 저희 층에 꼭 혈당수치를 엉뚱한 곳에 기록하는 의사 선생님이 한 분 계셨는데요. 그 선생님은 무심코 혈당수치를 아무 데나 기록하기 일쑤였고, 간호사들은 그걸 일일이 찾아내느라 적잖은 스트레스 받고 있었습니다. 차트가 한두 개도 아니고 숫자들이 제자리에 기록되어 있지 않으면 그걸 일일이 다 찾아내서 제자리에 다시 기록해야 했으니 얼마나 힘들었겠어요. 그래서 간호사들은 항상 그 점에 대해 불평했습니다.

그러던 어느 날 우리 팀원 한 사람이 참다못해 그 선생님에게 사진을 한 장 달라고 했어요. 그리고 그 사진을 써도 되냐고 물어봤더니, 그 선생님은 아무 것도 모르고 좋을 대로 하라고 하셨어요. 그런데 다음날 그 간호사는 그 선생님의 얼굴 사진을 '킹 넵튠(King Neptune)' 만화 위에 붙여 놓았습니다. 그 사진 아래에는 뭐라고 씌어 있었는지 아세요? '혈당을 제대로 기록하세요!' 5층 복도 여기저기에 붙여놓은 그 종이를 보고 모두들 얼마나 웃었는지 몰라요. 물론 그 후로 그 선생님은 정확하게 제자리에 혈당을 기록하셨습니다." 이처럼 놀이는 즐거움을 선사하고, 생산성을 높여주었다.

🐟 클라리넷과 지휘자

간호보조원 레오 카터(Leo Carter)는 'FISH! 철학' 이야기를 듣고, 얼굴에 밝은 미소가 떠올랐다. '그래, 우리에게 필요한 게 바로 이런 거야!'

레오의 아버지가 돌아가셨을 때 레오는 스물 두 살이었다. 레오는 그때가 정말 힘든 시기였다며 이렇게 얘기했다. "그때는 모든 것이 너무나 혼란스러웠어요. 제 삶이 온통 뒤죽박죽인 것만 같았죠. 세상에 대해서 지금 알고 있는 것의 반만 알았더라도, 그때 그렇게 방황하지는 않았을 겁니다. 저를 도와주거나, 옆에서 고통을 달래주려는 사람이 아무도 없어서 더욱 그랬을지도 몰라요.

이곳, 미주리 침례교 의료센터에 취직하고 나서, 전 난생 처음으로 누군가를 돕는 일을 해보게 되었어요. 부끄럽지만 그전엔 누군가에게 봉사한다거나 희생하는 일을 해 본적이 없었거든요. 그런데 이 일을 하면서부터는 고통 받는 사람들을 그냥 못 본 척 지나칠 수가 없었습니다. 제가 담당한 환자들은 주로 암 환자였는데, 사실 그분들 중에는 앞으로 얼마나 더 버틸 수 있을지 상태가 매우 절망적인 분들도 많았습니다. 그런데, 그렇게 앞으로 살아갈 날들이 얼마 남지 않은 분들을 위해서 제가 그 귀중한 시간을 기쁨으로 채워드릴 수 있다면, 그보다 더 보람 있는 일이 어디 있겠어요. 생각해 보세요. 남은 시간을 기쁨과 행복만으로 채워도 모자란 분들입니다. 기쁘고 즐겁게 지낼 수 있는 시간을 고통스럽게 보낼 이유가 없잖아요? 제가 무언가를 도와드릴 수 있다는 게 정말 감사했습니다."

레오는 환자들에게 노래를 자주 불러주었다. "환자들이 우울해할 때면 제 나름대로 엘비스 프레슬리 흉내를 내거나 인기가수 모창을 합니다. 그러면 가라앉은 기분이 좀 나아지시는 것 같더라구요. 재밌어 하시구요. 얼마 전엔 이런 일도 있었습니다. 나이가 지긋하신 할머니 환자 한 분이 계셨는데, 식사를 전혀 안 하시는 거예요. 어느 날 그 환자분 따님이 제게 오셨어요. 그리곤 제게 자기 엄마를 좀 도와달면서, 저를 할머니 병실로 데리고 갔습니다. 저는 그 할머니 곁에 앉아서, 이런저런 얘기들로 친근하게 다가간 뒤에, 다섯 숟가락만 드시면 노래를 불러드리겠다고 너스레를 떨었습니다. 그랬더니 그 할머니는 식사를 절반이나 하셨습니다. 너무 기뻤어요.

저는 환자와 마음을 나누는 것이 정말 즐거워요. 정신적인 교감이랄까요? 환자 가족들과도 자연스럽게 친해지게 되구요. 그러면 환자 가족들 역시 저를 편하게 대해주시고 믿어주십니다. '당신이 이곳에 있으니까 오늘은 편히 자도 되겠네요.' 라고 말씀해 주시는 것만큼 저를 기분 좋게 해주는 말은 없어요."

건강한 사람들과는 달리, 신장신경병동의 환자들에게 숙면이라는 것은 정말 쉽지 않은 일이다. 레오는 이렇게 말한다. "우리는 그들을 '부랑자(sundowner)' 라고 부릅니다. 낮에는 말씀도 고분고분 잘 들으시고 다루기 쉬운 환자들이, 해만 지면 완전히 돌변하는 거예요. 그들은 정신을 못 차릴 정도로 혼란스러워하거나 흥분하기도 합니다. 심할 경우 자기가 어디에 있는지도 모르고, 가족도 알아보지 못해요.

때때로 부랑자들은 병실이 너무 갑갑하다며 침대를 빠져나가려 하기도 해요. 그렇게 괴로워하는 모습을 보면, 이따금씩 환자를 휠체어에 태우고 휴게실에 데려가기도 합니다. 환자들은 우리가 그들에게 말동무해주려고 데려왔다고 생각하지만, 사실은 침대에서 떨어지거나 넘어지지나 않을까 걱정이 되어 감시하려고 데려온 거예요." 레오는 장난스럽게 웃는다.

어느 날 밤 레오는 임종을 앞둔 할아버지 환자 한 분에게서 뭔가 좀 이상한 느낌의 호출을 받고 달려갔다. 아흔이 넘은 그 할아버지는 흥분한 상태로 두서없는 말을 늘어놓으며, 정맥 주사를 잡아 빼려고 발버둥쳤다. 레오는 할아버지를 진정시키려고 잔잔한 노래도 불러보고 안간힘을 썼지만 아무 소용이 없었다. 다급해진 레오는 의사선생님께 보고하고 환자의 몸을 침대에 고정시켜 놓을까 하는 생각까지 했다. 사실 그렇게 하는 게 어쩌면 가장 쉽고 편한 방법이었다. 하지만, 레오는 그렇게 하기 싫었다.

그때 마침 간호사 올리야 센첸코바(Olya Senchenkova)가 병실에 들어왔다. 환자가 심하게 동요하는 것을 보고 그녀 역시 당황하기는 마찬가지였다. 그녀와 레오가 둘 다 어찌할 바를 모르고 당황해하며 환자를 진정시킬 방법을 궁리하고 있는데, 올리야가 갑자기 무슨 생각이 떠오른 듯 이렇게 말했다. "이 환자분, 젊었을 때 관현악단의 지휘자였다는 거 알아요?"

"정말입니까?" 레오가 되물었다.

"레오, 클라리넷 불 줄 알죠? 지금 가지고 있어요?"

레오는 올리야가 하는 얘기를 바로 알아들었다. 하지만 그는 잠시 갈등했다. 다른 병실에서 그를 기다릴 다른 환자들과 아직 끝내지 못한 업무 등 해야 할 일들이 주욱 떠올랐던 것이다. '아, 할 일이 산더미 같은데…. 아니지. 지금은 우선 이 할아버지를 도와드려야 해….' 그는 무언가 결심한 듯 이렇게 이야기했다.

"제 차안에 클라리넷이 있어요."

"어서 가서 가져와요. 여긴 나한테 맡기고…. 어서요!"

레오는 주차장으로 뛰어내려갔다.

레오는 학창시절 교내 밴드부에서 클라리넷을 연주한 적이 있었다. 그때 사용했던 클라리넷을 얼마 전에 조카에게 빌려주었는데, 마침 돌려받게 되어 차에 두고 다녔던 것이다. 급히 뛰어내려가 차에서 클라리넷을 꺼내자마자 그는 악기를 조립했다. 마지막으로 연주해 보았던 때가 벌써 일년 전이었다. 레오는 망설이며 클라리넷을 잠깐 불어보았다. "그래도 이 지휘 거장에게 구박이라도 받으면 은근히 자존심 상하겠는걸…." 그는 계단을 올라오면서 이렇게 중얼거렸다.

병실 문을 열고 들어온 레오는 먼저 생각나는 대로 쉽고 짧은 클래식 곡 '피터와 늑대(Peter and the Wolf)'를 연주했고, 그리고 나서 '머펫 쇼(the Muppet Show)'의 주제가도 연주했다.

부드럽고 달콤한 클라리넷 선율이 병실 가득 울려 퍼지자 갑자기 모든 것이 정지되어버린 것 같았다. 몸부림치던 노지휘자는 어느새 반듯하게 누운 채 지그시 눈을 감았고, 그의 얼굴에는 이내 미소가 피어올랐다. 그리고는 지휘를 하듯 두 팔을 들어올려 부드럽게 박자를 맞추기 시작했다. 아마도 그의 마음속에는 연미복을 입은 자신의 모습이, 홀을 가득 메운 청중 앞에서 오케스트라를 지휘하고 있는 자신의 모습이 떠올랐으리라.

레오의 연주가 끝나자 노지휘자의 두 팔은 천천히 내려왔고, 그는 행복한 추억에 잠겨 밤새 편안하게 잠을 잤다. 그러나 안타깝게도 레오가 그를 위해서 클라리넷을 연주해줄 수 있었던 건 그날 밤이 마지막이었다. 며칠간의 휴가를 마치고 돌아온 레오는 그 할아버지 환자가 하늘의 부름을 받고 돌아가셨다는 사실을 전해 들었다. 그 지휘자의 가족들은 그가 마지막까지 평화롭게 가족들과 영별할 수 있었다며 레오에게 고맙다는 인사를 잊지 않았다.

물고기가 일으킨 기적 같은 변화

'FISH! 철학'이 신장신경병동에 펄떡인 지도 어느덧 몇 개월이 흘렀다. 2000년 5월, 드디어 샤리는 중간점검을 해야겠다고 마음먹었다. '팀워크 살리기'에 관해 직원들을 대상으로 다시 의견조사를 실시한 것이다. 결과가 어땠을까? 팀의 변화에 대해 직원들은 매우 만족하고 있었다. 특히 팀원들 간의 유대가 더욱 깊어졌고 협동이 잘 이루어지고 있다는 점, 그래서 팀이 어느 때보다도 잘 굴러가고 있다는 것을 많은 직원들이 느끼고 있었다. 기대 이상의 성과에 샤리는 너무 기뻤다.

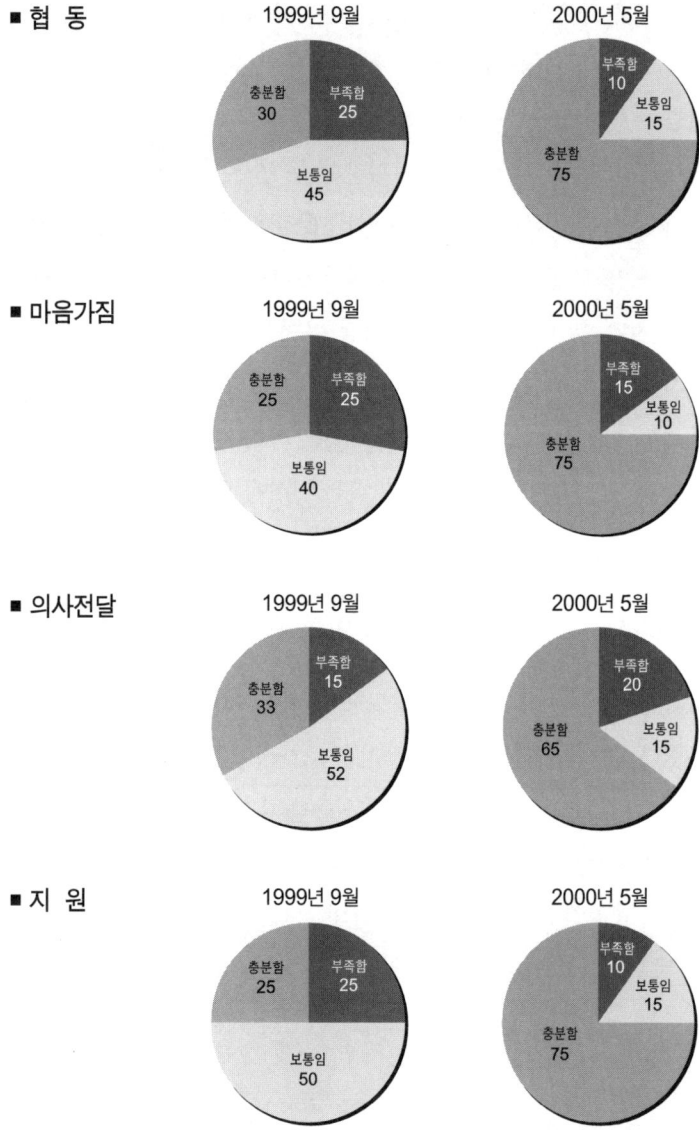

■ 협 동

1999년 9월

충분함 30
부족함 25
보통임 45

2000년 5월

부족함 10
보통임 15
충분함 75

■ 마음가짐

1999년 9월

충분함 25
부족함 25
보통임 40

2000년 5월

부족함 15
보통임 10
충분함 75

■ 의사전달

1999년 9월

충분함 33
부족함 15
보통임 52

2000년 5월

부족함 20
보통임 15
충분함 65

■ 지 원

1999년 9월

충분함 25
부족함 25
보통임 50

2000년 5월

부족함 10
보통임 15
충분함 75

〈숫자 : 인식 지표〉

샤리는 이 결과에 뿌듯해하며 이런 얘기를 했다. "예전엔 직원들에게 '무슨 팀이에요?' 하고 물어보면 '램즈(Rams)'나 '카디널(Cardinal)'이라고 얘기했어요(아리조나 램즈(Arizona Rams)나 세인트루이스 카디널(St. Louis Cardinal)은 북미프로미식축구리그의 팀 이름-역주). 당연히 자기가 응원하는 미식축구팀 이름을 묻는 거라고 생각했거든요. 그들에게 팀이라고 하면 가장 먼저 그런 스포츠 팀이 떠올랐으니까요. 하지만 이제는 스스럼없이 자기 팀 이름이 먼저 튀어나옵니다. '저는 창꼬치 팀인데요.' 라거나 '전자리 상어 팀이에요.' 라고 말입니다.

그리고, 이제는 서로에게 쌀쌀맞게 '도와드릴 시간이 없는데요.' 라고 딱 잘라 말하지도 않아요. 우리는 모두 서로를 격려하고 조언해주는 훌륭한 동료들입니다. '몇 분 후에 누구누구 환자에게 가보세요.' 라고 하면서 중요한 것을 잊어버리지 않도록 서로 얘기해 주거나, 서로에게 즐겁게 지내라고 인사를 건네기도 해요. 이제야 비로소 진정한 팀이 뭔지 알 것 같아요.

레오 역시 누구 못지않게 할 일이 많았지만, 혼란과 절망에 빠진 할아버지 환자를 그냥 지나치지 않았습니다. 그를 위해 시간을 내어 클라리넷을 연주하였어요. 그때 노지휘자를 위해 클라리넷을 연주할 수 있었던 것은 올리야 덕분에 가능했던 일입니다. 레오 혼자서는 불가능한 일이었지요. 올리야가 아이디어를 주었고, 또 그 환자를 대신 돌봐주었기 때문에 차에서 클라리넷을 가져올 수도 있었고, 연주도 할 수 있었으니까요. 두 사람은 팀이 되어 일을 멋지게 처리한 겁니다.

저도 이젠 사무실에 있을 때 '누가 나 좀 도와줘!' 라고 말하는 소리가 들리면 얼른 달려 나갑니다. 또 제 일을 다 마치고 나면 복도로 나가서 뭐 도와줄 게 없나 둘러보기도 하구요."

기쁨은 물고기를 타고

신장신경병동에 대한 소문은 마침내 미주리 침례교 의료센터 전체에 퍼지게 되었다. "물고기 배지를 달고 엘리베이터를 타면, 사람들이 '아, 물고기 층에 계시는군요.' 라고 말하면서 아는 척을 해주었어요." 레오는 어깨를 으쓱하며 이렇게 말한다.

신장신경병동의 직원들은 미주리 침례교 의료센터가 주는 '최고 협동상' 도 탔다. 이 상은 간호 부문에서 가장 훌륭한 팀에게 주어지는 상으로, 부상으로 현금 1천 달러도 지급되었다. 그들은 이 상금의 절반을 어느 어려운 환자 가족에게 크리스마스 선물로 전달했고, 나머지 절반은 신장신경병동 크리스마스 파티를 준비하는 데 썼다.

"환자들과 환자 가족들은 우리가 하는 일이 실제로 그들에게도 큰 도움이 되었다고 자주 말씀해 주십니다." 간호과장인 로이즈 라이트(Lois Wright)는 말한다.

병원 전체가 'FISH! 철학' 을 알게 되면서, 다른 층에서도 'FISH! 철학' 에 대해 물어보기 시작했다. 그러면 샤리는 물고기가 몰고 온 5층의 변화에 대해 친절하게 설명해 준다. "우리 층도 처음엔 정말 어려움이 많았어요. 다들 무언가 변화가 필요하다는 사실을 절실하게 느끼고 시작했는데도 불구하고, 사실 쉽지가 않았어요. 처음에는 다들 '그거, 좀 이상한 거 아니야?' 하고 말했어요." 샤리는 이런 얘기부터 시작해서 자신들이 'FISH! 철학'을 실천하면서 알게 된 것들과 깨달은 점들까지 모두 세세하게 이야기해 주었다.

하지만, 'FISH! 철학'을 병원 전체에 퍼트리는 것이 생각만큼 쉬운 일은 아니었다. 언젠가 수술실 직원 중 한 명이 자기들에게도 'FISH! 철학'을 가르쳐 달라고 했을 때, 샤리는 속으로 많이 망설였다. 몇몇 사람들은 이 'FISH! 철학'에 대한 부정적인 인상을 가지고 있다는 것을 잘 알고 있었기 때문이었다.

수술실의 경우는 특히나 직원 수는 부족한데 일은 여간 많은 게 아니었다. 그러다 보니 과중한 업무로 인한 스트레스에 눌려, 모두들 변화에 대한 두려움을 가지고 있었다. 샤리가 이런 사람들 앞에서 조심스럽게 'FISH! 철학'을 얘기했을 때, 과연 우려했던 대로 뒤쪽에 앉은 몇몇 사람들이 야유를 보냈다. "물고기는 댁이나 가지고, 우리는 월급이나 올려주쇼."

물론 그런 사람들의 불평 몇 마디에 쉽게 기죽을 샤리가 아니었다. 게다가 수술실에도 긍정적인 에너지를 심고자 하는 다른 직원들의 응원도 샤리를 계속 나아가게 하는 큰 힘이 되어주었다. 덕분에 'FISH! 철학'에 관심을 갖기 시작한 수술실의 몇몇 직원들을 중심으로 우선 'FISH! 게시판'이라는 것이 만들어졌다. 그리고 친절을 베풀거나 도움을 준 동료의 이름을 그 게시판에 적어 공개적으로 칭찬할 수 있도록 했다. 수술실에도 서서히 'FISH 철학'이 살아나기 시작했다.

🐟 전대미문의 물고기 납치사건

그 즈음 수술실의 책임간호사인 낸시 하셀바하(Nancy Hasselbach)는 게시판 옆에 말하는 물고기 '빌리'를 사다가 걸어놓았다. 그러던 어느 날, 수술실에 사건이 터졌다. 물고기 빌리가 사라진 것이었다. 낸시는 속상해하며 병원 곳곳을 돌아다니며 사람들에게 빌리를 봤냐고 물어보았지만, 빌리를 찾을 수는 없었다. 그래서 낸시는 빌리가 있던 자리에 쪽지를 한 장 붙여 놓았다. 그 쪽지는 물고기 유괴범에게 보내는 전언이었다. 빌리를 당장 다시 가져다 놓든지, 아니면 다른 물고기를 살 수 있도록 돈을 남겨 놓으라는 내용이었다.

며칠 뒤, 물고기 유괴범은 이 쪽지를 보았는지 그에 대한 답장으로 낸시의 자동응답기에 이런 메시지를 남겼다. "빌리는 우리가 데리고 있소. 시키는 대로 하지 않으면 빌리를 두 번 다시 못 보게 될지도 모르오." 전화 목소리 뒤편에서는 빌리가 꼬르륵거리는 소리를 내고 있었다.

급기야 낸시는 '제발 우리 빌리를 돌려주세요.'라고 쓴 전단지를 만들기에 이르렀다. 거기에는 빌리 유괴범을 체포해서 감옥에 집어넣자는 문구와 함께, 범인에 대한 정보를 제공해주면 후사하겠다는 내용이 씌어 있었다. 낸시가 이렇게 현상금까지 걸면서 강경하게 대응하자, 범인들은 더욱 대범하게 나왔다. 전단지에 대한 답장으로 낸시의 책상에 참치 통조림 한 개를 놓고 사라진 것이었다. 빌리

🐟

의 운명도 이 통조림처럼 될 것이라는 협박 편지와 함께. 사건은 점점 미궁 속으로 빠져 들어갔고, 이 전대미문의 물고기 납치사건은 나날이 흥미를 더해갔다.

낸시는 그때를 돌아보며 이렇게 말했다. "온 수술실 직원들이 빌리 사건 때문에 난리가 났었어요. 다들 정말 자기 일처럼 걱정하며 큰 관심을 보였어요. 그들은 빌리를 위해서 시를 쓰고, 노래를 만들기도 하고, 짓궂게도 비명(碑銘)까지 써주었답니다. 빌리가 걸려 있던 자리에는 두꺼운 노란색 테이프로 물고기 모양 경계를 쳐놓고 '경찰 수사 중, 보호선을 넘지 말 것'이라는 팻말을 붙여 놓기까지 했어요. 범행 현장을 보존해야 한다나? 아무튼 이 유괴사건을 수술실 직원들은 다들 너무나 재밌어했습니다."

납치범들과의 공방은 한동안 계속되었다. 그러던 어느 날, 드디어 납치범들이 낸시에게 인질의 몸값을 요구하는 쪽지를 남겼다. 그들은 다음 직원회의에 커피와 도넛을 가져오라고 지시했다. 낸시는 사태를 예의 주시하다가 결국 범인들이 시키는 대로 했다. 그랬더니 얼마 뒤 빌리처럼 생긴 말하는 물고기 하나가 포장용 테이프로 입이 틀어 막힌 채 발견되었다. 빌리와 함께 이런 쪽지도 딸려 왔다.

"빌리는 돌아왔지만, 결코 전과 같지는 않을 거요. 수술실은 전보다 훨씬 더 좋아졌소. 작전이 성공한데 대해 감사하게 생각하오. 모두 빌리 덕분이오."

이 사건 덕분에 'FISH! 철학'을 부정적으로 생각하던 직원들까지 자신들도 모르는 사이에 '놀이'를 하게 되었던 것이다. 수술실은 변하기 시작했다. 수술실 직원들은 쾌적한 업무 환경을 만들기 위한 자체적인 위원회를 조직했다. "여전히 그러한 모임을 곱지 않은 시선으로 바라보는 사람들도 있었지만, 그보다는 참여하려는 사람들이 훨씬 더 많았어요. 적극적인 사람도 있었고, 그렇지 못한 사람도 있었지만, 다들 그 모임을 통해서 뭔가 바꿔보고 싶어했던 거죠." 샤리는 말한다. "구경만 하던 직원들도 시간이 지날수록 관심을 가지고 적극적으로 참여하기 시작했습니다. 위원회의 활동은 점점 더 활기를 띨 수밖에 없었어요."

신장신경병동에서 시작해서 수술실로 전파된 'FISH! 철학'은 이제 미주리 침례교 의료센터 전체로 퍼져나가기 시작했다. 간호사들의 팀워크나 환자에 대한 서비스는 물론, 병원 안의 다른 문제에까지 속속 'FISH! 철학'이 자리잡기 시작했고, 여러 가지 문제해결에 톡톡히 한몫을 해내게 되었다.

"미주리 주에 있는 다른 병원들은 모두 간호사가 모자라서 쩔쩔매던 중이었어요." '임상간호사 학원(the Clinical Nursing Institute)'의 프로그램 개발 전문가 세일라 리드(Sheila Reed)의 설명이다. "간호사들이 왜 한 곳에 머무르지 않고 계속해서 옮겨 다니는지 생각해봐야 합니다. 매번 누군가 그만둘 때마다 간호사를 새로 뽑는다고 문제가 해결되는 건 아니잖아요. 그것보다는 지금 함께 일하고 있는 우수한 간호사들을 계속 근무하도록 해주는 것이 중요합니다. 돈과 관련된 것은 약간 다른 문제지만, 사람들이 자기가 몸담고 있는 직장을 좋아하는 이유는 동료들이나 직장 분위기가 좋아서인 경우가 많기 때문입니다."

2001년 여름, 이제 미주리 침례교 의료센터에는 어딜 가나 'FISH! 철학'이 펄떡이며 살아 있었다. "제가 지난번 그곳에 갔을 때는 컴퓨터 위에까지 물고기가 올라와 있었어요." 샤리의 말이다. 병원이 온통 물고기로 장식된 것을 보고 환자들과 방문객들이 이게 뭐냐고 물어보면, 그때마다 직원들은 'FISH! 철학'에 대해 다시 한번 생각해 보겠죠. 그리고, 직원들이 물고기 얘길 할 때마다, 환자들과 방문객들에게까지 'FISH! 철학'이 실천될 겁니다."

같은 방향으로 헤엄치다

다시 신장신경병동 얘기로 돌아가 보자. 우울하고 무겁기만 하던 5층의 분위기는 이제 완전히 달라졌다. 하지만, 사실 간호사들의 업무 자체가 변한 것은 아니었다. 여전히 일은 쌓여 있었고, 업무는 힘들었다. 그러나, 육체적으로 힘든 것은 차치하고, 예전에 그들이 가장 힘들어했던 것은 다름 아닌 정서적으로 점점 고갈되는 듯한 느낌이었다. 물고기 덕분에 변한 것이 바로 직원들의 이런 마음가짐이었다. 정서적인 면의 충만함이야말로 물고기가 전해준 가장 큰 선물이었다.

샤리는 어떤 환자 보호자를 떠올리며 이렇게 말한다. "신장기능 저하로 몇 주째 입원 중인 어떤 여자 환자가 있었어요. 그녀의 가족들은 다들 좋은 분들이셨지만, 간호사들에게 요구하는 게 너무 많왔어요. 특히 그 환자 남편분이 좀 극성스러웠습니다. 그분은 간호사 두세 명이 온종일 그 환자에게만 붙어 있기라도 해야 한다는 듯이, 항상 더 오랫동안 더 많이 보살펴주기를 바랐어요. 우리 층의 모든 간호사들은 가급적이면 그렇게 해드리려고 노력했지만, 우리 병원에 그 환자만 있는 것도 아니고 다른 업무도 엄청나게 많은데 어떻게 그 기대를 완전히 만족시켜 드릴 수 있겠어요? 모두들 정말 열심히 했지만, 아무리 해도 그 보호자분은 불만스러우셨나봐요.

아무튼 그 환자의 가족들 때문에 별일이 다 있었어요. 우리는 우리대로 '이렇게 열심히 하는데, 뭘 더해 달라는 거야?' 하면서 짜증이 날 때도 있었고, 반대로 그분들은 그분들대로 우리가 좀더 잘해주길 바라면서 우리에게 화를 내기도 했죠. 하지만, 누구의 잘잘못을 따지기 전에 우리가 먼저 그분들의 심경을 이해해줘야 했습니다. 그분들은 사랑하는 사람이 아파하고 고통스러워하는 걸 지켜봐야 했던 사람들이니까요."

그 환자가 퇴원하던 날, 힐더가 슬그머니 샤리의 사무실 문을 열고 빠끔히 고개를 내밀었다. 그리고는 샤리에게 "당장 나와 봐요." 라고 말했다.

샤리가 복도에 나가보았더니 거기에는 그 여자 환자의 남편이 서 있었다. 간호사들에게 둘러싸인 그는 손에 수채화 한 점을 들고 있었다. "몇 년 전 제가 그린 그림인데, 팔리지가 않네요. 왜 그런지는 모르겠지만…." 그는 그 그림을 위로 들어 거기 모여 있던 간호사들에게 보여 주었다. 휘황찬란한 색깔의 아름다운 열대어들이 헤엄치고 있는 그림이었다. "이 그림의 제목은 '화합' 입니다." 그가 말했다. "이 그림 속에 있는 물고기처럼, 여기 계신 간호사분들은 모두 제게 아주 특별합니다. 물론 저마다 이름이 다르고, 피부색깔도, 고향도 다 다르지만…. 보세요, 여러분들은 모두 이 그림처럼 같은 방향으로 헤엄쳐가고 있는 겁니다. 제 아내를 특별하게 보살펴주신 것 정말 감사합니다. 어딜 가도 이런 보살핌은 받지 못하리라는 것을 잘 알고 있어요. 고마움을 전하는 뜻에서 이 그림을 여러분께 선물하고 싶습니다."

뒤에서 이 장면을 지켜보던 샤리는 놀라고 또 감동했다. "정말 평생 기억에 남을 만한 순간이었어요." 그녀가 말한다. "저도 모르게 눈물을 찔끔거렸어요. 저는 그때 우리 간호사들에게 이렇게 묻고 싶었습니다. '그가 당신들에게 한 말을 잘 들었죠? 우리가 얼마나 중요한 일을 해냈는지 이젠 깨달았죠? 비록 아직 완벽하지 않을지는 몰라도, 우리가 해낸 일은 정말 특별한 것입니다!"

🗨 선택만 하세요! 정말 쉽죠?

미주리 침례교 의료센터의 1층 직원들은 'FISH! 철학'을 다른 어느 층보다도 성공적으로 도입했다는 점을 인정받아 상으로 밝은 자주색과 파란색으로 된 열대어무늬 재킷을 하나씩 받았다. 그 옷을 입을 수 있다는 것은 1층 직원들의 영광스러운 특권과도 같은 것이었다.

이렇게 병원 전체에 'FISH! 철학'이 번져가는 가운데, 샤리는 중요한 것을 하나 깨달았다. "처음 'FISH! 철학' 이야기를 들었을 때, 저는 파이크 플레이스 어시장에서 일하는 사람들을 굉장히 존경했어요. 거의 숭배에 가까울 만큼이요. 그들은 대단한 사람들입니다. 하지만 그렇게 대단하게만 보였던 일을 우리도 해냈습니다. 이젠 우리도 그들과 다를 게 없어요."

샤리는 계속해서 말했다. "한번은 우리 간호사 중 한 명이, 자기 밑에서 실습 중이던 간호학교 졸업생에게 이런 말을 했습니다. '여기에 남기로 마음먹었다면, 우선 하루를 즐겁게 보내고 싶은지 아니면 괴롭게 보내고 싶은지를 선택하세요. 정말 간단하죠?'

저는 그 간호사에게 이 얘길 듣고 이렇게 말했습니다. '흐음, 당신도 이젠 어시장 상인이 다 되었군요.'"

한입씩 깨물어 먹는 이야기

라비의 이야기

우리는 미주리 침례교 의료센터의 수혈과로부터 이런 이야기를 들었다. 라비(Robbie)라는 네 살 난 남자아이가 있었는데, 그 아이는 태어나서부터 1주일에 한 번씩 몸속의 피를 모두 교환해줘야 하는 희귀병 환자였다. 매달 라비의 부모는 아들이 수혈을 받는 일곱 곳을 차례로 돌면서 직원들과 자원봉사자, 헌혈해준 사람들 모두에게 자기 아들을 살려주었다며 고마움을 표시했다. 많은 직원들은 라비의 사진을 책상 앞에 붙여놓고, '누군가를 위해 봉사하는 순간, 그 존재의 의미'에 대해 생각해 보았다. 우리는 누군가에게 도움을 주기 위해 항상 '그 자리에 있을' 마음의 준비를 하고 있는 걸까?

쿠키 200개

어느 날 해리는 패스트푸드 식당에 들러 점심을 주문하면서 쿠키 하나를 함께 주문했다. 그랬더니 종업원이 "그럼 쿠키를 점심과 같이 드시겠습니까?" 하고 녹음기 같은 목소리로 물었다.

다음 날 해리는 그 곳에 다시 들렀다. 이번엔 다른 종업원에게 어제와 똑같은 음식을 주문했고, 마찬가지로 쿠키도 한 개 추가했다. 그랬더니 그 종업원 역시 공손하기 그지없는 어투로 이렇게 물었다. "쿠키를 점심과 같이 드시겠습니까?"

세 번째 왔을 때, 또 다른 종업원이 주문을 받았다. 장난기가 발동한 해리는 점심을 주문하면서 이렇게 덧붙였다. "쿠키 200개도 함께 주세요." 그런데, 그 종업원은 놀라는 기색 하나 없이 이렇게 말하는 것이었다. "네, 손님. 잠시 후에 가져다 드리겠습니다. 그럼 쿠키를 점심과 같이 드시겠습니까?"

그렇다. 종업원은 아무 생각 없이 그저 기계적으로 주문을 받고, 앵무새처럼 외운 멘트로 손님이 주문한 사항을 확인할 뿐이었다. 종업원은 손님이 뭘 주문하든지 그렇게 대답하라고 지시 받은 것이다. 하지만 그들이 그렇게 성의 없이 대답할 때 과연 마음속에 진정으로 손님을 배려하는 생각을 가지고 있을까?

안경점에 볼연지가?

나이 든 할머니 한 분이 어느 안경점에 들어오셨다. 그리곤 안경점에서 대뜸 볼연지를 찾으시는 게 아닌가. 그 안경점 종업원은 그냥 '여기엔 그런 거 없으니까 저쪽으로 가보세요.' 라고 말씀드릴 수도 있었지만, 할머니를 화장품가게까지 모셔다 드리고, 나올 땐 할머니의 차가 주차되어 있는 곳까지 안내해 드렸다. 그 할머니는 그녀에게 단 세 마디로 감사를 표했을 뿐이었지만, 그 말은 정말 진심에서 우러난 말이었다. "하나님의 축복이 있기를…."

가까이 앉으면 마음은 더 가까워진다

2000년 12월, 스티브는 어머니를 집으로 모시고 왔다. 스티브 내외는 여든 넷의 연로하신 어머니를 위해 욕실이 붙어 있는 일층 거실을 어머니 방으로 개조했다. "이제 현관을 열고 들어오면 바로 어머니가 계시니까 아주 좋습니다. 어릴 때도 어머니와 이렇게 가까이 있어본 적이 별로 없었거든요." 스티브의 말이다.

어느 날 어시장 상인들의 모습을 본 스티브는 자기도 좀 달라져야겠다고 마음먹었다. 그래서 그는 지금까지 어머니를 대하는 자신의 태도에 혹시 무슨 문제가 있진 않았는지 다시 생각해 보았다. 그러고 보니, 그는 어머니 방에 노크를 하고 들어갈 때마다 방문 앞에 서서 얘기를 주고받곤 했던 것이 떠올랐다. 그때마다 왠지 불편한 느낌이 들었는데, 곰곰이 생각해보니 다른 이유가 아니었다.

그는 이제 당장 나가야 할 사람처럼 문 앞에 서서 얘기하지 않는다. 대신 일단 어머니 침대 옆에 놓인 의자에 앉는다. 그러면 침대에 누워 계신 어머니와 거리가 가까워져서 어머니를 좀더 세심하게 보살펴 드릴 수도 있고, 친밀감도 더욱 커지는 것을 느낄 수 있었다. 결과적으로, 이처럼 어머니 옆에 앉아서 이야기를 나누는 것은 어머니뿐만 아니라 그에게도 즐겁고 기쁜 일이 되었다.

그런데 얼마 전 스티브는 어머니 방에 들어갔을 때 눈에 띄는 변화를 하나 발견했다. 그가 방에 들어올 때마다 어머니는 아들의 관심을 끌기 위해 뭔가 다른 행동을 보여주셨던 것이다. "제가 어머니를 뵈러 들어가면, 어머닌 보고 계시던 TV를 얼른 끄세요. 볼펜을 손에 쥐고 리모컨의 버튼을 볼펜으로 꾹 눌러 TV를 끄시는 거예요. 전에는 손가락을 거의 움직이지 못하셨거든요. 몸이 불편하신데도 그렇게 손 움직이는 연습을 계속 하셨던 모양이에요. 어머니는 그걸 저에게 보여주고 싶으셨던 거예요…. 저와 이런저런 얘길 나누는 시간을 즐거워하시고 소중하게 여기신다는 뜻이죠. 전에는 왜 이걸 몰랐을까요?"

아주 잘하셨어요

어느 회사에서 존 크리스텐슨의 강연회가 있었다. 그가 연설을 끝내자, 대여섯 명의 직원이 한꺼번에 그에게 몰려왔다. 그리곤 자신들의 업무를 더욱 활기차고 신바람 나게 할 수 있는 방법들에 대해 존에게 앞 다투어 이야기했다. 존은 그들의 얘기를 모두 귀 기울여 들으려 했지만, 주변이 너무 소란스러웠다. 그 당시의 상황을 더 들어보던 존은 이렇게 말했다. "그 중에 한 여직원이 자기가 일을 아주 열심히 하고 있다는 말을 했는데, 그 말을 듣고 저는 그냥 '아주 잘하셨어요.' 라고 건성으로 대답했습니다. 그녀를 쳐다보지도 않구요."

이틀 후 존은 우연히 그때 그 여직원이 줬던 명함을 다시 보고, 불현듯 그녀와 얘기했던 순간을 떠올렸다. '그렇게 퉁명스럽게 얘기하지 말았어야 했는데….' 라는 후회와 함께, 그는 그녀에게 전화를 걸었다. 그리고 그녀에게 그때 자기가 무관심하게 대답했던 것을 사과했다. 그는 그때 그녀가 했던 얘길 다시 꺼내며 일을 열심히 하고 있다는 것에 대해 진심으로 칭찬했다.

며칠 후 그녀에게서 한 통의 편지가 배달되었다. 거기엔 이렇게 씌어 있었다. "선생님은 정말 중요한 순간에 제게 전화를 주셨어요. 사실 선생님의 전화를 받을 때, 저는 한참 상사에게 깨지고 난 직후였거든요. '난 왜 이렇게 일을 못할까? 이젠 더 이상 중요한 일을 할 수 없을 거야.' 하는 생각에 우울해하고 있었지요. 하지만 그 순간 선생님 전화가 제게 얼마나 큰 위로가 되었는지 몰라요. 그 전화 덕분에 저는 다시 마음을 다독이며 결심했습니다. 이제는 뭐든지 잘 할 수 있을 것 같아요. 고맙습니다."

사랑이란 무엇일까?

스티븐은 책상에 앉아 딸 멜리사와 사위 폴, 그리고 귀여운 두 손녀의 사진을 바라보며 흐뭇해하고 있었다. "멜리사 내외가 아이들을 이렇게 잘 키우고 있고, 또 아이들도 바람대로 잘 자라주고 있으니, 정말 자랑스러워요. 제 딸과 사위, 그리고 손녀들은 사랑이 넘치는 가정을 이루며 살고 있습니다. 저는 문득 '사랑이란 무엇일까?' 하는 생각을 해보았어요. 생각해 보면 그렇게 거창한 것도 아닙니다. 아이들에게 사랑이란 그들을 위해 늘 '그 자리에 있는' 것이 아닐까요?"

돔발 상어 낚시를 가다

어느 대학의 학장인 폴은 자타가 공인하는 일벌레였다. 그는 어느 날 파이크 플레이스 어시장 상인들의 유명한 이야기, 그들은 항상 고객에게 최선을 다한다는 이야기를 들었다. 폴은 그 이야기에서 무언가 느낀 바가 있어, 자신의 삶을 다시 한번 되돌아보았다. 그리고 폴은 자기 자신과 아내를 위해 '그 자리에 있기'를 실천해야겠다고 다짐했다. 그러면서 그는 사랑하는 아내와 강아지를 데리고 호숫가를 거닐고 있는 자신의 모습을 마음속에 그려보며 행복해했다.

그 날 오후 그가 몇 달 만에 처음으로 정시에 학장실 문을 열고 나가자, 그의 동료들은 모두 깜짝 놀랐다. 가족들도 마찬가지였다. 폴은 일찍 귀가하여, 마음속으로 상상했던 것처럼 정말로 아내와 함께 개를 데리고 슈페리어 호수(Lake Superior)를 산책했다.

그 해 여름이 끝날 때까지 그는 매일 오후 5시 이전에 퇴근했다. 그와 아내는 종종 호숫가를 산책했고, 강아지를 데리고 돔발 상어 낚시(강아지가 호수에서 빠진 테니스볼을 건져내는 놀이 – 역주)를 가는 등, 소중한 가족과 함께 즐거운 여가를 만끽했다.

중요한 사람과 대화 중이에요

당연한 얘기지만, 상점이나 식당엘 가면 우리는 종업원들이 항상 우리를 위해 '그 자리에 있어' 주기를 기대한다. 그런데, 그렇다면 우리도 그들을 위해 '그 자리에 있어' 야 하는 것이 아닐까?

내 친구 카 헤거먼은 며칠 전에 구입한 물건 때문에 상점의 점원과 이야기를 하고 있었다. 한참 얘기를 하고 있는데 카의 휴대전화가 울렸다. 그는 점원에게 잠시 양해를 구하고 전화를 받아서 거기에 대고 이렇게 말했다. "지금 중요한 사람과 얘기를 하는 중이라서 끊어야 하는데요…. 네? 아, 가게 점원과 얘길 하던 중입니다."라고 말하고 카는 전화를 끊었다. 그 점원은 카의 눈을 쳐다보며 감동한 듯 이렇게 말했다. "고맙습니다, 손님. 손님은 저를 중요한 사람으로 생각해 주시는군요."

Section FOUR

소년가장 | 타일 테크의 문을 열다 | 원칙과 기본에 충실하다 | 중요한 것은 바로 '사람' | 열정과 에너지에 흠뻑 빠지다 | 아침마다 큰소리로 읽었습니다 | 보브 증후군에 걸린 게 틀림없어 | 슈루즈베리 인사법 | 그의 삶에는 무언가 빠져 있었다 | 화병 클리닉이라도 다녔더라면… | 사랑하는 사람을 위해 스스로 안전을 지킨다 | 타일 테크에는 뭔가 특별한 게 있다 | 비전을 공유하다 | 연못으로 들어가다 | 또 다른 씨앗을 만드는 인재들

그날의 마음가짐을 선택하라

CHOOSE YOUR ATTITUDE

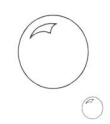

오늘 당신은 어떤 마음가짐으로 살고 있나?
지금 당신의 모습은 자신이 원하는 모습인가?

처음 파이크 플레이스 어시장을 찾아갔을 때, 우리는 어시장 상인들의 대화에서 특이한 점을 한 가지 발견했다. 그것은 바로 그들의 대화에서 '선택'이라는 단어가 유난히 자주 나온다는 것이었다. 상인들은 일을 하는 것도 자신의 선택이고, 하루를 유쾌하게 보내는 것도 자신의 선택이라고 말했다. 인생은 선택의 연속이라고 했던가. 모든 것은 선택이다. 그 말이 어디서 나왔는지는 모르겠지만, 늘 즐겁게 살아가는 어시장 상인들은 '선택'도 즐거운 삶의 일부라고 했다. '오늘 하루, 나의 태도를 선택한다.'는 것은 이 모든 것의 기초가 되고 핵심이 된다. 어시장의 물고기는 오늘도 그 단단한 기반 위에서 힘차게 펄떡인다.

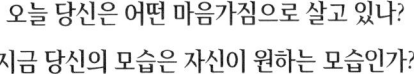 뱀 이야기

이 이야기는 20년쯤 전에 스티븐 코비(Stephen Covey)의 한 세미나에서 들은 이야기이다.

어느 날 두 남자와 한 여자가 애리조나(Arizona)의 뜨거운 사막지대를 걸어가고 있었다. 그러던 중 세 사람은 사막 한가운데에서 방울뱀을 만났다. 그리고 걱정했던 대로 그늘 속에서 똬리를 틀고 있던 방울뱀은 순식간에 나타나 여자를 공격했다. 미처 손쓸 겨를도 없이 여자는 뱀에 물려 쓰러졌고, 방울뱀은 모래 사이로 도망가고 있었다. 그런데 그때 옆에 있던 두 남자는 뱀에 물린 여자를 그냥 놔둔 채 뱀을 쫓아가는 게 아닌가! 결국 그들은 끝까지 쫓아가서 뱀을 잡아왔지만, 뱀에 물려 쓰러진 여자는 이미 온몸에 독이 퍼져 죽어가고 있었다.

이 짧은 이야기는 선택의 중요성을 단적으로 보여주는 일화이다. 살다보면 누구라도 언젠가 한 번은 분명 괴로운 일과 정면으로 맞닥뜨리게 될 것이다. 문제는 그 순간 무엇을 선택하느냐이다. 순간순간 얼마나 현명한 선택을 하며 살아가느냐는 우리에게 남겨진 일생의 과제이다. 이 이야기의 핵심은 바로 그 '현명한 선택'이다. 우리는 항상 무언가를 선택하며 살아간다. 독이 퍼져 죽든 말든 뱀을 쫓아갈 것인가, 아니면 우선 독부터 빼내고 목숨을 구할 것인가.

제4부는 어느 건축회사의 이야기이다. 이 회사는 지붕수리를 전문으로 하는 작은 회사인데, 이들의 이야기는 우리에게 '선택'이 가진 위대한 힘을 보여줄 것이다. 그리고 아래의 격언이 진실이라는 것을 증명해 줄 것이다.

우리 세대의 가장 위대한 발견은
마음가짐을 바꾸면 삶을 바꿀 수 있다는 사실이다.
- 윌리엄 제임스(William James, 1842~1910)

오늘 하루는 어떻게 보낼까?

[타일 테크놀로지 건축회사]

러스 비젤마이어(Russ Vieselmeyer)는 트럭에 타자마자 시동을 걸고 히터부터 켰다. 밤새 얼어붙었던 차안의 공기는 마치 살얼음 같았다. 뜨거운 커피를 손에 들고 있었지만, 싸늘한 새벽 기운에 몸이 떨려 이가 딱딱 부딪힐 지경이었다. 타코마(Tacoma) 지방의 악명 높은 강추위는 오늘도 계속되고 있었고, 그 사실을 증명하려는 듯이 트럭 앞 유리창의 와이퍼는 찍찍거리는 소리를 내며 창에 붙은 서리를 긁어내고 있었다. 눈과 비가 섞여 질척거리는 진눈깨비가 내리고 있었고, 멀리 보이는 타코마 산 능선의 잿빛 먹구름은 쉽게 걷힐 것 같지 않았다. 눈발은 점점 굵어지고 있었다.

지붕수리공사는 한마디로 'Catch-22(조지프 헬러(Joseph Heller)의 소설제목으로, 모순된 상황이나 진퇴양난의 상태를 뜻하는 표현 – 역주)'와 같은 상황이었다.

비가 오는 날이면 인부들은 비옷을 입고 작업했지만, 지붕에 올릴 수천 장의 타일을 옮기다 보면 비옷 안에는 말 그대로 땀이 비오듯 흐른다. 비옷 안쪽의 땀과 바깥쪽의 비가 뒤범벅되면, 머리카락에서 뚝뚝 떨어지는 것이 땀인지 비인지 구분할 수 없는 상태가 되곤 했다. 그 기분은 20피트 상공에서 비와 땀에 흠뻑 젖어보지 않고서는 알 수 없을 것이다. 게다가 타코마의 혹독한 겨울에는 살을 에는 듯한 바람이 부는 지붕 위에 올라가면 땀이 피부 밖으로 나오자마자 바로 얼어붙곤 했다.

지붕 위에서 러스는 잠시 여기를 스키장이라 생각하고, 멋진 포즈로 스노보드 타는 상상을 했다. 폼 나게 보드를 타고 내려와서 활활 타는 장작불 앞에서 손과 얼굴을 녹이는 기분이란…. 하지만, 그는 지금 타일 테크놀로지 건축회사 동료들과 함께 지붕 위에서 타일 수리를 하고 있다. 게다가 얼른 끝내야 하는 작업을 하던 중이어서 한가하게 공상이나 하고 있을 시간도 없었다.

어느덧 공사는 막바지에 이르렀다. 이제 이 마지막 타일 조각을 제자리에 맞추어 탁탁 끼워 넣으면 이 집 식구들은 비가 와도 안심하고 잘 수 있을 것이다. 아마 수십 년은 비가 오든 눈이 오든 지붕이 셀 걱정은 하지 않아도 될 것이다. 러스는 마지막 타일을 옮겼다. 그는 트럭에 있는 타일을 지붕 위에 차곡차곡 쌓으면서, 오늘 하루를 어떻게 보낼지를 선택했다. 작업하기에는 최악의 날씨였지만, 그는 기분 좋게 동료들과 손바닥을 치며 하이파이브를 했다. 땀방울인지 빗방울인지 얼굴엔 반짝거리는 얼음 조각이 빛나고 있었고, 그는 하늘을 한번 올려다보고 숨을 깊이 들이마셨다. 그리고 아래에 있는 동료들을 향해 웃으며 말했다.

"벌써 다 끝난 거야?"

소년가장

삶은 선택의 연속이다. 가끔은 누군가의 선택을 따라야 할 때도 있지만, 결국 내 삶을 일구어 가는 것은 바로 나 스스로의 선택이다.

러스의 큰형 둑 비젤마이어(Doug Vieselmeyer)가 일곱 살 되던 해, 러스의 부모님은 이혼으로 갈라서게 되었다. 그때 그의 어머니 코니(Connie)는 결핵성 피부병인 낭창(狼瘡), 즉 루프스에 걸려 투병 중이었다. 루프스는 건강한 피부조직을 파괴하고 장기의 면역체계까지 허물어버리는 무시무시한 질병이었다. 186cm의 큰 키에 강건한 체질이던 러스의 어머니는 병을 앓기 시작한 이후로 급속히 체력이 떨어졌다. 그녀는 너무나 허약해져서 아이들을 돌보기는커녕 오히려 그녀가 아이들의 보살핌을 받아야 할 정도였다.

루프스는 갑자기 악화되었다가 또 어느 순간 갑자기 가라앉기를 반복하는 병이었다. 러스의 어머니는 루프스가 발병하면 침대에 누워서 거의 사경을 헤매곤 했다. 병세가 어느 정도 진정될 때도 있었지만, 여러 번의 재발과 잠복을 거치면서 루프스는 점점 악화되어 갔고, 그녀 역시 점점 지쳐갔다. 둑은 그래도 어머니는 굉장히 현명하고 강인한 분이셨다고 얘기한다.

"이런 가운데도 어머니는 대학에 다시 등록하셔서 교육학 학위를 따셨어요. 강인한 분이셨죠. 그리고 병세가 다소 호전되었던 지난 몇 년간은 학교에서 학생들을 가르치기도 하셨습니다. 그렇게 병세가 조금이라도 나아지는 기미가 보이면, 어머니는 하루하루를 즐겁게 사시려고 최선을 다하셨습니다. 편찮으시긴 했어도, 어머니는 늘 밝게 웃으셨어요. 그런 어머니의 성품 덕분에 우리 형제들은 어두운 그늘 없이 밝고 씩씩하게 자랄 수 있었습니다. 우리 집엔 언제나 사랑이 가득했어요.

하지만, 어머니는 날이 갈수록 점점 쇠약해지셨고, 급기야 몸을 움직일 수도 없게 되셨어요. 그럼에도 불구하고 그 상황에서 당신이 하실 수 있는 일에는 누구보다도 열중하셨습니다. 더 이상 서서 돌아다닐 수가 없게 되셨을 때는 조용히 앉아서 가족들에게 선물할 만한 무언가를 만들려고 애쓰셨어요."

어머니의 병환 때문에 러스 집안의 장남이던 둑은 어려서부터 가장 노릇을 해야 했다. 그는 어린 시절을 회상했다. "어쨌든 어린 시절을 그다지 아이답게 보내지는 못한 셈이죠. 어린 시절이 거의 없었다고나 할까요? 우리 가족이 생활보호대상자라는 걸 가지고 다른 아이들이 많이 놀려댔어요. 키는 또 왜 그렇게 쑥쑥 크는지, 아무리 큰 바지를 사도 바지가 금세금세 짧아졌어요. 항상 바짓단이 발목 위로 짤막하게 올라와서 바보 같은 차림으로 다녔습니다. 지금 제 키가 198cm인데 그때 다 컸나 봐요.

늘 촌스럽고 후줄근한 바지를 입고 식료품점에 가서, 돈 대신 식량 배급표를 가지고 먹을거리를 타가곤 했던 아이, 상상이 가시죠? 그때는 그런 초라한 꼴을 친구들에게 들키느니 차라리 죽는 게 낫다는 생각이 들 만큼 창피했습니다. 가난이 지긋지긋해서 학교고 뭐고 얼른 돈을 벌어야겠다고 생각했어요. 그래서 우선 닥치는 대로 취직을 하자고 마음먹었습니다."

그때 둑은 겨우 열세 살이었지만, 열여섯 살이라고 거짓말을 하고는 '어스구두(Earth Shoes)'라는 구두 가게에 취직을 했다. 그는 특유의 성실함과 끈기로 악착같이 일에 매달렸고, 오래지 않아 남들보다 월등히 높은 판매실적을 기록하게 되었다. 가게에서 가장 유능한 판매사원으로 인정받게 되자, 가족의 생활비와 집세를 충당할 만큼 보수도 많이 받을 수 있었다.

고등학교를 마치고 대학에 진학할 때, 그는 198cm의 장신의 체격을 내세워 농구 장학금을 받을 수 있었다. 그 뒤, 마케팅과 경영학을 전공하여 학위를 받았고, 졸업 후에는 어느 보험 회사에 증권인수인으로 취직했다.

🗨 타일 테크의 문을 열다

어려서부터 생활고에 시달리던 둑은 취직을 한 이후에도 주말이면 본업과는 별도로 아르바이트를 또 해야 했다. 그때 그는 죽마고우인 글렌 페인(Glen Paine)과 함께 지붕수리 일을 했는데, 제법 벌이가 괜찮은 아르바이트였다. 글렌 역시 둑과 마찬가지로 홀어머니 밑에서 정부가 주는 생활보조금으로 생활하며 어렵게 자란 친구였는데, 열세 살 때부터 이런저런 직업을 전전하며 세상의 쓴맛을 다 겪은 친구였다.

어려서부터 갖은 고생을 다 겪어서인지 글렌은 무슨 일이든 끈질

기게 매달렸으며 승부근성도 대단했다. 무엇보다도 그는 성공하겠다는 의지가 남달리 강했다. 그래서 그는 지붕을 수리하는 일을 하면서도 항상 더 효율적인 작업 방법에 대해 고민했고, 어떠한 재해에도 견딜 수 있는 튼튼한 지붕을 만드는 방법을 연구하느라 고심했다.

사실 둑은 지붕수리 일이 그다지 마음에 들지 않았다. "처음엔 그일에 특별히 애착이 가지 않았어요. 어렵고 위험한 일이잖아요. 힘들기는 또 얼마나 힘든지…. 하지만 지붕수리 일은 보수도 좋았고, 일거리도 꾸준히 있는 편이었어요. 지붕이 없는 집은 없으니까요."

사실 평생을 월급쟁이로 보낸다고 생각하면 둑은 눈앞이 캄캄해지곤 했다. "2,30년을 오로지 한 회사에만 충성하고도 나중에 퇴물취급이나 받으면서 명예 퇴직하는 사람이 어디 한둘입니까? 대기업에서 승진사다리 올라가는 데만 전념하며 평생을 보낼 생각을 하면 끔찍해요. 게다가 어느 순간 저 아래에서 새파란 후배들이 사다리를 흔들고 있는 걸 보면 기분이 어떻겠습니까? 소름끼치죠. 전 절대 그렇게 살지는 않겠다고 다짐했습니다."

그렇게 해서 둑은 보험회사를 그만두고, 친구인 글렌과 함께 지붕수리를 전문으로 하는 건축회사를 차리기로 했다. "글렌은 이미 그 방면에 경험이 있었지만, 저는 좀 다른 이유로 그 일을 선택했습니다. 저처럼 평범한 사람도 그런 일에 전문가가 될 수 있을까 하고 시험해보고 싶었어요. 일종의 도전이라고나 할까요?"

도전을 하자면 우선 건축업 면허를 취득하기 위한 담보물로 쓸

것이 필요했다. 둑은 고민 끝에 어머니를 설득해서 어머니 집을 담보로 사용했다. 그리고 글렌은 몇 가지 공구와 족히 20년은 넘었을 것 같은 고물 트럭 한 대를 출자했다. 1987년 11월, 이렇게 해서 타일 테크놀로지 건축회사(Tile Technology Roofing Company)가 워싱턴 주 타코마에서 문을 열었다.

원칙과 기본에 충실하다

타일 테크는 한 가지 원칙 위에 창립되었다. '약속은 반드시 지킨다.' 이것이 바로 그들의 제1원칙이었다. 둑은 이렇게 이야기한다.

"당시 건축업계에서는 약속이라는 게 거의 유명무실했죠. 약속을 제대로 지키는 업체가 거의 없었어요. 오히려 세날짜에 공사가 끝나면 이상한 일이라고 할 정도였습니다. 건축회사에서 수요일까지 공사를 마치겠다고 하면, 그 말은 수요일부터 그 다음 월요일까지 공사를 하겠다는 얘기입니다. 물론 그 다음 월요일에도 공사가 끝날 수 있을지는 아무도 모르는 일이구요. 그런 것을 잘 모르는 사람들은 수요일에 끝난다는 얘기만 철썩 같이 믿고 있다가, 공사가 하루 이틀 계속 늦어지는 것을 보면 막말로 뚜껑이 열리는 거죠. 하지만 글렌과 저는 그런 관행을 뿌리뽑기로 마음먹었습니다. 이 바닥에서 약속을 잘 지키는 회사라는 이미지를 심어주면, 성공은 자연스럽게 따라올 것이라고 생각했습니다."

타일 테크가 문을 열고 이제까지 낸 광고라고는 일을 깔끔하게 마무리하는 것을 몸소 보여준 것, 그것뿐이었다. "전화번호부에 회사 전화번호를 등록하는 것도 하지 않았습니다. 물론 다른 광고도 안 냈고요. 심지어 트럭에 회사이름이나 전화번호도 한 줄 붙이지 않았어요. 저희의 유일한 광고는 일이었습니다. 모든 것을 일로 이야기했죠. 고객과의 약속을 철저히 지키고 실행했을 뿐입니다."

특별한 광고 없이도 타일 테크는 눈부실 만한 성과를 거두며 실적도, 평판도 승승장구하였다. 그들이 영업을 시작한 첫해의 총수입은 75만 달러였고, 그 중에서 세금을 떼지 않은 순이익은 10만 달러를 넘었다. 그리고 꾸준한 상승세를 이어간 1999년에는 마침내 100명이 넘는 직원들과 함께 연간 총수입이 1,000만 달러에 이르는 커다란 규모로 성장하였다.

또한, 타일 테크는 그 지역에서 굉장히 좋은 평판을 들으며 업계 최고의 명성을 쌓아갔다. 그들은 가정집, 호텔, 병원, 아파트, 정부청사 할 것 없이 최고의 기술로 지붕을 수리했고, 그 명성에 걸맞게 고객과의 약속을 철저하게 지켜 나갔다.

최근 타일 테크는 한 단계 더 도약하기 위해 대규모 지붕공사를 하는 데 필요한 장비구입에 10만 달러를 투자했다. 그리고 경험이 풍부하고 유능한 기술자들을 더 많이 확보하기 위해 노력했다. 숙련된 기술자는 회사의 발전에 미치는 영향이 매우 컸기 때문에, 이 업계에서 고질처럼 보이던 불안정한 고용 관행을 하루빨리 없애야 했다. 경쟁력을 높이려면 회사와 기술자들이 장기적이고 안정적인 관계를 맺어야만 한다는 것을 그들은 잘 알고 있었다.

대부분의 건축회사들은 일용직 인부를 공사장에 투입하는 관행을 유지하고 있었다. 지붕을 수리하는 일을 전문으로 하는 회사들 역시 주로 일용직 인부들로 공사장 인력을 충원하곤 했다. 하루하루 일당을 받아가며 일하는 일용직 인부들은 현장에 나오는 날도 매우 불규칙했다.

대부분의 회사들은 그러한 초보 일꾼들에게 아주 기본적인 사항만 몇 가지 대충 가르쳐주고 일을 시키곤 했다. 또, 인부들이 사용하는 공구에 대해서는 보증금 성격으로 대금을 지불하게 했고, 그렇게 해서 작업을 일임하고 나면 그 뒤엔 거의 신경을 쓰지 않았다. 그러다 보니 현장에는 당연히 날품팔이를 하거나 공사 건당 보수를 받는 젊은 잡역부가 많았고, 이들은 대부분 이 회사 저 회사 옮겨 다니며 일을 했기 때문에 공사의 질에 대해서는 무관심했다. 공사가 잘되든 말든, 일단 빨리 끝내놓고 돈부터 받고 보자는 식으로 날림 공사를 하기 일쑤였던 것이다.

이런 일이 비일비재하다보니 〈시애틀 타임즈 Seattle Times〉에는 이런 기사가 실릴 정도였다.

'지붕수리, 형편없는 업체 난립!'

'대부분의 지붕수리 회사들이 공사 대금으로 받은 수표가 결재될 때까지만 공사 보증을 해주고 있어 문제가 심각하다. 이들은 한마디로 야반도주하듯이 돈만 받고 뒷일은 나 몰라라 하고 있다.'

타일 테크 사는 업계의 이 같은 고질적인 병폐를 누구보다 잘 알고 있었으므로, 좀 다른 방향으로 돌파구를 찾고자 했다. 우선 정기적으로 월급을 받는 회사의 직원과 일당을 받는 일용직 노동자, 그리고 업계의 숙련공들을 모두 한데 섞어서 팀을 짰다.

우선 회사의 직원은 팀의 감독이 된다. 그리고 감독으로서 팀 구성원들을 교육시키는 일을 맡는 동시에, 공사가 꼼꼼하고 튼튼하게 진행될 수 있도록 관리하는 책임자 역할을 한다.

한편, 숙련공은 자신들의 오랜 경험으로 작업을 신속하고 정확하게 진행하는 방법을 잘 알고 있었으므로, 실제 공사 진행의 주축이 되었다. 타일 테크는 새로운 경력사원 제도를 마련하여 이러한 기술자들을 정직원으로 흡수하려는 노력을 기울였다. 또한, 유능한 경력 기술자들에 대해서는 기술훈련과 작업실적, 팀 지도력 등의 여러 가지 기준에 의거, 객관적인 평가를 내린 다음 인센티브를 지급하기도 했다.

지붕수리업체들에 강도 높은 비난을 가했던 〈시애틀 타임즈〉의 칼럼니스트는 타일 테크의 이러한 노력을 접하고서 다음과 같은 기사를 썼다.

"타일 테크는 업계의 고질적인 문제들을 모른 척하지 않고, 그것들을 개선하기 위한 현실적인 노력을 기울여왔다. 결과는 대성공. 매우 고무적인 현상이 아닐 수 없다."

중요한 것은 바로 '사람'

타일 테크는 신뢰와 기술력을 바탕으로 나날이 번창하며 탄탄대로를 달렸다. "그때 저는 잠시 자만심에 빠져서 졸부처럼 행동했던 적도 있었어요. 제가 잠깐 미쳤었나 봅니다. 모든 게 순조롭고 돈도 많이 벌게 되자, 으리으리한 집도 사고 멋진 자동차도 사들였습니다." 둑의 고백이다.

"그런데, 이상하게도 그런 것들은 금세 허무하게 느껴졌어요. 돈으로 행복을 살 수는 없다는 걸 그제야 깨닫기 시작한 거죠. 돈이란게, 쓰면 쓸수록 공허해지더군요. 소유하면 할수록 욕망은 점점 더 커져갔고, 만족감은 정반대로 점점 줄어들었어요. 결국, 외적인 풍요로 인해 몸도 마음도 오히려 피폐해진 꼴이었습니다.

그러다가 문득 행복했던 어린 시절을 돌아보게 되었어요. 그땐 비록 가난했지만, 정말 행복했거든요. 주일이면 가족과 함께 교회에 가고, 매일같이 동생들과 함께 철없이 뛰어 놀던 그때…, 그때가 가장 행복했던 것 같아요. 이렇게 어린 시절을 되돌아보고 신정한 행복을 떠올리다 보니, 어느새 우리 회사의 직원들도 다르게 보이기 시작했습니다."

사실 지붕수리 작업은 힘들고 위험한 일이라서 곧잘 3D업종으로 분류되었다. 그래서인지 이 일을 하겠다고 온 사람들은 대부분 근근이 생계를 이어가는 가난한 사람들인 경우가 많았다. 둑은 직원들에 대해 이렇게 설명한다. "우리 직원들 중에는 어려운 가정환경속에서 자란 사람들이 많습니다. 가난한 사람들이 다 그런 것은 아니지만, 대부분 주눅 들어 기가 죽어 있거나 여유가 없는 경우가 많아서 속에 있는 감정을 잘 드러내지 않습니다. 한번은 제가 양팔을 벌리면서 우리 직원을 반갑게 맞으러 나갔다가 무안을 당한 적도 있었어요. 각박하고 고된 삶을 사느라 누구하나 이들을 다정하게 안아주었던 적도 없었던 것처럼 말이죠. 알코올에 중독된 사람도 있었어요."

그런데, 둑의 눈에 바로 이러한 처지의 직원들이 새롭게 보이기 시작한 것이다. "사업이 확장되고 직원들이 많아진 만큼, 이들에게 보다 올바른 대우를 제공해야 한다는 생각이 들었어요. 그러려면 무엇보다도 직원들이 스스로 성장할 수 있도록 도와주어야 한다고 생각했습니다."

그때부터 타일 테크는 직원교육에 힘을 쏟았다. 직원교육이라고 해서 직원들에게 실질적인 작업 기술만 가르치는 게 아니었다. 직원들 스스로가 자기계발에 관련된 특별한 기술을 습득할 수 있도록 회사 차원에서 적극적으로 도왔다.

둑은 우선 자기계발에 관한 책을 읽고, 강사들의 세미나에 참석하는 등, 직원들을 근본적으로 도울 수 있는 방법을 공부하는 데에 자신이 가진 많은 돈과 시간과 노력을 투자했다. 궁하면 통한다고 했던가. 지혜라는 것은 구하기만 한다면 누구에게나 열려 있었다.

"아직까지도 배우고 공부하는 중입니다. 그러는 과정에서 제 나름의 삶의 지혜도 얻었구요. 글렌과 저는 우리의 사명이 지붕에 기왓장을 올리거나, 수입지출 따져가면서 자산을 불리는 것에만 있지는 않다는 것을 깨달았습니다. 중요한 것은 바로 '사람' 이라는 것을 그제야 알게 된 것이죠. 할 수만 있다면, 우리 주변의 소중한 사람들의 삶을 질적으로 한 단계 높이는 데 많은 도움을 주고 싶었습니다. 그리고, 그것은 그리 어려운 일이 아니었음을 알게 되었죠.

억지로 상대방을 바꾸려고 할 필요는 없습니다. 그저 '우리 삶에는 우리가 스스로 선택할 수 있는 여러 가지 길이 있다.'는 것을 알려주기만 하면 되었습니다."

타일 테크는 그러한 노력의 하나로 지역사회 발전사업에도 적극 참여하였다. 우선 가까운 이웃들에게 무언가 좋은 일을 하기로 한 것이다. 한번은 혼자 사시는 어느 할머니 댁의 지붕을 무료로 수리해 주기도 했다. 그 집의 지붕은 너무 오래 된 나머지 썩어서 거의 내려앉기 직전이었다. 바람이 조금이라도 강하게 불면 지붕이 뜯겨 날아가 버리거나 폭삭 주저앉을지도 모른다는 주변 이웃들의 이야기를 듣고, 타일 테크는 할머니 댁 지붕을 새로 깔아드렸고 간 김에 정원까지 손질해 주었다.

뿐만 아니라, 타일 테크는 회사 내부에 봉사활동 프로그램도 만들어서, 직원들이 그 프로그램에 쉽게 참여할 수 있도록 독려했다. 이제까지 봉사할 기회가 없었거나, 기회가 있어도 선뜻 나서지 못했던 직원들은 그 프로그램을 통해서 지역사회 봉사활동에 자발적으로 참여하였다.

또한, 일부 직원들을 위해 알코올과 마약에 대한 재활 프로그램도 신설했고, 그들에게는 작업장에서 지켜야 할 안전 수칙을 철저하게 교육했다. 이 밖에도 각종 자기계발 프로그램과 교육 프로그램을 마련하여 직원들 스스로가 개인적인 목표를 가지고 거기에 적극적으로 매진할 수 있도록 했다.

둑은 이렇게 설명한다. "개인적인 목표라고 해서 꼭 거창한 무언가일 필요는 없습니다. 어떤 날은 부인이나 여자 친구에게 꽃을 가져다주는 것도 목표가 될 수 있으니까요. 무슨 일이든 재미있고 즐겁게 할 수 있도록 돕기 위해 만든 교육 프로그램입니다. 만약 직원들이 원한다면, 알코올 중독, 남녀 관계, 결혼, 자녀 문제에 대한 상담 프로그램도 마련할겁니다."

타일 테크가 지붕에 기왓장을 한 장 한 장 올릴 때마다 새로운 전설이 생겨났다.

🖐 열정과 에너지에 흠뻑 빠지다

타일 테크의 복도와 사무실 벽은 종업원들의 성취 동기를 자극하기 위한 명언들과 그림들로 가득했다. 이 독특한 실내 인테리어는 다른 건축회사들과는 사뭇 다른 분위기를 연출했다. 하지만 둑은 뭔가 석연치 않은 구석이 있는 것 같은 느낌이 들었다. "변속 기어장치들이 제각각 따로 노는 것 같았어요. 직원들은 다들 시큰둥해 보였습니다. 글쎄요. 한 20%는 마음속으로만 동조하고, 나머지 80%는 그냥 좋은 건지 싫은 건지 아무생각 없이 지켜보기만 했던 것 같아요."

그때 마침 타일 테크의 간부 사원들은 파이크 플레이스 어시장의 'FISH! 철학' 이야기를 듣게 되었다. 둑은 러스를 비롯한 간부 사원들과 함께 곧바로 어시장을 찾았다. 그리고, 그곳이야말로 바로 우리가 찾던 이상적인 모델이 아닐까 하는 호기심과 기대로 걸음을 재촉했다. 마침 시애틀은 그들이 있던 타코마에서 그리 멀지 않았다.

🖐

그들은 처음엔 반신반의하며 어시장을 찾아갔지만, 순식간에 상인들의 즐거운 열기와 활기찬 에너지에 흠뻑 빠져 버렸다. 그런데 막상 자신들을 이렇게 흥분하게 한 것이 무엇인지를 알 수 없었다. 바로 그때, 그들에게 어시장을 안내해주었던 안내원이 'FISH! 철학'에 대해 설명해 주었다. 그 설명 가운데 지금까지도 둑의 기억 속에 가장 뚜렷하게 남아 있는 말이 바로 이것이다.

"이 곳의 상인들은 매일 아침 시장에 나와 자신들의 행동과 마음가짐을 스스로 선택합니다."

둑을 비롯한 타일 테크의 간부 일행은 어시장의 상인들과 작업 현장의 인부들 사이에 공통점이 많다는 점을 깨달았다. 그 중에서도 가장 큰 공통점은, 둘 다 어렵고 힘든 일이라서 요즘 젊은이들이 꺼린다는 사실이었다.

하지만, 어시장 상인들은 여느 젊은이들처럼 그 일이 싫다고 피하거나, 어쩔 수 없이 하는 것이라고 짜증스러워하지 않았다. 오히려 그들은 날마다 자신의 태도를 스스로 선택했고, 그렇게 자신이 선택한 마음가짐을 통해 고생스러운 업무환경까지도 자신들이 원하는 곳으로 만들어가고 있었다. 그들은 어시장 상인들의 행동을 보고, '그래, 바로 저거야!' 하며 환하게 웃었다.

그 자리에 함께 있었던 간부 사원 보브 디턴(Bob Deaton)은 그때의 느낌을 이렇게 이야기한다. "상인들의 그런 태도를 보고 저는 마치 아픈 곳을 찔린 듯한 느낌이었어요. 우리가 가진 문제의 핵심을 찔린 거죠. 우리 직원들은 비가 오나 눈이 오나 지붕 위에 올라가서 작업을 해야 합니다. 너무 춥거나 너무 더울 때도 예외는 없습니다. 오히려 1년 중에 일하기 좋은 날이 며칠 안 될 정도예요. 하지만, 그렇다고 하늘보고 욕만 퍼부으면서 하루를 끔찍하게 보낼 수는 없지 않습니까?"

다시 회사로 돌아온 보브는 기술자들에게 어시장 상인들에 관한 이야기와 함께 자신이 깨달은 바를 허심탄회하게 이야기했다. 그러자 기대 이상으로 직원들은 크게 고무되었다. 생각지도 못한 뜨거운 반응이었다. 보브는 그때를 이렇게 회상한다. "직원들은 곧바로 제 얘길 알아들었습니다. 우리가 이제까지 생각만 하고 시도하지 못했던 것을 드디어 밖으로 꺼내어 실천할 수 있게 된 겁니다."

타일 테크의 기술자로 일하고 있던 브라이언 마셀(Brian Marchel)도 어시장 상인들의 이야기를 전해 듣고는 무릎을 탁 쳤다. 그거야말로 자신이 여태까지 생각만 하고 미처 몰라서 실천하지 못했던 행동들이었던 것이다. 그는 그 얘기가 마치 애타게 기다리던 초청장을 받은 것처럼 반가웠다고 했다.

"저는 어렸을 때, 매사에 부정적이던 의붓아버지와 함께 살았습니다. 어느 날 저는 그런 의붓아버지께 이렇게 말했어요. '아버지, 제가 못하는 일만 가지고 자꾸 잔소리하시는 거 이젠 지겨워요. 저도 분명히 뭔가 잘한 일이 있단 말이에요. 아버지가 언제 그런 걸 한 번이라도 칭찬해주신 적 있으세요?'"

그렇다. 브라이언의 이런 과거가 바로 오늘날 그가 긍정적인 에너지를 더욱 갈망하도록 만든 계기가 된 것이다. 브라이언은 '그날의 태도를 스스로 선택하자.' 라고 씌어진 포스터를 사무실 문 앞에 붙여 놓았다. 그리고 매일 문을 열 때마다 그 포스터를 보고 마음가짐을 새롭게 한다. "문을 드나들 때마다 태도를 새롭게 정합니다. 때로는 사무실에 갈 때까지 잊고 있다가 그걸 보고 정신이 번쩍 들 때도 있어요."

아침마다 큰소리로 읽었습니다

하지만 어느 순간 벽에 부딪혔다. 타일 테크의 직원들은 'FISH! 철학' 을 실천하는 것이 그리 쉽지만은 않다는 것을 깨닫기 시작했다. 물론 나아가야 할 방향과 해야 할 일은 분명했지만, 이것들을 잊지 않고 일상에서 매일 실행하기란 쉽지 않았다. 어느 날, 아침 업무 회의 자리에서 한 여자 직원이 이렇게 소리쳤다. "아무리 해도 그 망할 놈의 좋은 마음가짐을 매일같이 가질 수는 없다구요!"

회의를 주재하던 보브는 그녀의 솔직한 지적을 인정해야 했다. "그 말도 맞아요. 하지만 우리는 날마다 어떤 형태로든 그날 하루를 어떻게 살아갈지 마음가짐을 정해야 합니다. 그렇죠? 물론 저도 쉽진 않았지만, 나름대로 이런 전략을 한번 짜봤습니다."

보브는 직원들에게 자신의 경험을 솔직하게 이야기해 나갔다. "저는 3주 동안 하루도 빼지 않고 '오늘의 마음가짐을 선택하라!' 는 이 한 문장을 아침마다 소리내어 읽었습니다. 어떻게든 이 좋은 습관을 생활화하고 싶었거든요. 물론 여러분들도 그렇겠지만요. 그런데, 작심삼일이 따로 없더군요. 며칠만 지나면 다 잊어버리고 다시 옛날로 돌아가는 거예요. 그래서 저는 이 문장을 자명종 옆에다 써서 붙여 놓았습니다. 그리고 아침마다 자명종의 소리를 듣고 일어나면서 이 문장을 큰소리로 읽었지요. '오늘의 마음가짐을 선택하라!' 하구요."

보브는 잠시 직원들에게 눈을 감아보라며 말을 이었다. "눈을 감고 생각해 보세요. 지금 여러분이 승진해서 높은 자리에 올라갔다고 생각해 봅시다. 누군가를 고용하여 작업을 지시해야 하는 순간입니다. 여러 명의 지원자 가운데, 여러분은 어떤 사람을 쓰겠습니까? 당신이 생각하는 완벽한 직원을 상상해 보세요. 그 직원은 몇 시에 출근할까요? 업무를 시작하기 전에 어떤 준비를 할까요? 그리고 맡은 일을 어떻게 해내겠습니까? 생각해 보십시오."
한동안 침묵이 흘렀다.
"자. 이제 천천히 눈을 뜨세요. 그리고, 지금부터 여러분 스스로 바로 그 사람이 되어 보세요. 방금 그 구체적인 모습을 그려보았기 때문에 여러분은 이미 그 사람에게 한 발짝 더 다가간 것입니다."

마침내 타일 테크의 분위기가 서서히 바뀌기 시작했다. 직원들은 선택의 힘을 깨닫기 시작했고, 실제로 하루하루 자신의 마음가짐을 스스로 '선택' 함으로써 자신들의 일상을 바꾸어갔다.
"이제 아침에 차에 올라타면, 그 날 하루를 어떻게 보내야 할지, 오늘의 마음가짐부터 먼저 생각해 봅니다." 사무실 관리인 리서 프랭클린(Lisa Franklin)의 말이다.

☞

"저는 '내가 왜 여기에 있지? 여기서 무엇을 하려고 하는 거지?' 하고 항상 스스로에게 물어봅니다. 오늘을 어떻게 살아야 할지 매일매일 제 자신에게 묻고 또 물어요. 그렇게 하지 않으면 마음가짐을 선택하는 것을 자꾸 잊어버리게 되니까요. 만약 그것을 잊어버리면, 아침에 출근하자마자 아무생각 없이 커피를 들고 누군가와 잡담을 하게 되겠지요. 그건 하루를 시작할 준비가 제대로 되지 않았다는 증거입니다. 한마디로 머리에 전기가 안 들어온 상태라는 거죠. 뇌가 작동하지 않으니까 경계가 풀린 겁니다. 그렇게 하루를 시작하면 어떤 일에 몰입하거나 무언가에 최선을 다하기가 어려워져요."

그날의 마음가짐을 선택하는 것은 어느새 타일 테크의 구석구석까지 퍼져 나갔다. 보브 역시 자신이 변하고 있음을 느낄 수 있었다.

"아침에 일과가 시작되면, 저는 제일 먼저 인부들을 각각의 작업 현장에 배치하는 일을 합니다. 사실 전에는 인부들에게 뭔가 지시를 할 때 어떤 두려움 같은 게 있었어요. 지붕수리 인부들은 다소 거칠고 우악스러운 경향이 있는데, 작은 일에도 얼굴을 붉히고 걸핏하면 욕설을 퍼부어요. 그래서 저는 그들에게 무언가 지시하기를 꺼렸던 것 같습니다.

하지만 이제는 저도 변했고, 우리 인부들도 변했습니다. 이제는 출근하면 모두 밝게 웃으며 큰소리로 아침 인사를 나눕니다. 다들 싱글벙글 웃는 표정이니 서로의 얼굴을 바라보는 것만으로도 엔돌핀이 솟아나요. 반가운 친구를 만나는 것처럼 말이죠."

🦅 보브 증후군에 걸린 게 틀림없어

직원들은 어떤 마음가짐으로 하루를 보낼지를 선택하는 것이 얼마나 중요한 일인지 잘 알고 있었다. 이제는 주변의 동료가 즐거운 마음가짐을 가질 수 있도록 도울 차례였다. 이것에 관해서 보브는 특히 자기가 고칠 점이 많았다고 솔직히 시인했다.

"전에는 아침에 회사 문을 열고 들어오자마자 인상부터 확 구겼습니다. 예전엔 미처 몰랐는데, 지금 생각해보니 제가 그랬던 것 같아요. 일부러 그랬던 것은 아닌데…. 아무튼 그때는 출근하기가 무섭게 인사도 안 하고 제 사무실로 들어가 버렸습니다. 다른 사람에겐 관심도 없었어요. 어휴, 그렇게 인상을 찌푸리고 다녔으니 누군들 제게 말을 붙이고 싶었겠습니까?"

타일 테크에서 동료들에게 무관심하고 퉁명스럽게 굴기로는 보브 디턴을 따라올 사람이 없었다고 다들 이야기한다. "예전엔 일하고 있을 때, 누가 뭘 물어보거나 부탁을 하면 '지금은 안돼! 일하느라 바쁜 거 안 보여?' 하며 버럭 소리를 질렀습니다. 그가 뭘 물어보려고 했는지, 어떤 부탁을 하려고 했는지 들어보지도 않고 무조건 거절부터 했어요. 주변 사람들이 뭘 하는지 관심도 없었고, 직원들이 옆에 와도 오는지 가는지 신경도 안 썼어요."

그런 보브가 고객 한 사람 한 사람에게 최선을 다하며 서비스하는 어시장 상인들을 보고 받은 충격은 이만저만한 게 아니었다. 머리를 한 대 세게 맞은 것 같았다. 고객에게 작은 것 하나하나까지 배

🦅

려해주는 그들의 모습과, 부하 직원들에게 무관심하기 짝이 없는 자신의 태도가 선명하게 대비되면서 머릿속이 멍해졌다. 상인들과 보브 자신의 모습은 말 그대로 극과 극이었던 것이다.

보브는 자신의 행동을 반성하기 시작했다. "제가 정말 잘못하고 있었구나 하는 걸 깨달았어요. 많이 반성했고, 사람들에게 사과해야 한다고 생각했습니다. 앞으로 달라지자고 결심했구요. 동료들에게 아침 인사를 하는 데 한 시간이 걸립니까, 두 시간이 걸립니까? 그냥 웃으면서 반갑게 인사를 하면 되는 거였는데…. 마음만 먹으면 쉽게 할 수 있는 일이잖아요. 새로 입사한 신입사원에게 먼저 다가가서 악수를 청하고 환영한다고 말해준다면 그 신입사원은 얼마나 기운이 나겠습니까?"

인사부 국장인 하이디 맥케이그(Heidi McCaig)도 보브의 변화를 칭찬했다. "보브는 정말 많이 변했습니다. 예전엔 말붙이기도 어려울 만큼 까다로운 성격이었어요. 하지만 지금은 완전히 달라져서 그가 오히려 다른 직원들을 기쁘게 해줍니다. 우리가 스포츠 팀의 선수들이라면, 그는 우리 팀의 유능한 코치인 셈이죠."

보브가 이런 이야기를 했다. "오늘 아침 직원 한 사람과 얘기를 나누고 있는데, 글쎄 그 젊은이가 고민이 있다지 뭡니까? 뭐든지 털어놓아 보라고 했더니, 자기 인간관계에 문제가 많은 것 같아서 고민이라고 하더라구요. 남들이 뭘 하든 아예 신경도 안 쓰고, 툭 하면 주변 사람들에게 짜증을 내고, 사소한 일도 닦달하며 재촉을 해대는 성격이라고 말입니다.

그래서 제가 웃으며 말했죠. '맙소사! 당신도 보브 디턴 증후군에 걸렸군요! 예전의 나처럼 되면 큰일인데?' 하구요. 그랬더니 그 젊은이가 한동안 당황스러운 표정을 짓더니, 이내 웃으며 이렇게 답했답니다. '맞아요! 그 증후군에 걸린 게 틀림없어요. 저도 남들이 저를 어떻게 생각하는지 잘 알고 있습니다. 제 옆에 오는 것도 두려워한다는 것을요. 하지만 이젠 제 병(?)의 확실한 진단을 내렸으니, 처방도 자신 있습니다.'"

🐦 슈루즈베리 인사법

타일 테크는 뒤뜰에 수영장이 있는 주택을 개축해서 사무실로 쓰고 있었는데, 직원들은 아침마다 커피를 마시면서 '슈루즈베리(shrewsberry, 잉글랜드 슈롭셔(Shropshire) 주의 주도 – 역주) 인사'를 하는 것으로 하루 일과를 시작한다.

품질 관리 감독인 레이(Ray)는 이렇게 설명한다. "저는 뭐든지 즐겁게 하는 편입니다. 즐겁게 살고 싶다면 일도 즐겁게 해야죠. 근데, 우리 기술자들은 외모부터가 왠지 좀 무서워 보이기도 하고, 성격도 다들 너무 무뚝뚝해요. 예전엔 서로 웃으며 인사를 한다거나, 먼저 다가가서 아는 척을 하는 것은 기대할 수도 없었습니다. 그래서, 우선 저부터라도 동료들에게 부지런히 인사를 하자고 마음먹었습니다. 한번은 보브가 유난히 어깨가 축 늘어진 것 같아서, 그에게 먼저 다가갔습니다. 그리곤 사무실 사람들이 다 들릴 만큼 큰소리로 '안녕하세요, 보브!' 하고 웃으면서 인사를 했어요."

🐦

보브는 그때 레이의 인사에 절로 기운이 났을 만큼 기분이 좋았다고 얘기한다. "레이는 항상 먼저 다가와서 '안녕하세요, 보브!' 하고 반갑게 인사했습니다. 아침마다 그런 인사를 받으면 얼마나 상쾌한지 몰라요. 그래서 다른 직원들에게도 그렇게 인사해보자고 제안했습니다. 그런데 막상 그렇게 인사를 하려니까, 이제까지 이름도 정확히 모르고 지내던 동료가 얼마나 많았는지를 알게 되더군요. 당황스럽기도 하고, 참 부끄럽더라구요. 수년간을 같은 직장에 다니면서도 얼마나 서로에게 관심이 없었으면 그때까지 이름도 제대로 몰랐겠습니까? 하지만 그런 문제쯤은 금방 해결되었어요. 이름도 자꾸 불러버릇하니까 금세 외워지더군요. 다들 씩씩한 목소리로 웃으면서 인사하기 시작했습니다. 덕분에 직원들의 이름도 확실히 외울 수 있었고, 사람들과 너 친해질 수 있었어요. 슈루즈베리 인사 덕분에 우리는 매일 아침 웃으면서 아침업무를 시작합니다."

활기찬 인사뿐만 아니라, 직원들은 누가 시키지 않아도 스스로 마음을 열고 자신들만의 특별한 놀이를 개발했다. 다들 즐겁게 일하기 위한 자기만의 방법을 찾아내는 것이었다. 사무실 직원들은 물론, 현장에서 지붕을 수리하는 기술자들도 즐거운 마음으로 작업을 진행할 수 있는 방법들을 생각해냈다. 공사 현장의 달라진 분위기를 팀 오브라이언(Tim O'Brien)은 이렇게 전하고 있다.

"우리는 이제 못 박는 공구를 가지고 놀지는 않습니다. 대개 대화로 서로를 이해하고, 장난을 치며 즐겁게 노는 가운데 서로를 진심으로 존중하게 되었습니다."

둑은 종종 달달거리는 고물 오토바이를 끌고 작업 현장에 나타났다. "작업진행 상황을 체크하려고 현장에 가는 게 아닙니다. 현장 사람들은 작업하다가 잠시 쉴 때, 그 휴식시간을 정말 재미있게 보냅니다. 저는 비록 사장이긴 하지만, 그들과 함께 마치 오래된 친구처럼 즐겁게 놀아요. 그들과 함께 있으면 정말 즐겁습니다."

🐾 그의 삶에는 무언가 빠져 있었다

지붕 위에서 타일 잇기 작업을 하던 드와이트 럼버트(Dwight Lambert)는 잠시 일손을 놓고 허리를 펴보았다. 아픈 허리만큼이나 세월이 유난히 성큼 지나가 버린 것처럼 느껴졌다. 몇 년 전부터 희끗희끗해지기 시작한 머리카락과 까칠한 얼굴에는 지친 표정과 함께 고단했던 삶이 고스란히 남아 있었다. 이런 드와이트가 브리트니 스피어스(Britney Spears)의 팬이라고 한다면 믿을 수 있을까? 하지만 그는 브리트니의 노래를 좋아한다. 지붕공사를 하고 있는 집의 어린 딸아이와 함께 브리트니의 'Oops! I did it again'과 같은 노래를 들으면서 신나게 박자를 맞추기도 한다.

무뚝뚝하기로는 따라올 자가 없었던 드와이트는 타일 테크에서 '괴팍한 늙은이'로 더 잘 알려져 있었다. 그도 이를 인정했다. "사실 저도 사람들이 저에 대해 어떻게 이야기하는지 잘 알고 있습니다. 그렇게 말하는 게 당연하죠."

드와이트가 열 살 때 그의 부모는 이혼으로 갈라서게 되었다. 그의 어머니는 곧 재혼을 했고, 그는 어머니와 의붓아버지 집에서 살게 되었다. 그는 그 시절을 이렇게 이야기한다. "의붓아버지에게 저는 떼어내고 싶은 혹 같은 존재였죠. 일종의 피해의식이라고 할지도 모르겠지만, 새 아버지를 대할 때는 늘 그런 생각이 들었어요. 그래서 저는 더더욱 무슨 일이든 잘하려고 이를 악물었습니다. 세상에 저를 도와줄 사람은 아무도 없다고 생각하고 뭐든지 스스로 해냈어요."

그는 그렇게 마음을 꼭 닫은 채로 우울한 10대를 보냈다. 학교에도 집에도 적응하지 못하고 겉돌던 그는 고등학교 2학년을 마친 후 학교를 그만두고 취직을 했다.

"저는 이제까지 도둑질 빼고는 안 해본 일이 없을 정도입니다. 이발사 보조에서부터 철공소 잡역부까지 정말 다양한 일을 해봤죠. 그리고 무슨 일을 하든지 정말 최선을 다했습니다. 아버지 말씀처럼 말똥을 치우더라도 세상에서 가장 깨끗하게 잘 치우는 일꾼이 되어야 한다고 생각하면서 살았어요."

그렇게 여러 직업을 전전하던 끝에 드와이트는 30대 중반이 되어서야 지붕수리 일을 시작하게 되었다. 막노동에도 잔뼈가 굵은 그였지만, 지붕수리 일은 생각만큼 만만한 일이 아니었다. 높은 지붕 위에서 해야 하는 작업이었기 때문에 무척 위험했고, 혹독한 추위나 뜨거운 햇빛 아래서 하루 종일 버텨야 하는 거칠고 고된 노동이었다. 다들 어떻게 해서든 좀더 쉽고 편한 일을 하려고 했지만, 드와이트는 스스로가 이 힘들고 어려운 일을 선택했다.

그는 어떤 작업을 맡겨도 척척 잘해내는 유능한 일꾼이었고, 실력에 있어서도 다른 직원들보다 월등했다. 게다가 그는 날씨가 어떻든간에 날마다 열심이었다. 날씨 때문에 작업이 힘들지 않느냐는 질문을 그는 한마디로 일축했다. "날씨가 이러니저러니 하면서 불평하는 것은 어린애나 하는 짓이죠."

그는 모든 일에 최선을 다했고, 직장에서도 능력을 인정받았지만, 그의 삶에는 무언가 공허한 구석이 있었다. 그의 삶에는 즐거움이라든가 기쁨 같은 것이 빠져 있었던 것이다. 그는 일을 놀이처럼 즐겁게 할 수 있을 거라고는 생각도 못해 봤다. 일은 그냥 일일뿐이었다. 그리고 직장 동료들과 무언가 즐거운 놀이를 하며 함께 재미있게 지낸다는 생각도 해본 적이 없었다. "저는 평생 세상에는 저밖에 없다고 생각하며 살았습니다. 지붕 위에서 그저 묵묵히 일만 했어요. 누군가 일거리를 주면, 그냥 혼자 알아서 일을 마쳤습니다. 제 일은 그냥 제 방식대로 공사를 마치면 보수를 받을 수 있는 일이었기 때문에, 다른 사람들에게 무언가 물어본다거나 하지도 않았어요."

🗨 화병 클리닉이라도 다녔더라면 …

하지만 그가 괴팍한 늙은이라고 불리는 이유는 따로 있었다. 그의 불같은 성격 때문이었다. 그는 자기 스케줄대로 작업이 진행되지 않으면, 함께 일하는 사람들에게 고함을 지르고 불같이 화를 냈다. 자신이 정한 약속을 엄격하게 지킬 생각만 하다 보니, 그의 작업 속도에 따라오지 못하는 사람들을 참지 못했던 것이다. 그는 그때를 돌아보며 지금도 반성하고 있다고 이야기했다.

"어려서부터 고생을 많이 해서 그런지, 저는 항상 제 자신만 생각하는 버릇이 있었어요. 남을 배려한다거나, 상대방의 입장에서 생각하려고 노력해본 적이 없었던 것 같아요. 그땐 왜 그렇게 독불장군처럼 살았는지…. 사실 그때는 이기적인 마음에, 다른 사람들의 일까지 제가 떠맡아야 한다고 생각해서 신경질이 났던 것 같아요."

한번은 그의 아들과 함께 지붕수리 일을 했던 적이 있었는데, 그때도 아들에게 크게 호통을 쳤다.

"그 녀석이 안전장비를 하나도 착용하지 않은 채 작업장에 나타난 겁니다. 성질을 있는 대로 내면서 호되게 야단을 쳤죠. 예전에 제가 안전장비 없이 일을 하다가 크게 다친 적이 있었거든요. 지붕에서 미끄러져서 떨어졌는데 한쪽 다리가 부러지고 다리에 나사가 세 개나 박혔습니다. 아홉 달 동안 꼼짝없이 누워만 있었지요. 그때 기억이 떠올라서 그렇게 심하게 화를 냈던 거였죠. 하지만 지금은 '그렇게 흥분하면서 호통 칠 것이 아니라, 말로 부드럽게 타이를 수도 있었을 텐데….' 하는 생각이 듭니다. 제가 그때 화병 클리닉이라도 다녔더라면 그렇게까지는 안 했겠죠."

사실 드와이트는 수년 전 이미 타일 테크 사에 입사한 적이 있었다. 일주일도 채 안 되어 그만뒀지만 말이다. 둑은 그때를 떠올리며 이렇게 이야기한다. "드와이트는 매우 믿을 만했고, 일솜씨도 아주 좋았어요. 하지만 고집이 보통이 아니었습니다. 사실 지금도 우리 회사에는 그의 고집을 꺾을 사람이 없긴 하지만, 그때는 고집이 아니라 독단이라는 표현이 맞을 정도였어요. 그는 사사건건 다른 사람들에게 이렇게 이야기했죠. '나는 이제까지 이렇게 해왔으니까, 당신들도 내 방식으로 하세요.' 다른 사람들 의견은 아예 들을 생각도 안 했습니다."

그런 드와이트가 다시 타일 테크로 돌아왔을 때, 그는 곧 새로운 사람이 되었다. 파이크 플레이스 어시장 상인들의 이야기를 듣고 나서부터였다.

"'FISH! 철학'? 처음엔 관심도 없었어요. 바보 같아 보였구요. 하지만 좀더 생각해 보니까 그들이 하는 이야기가 제 생활과도 어떤 관련이 있을 것 같더라구요. 정말 그렇게 해보면 사는 게 좀더 쉬워지지 않을까 하는 생각에 어느 순간 귀가 솔깃해졌습니다."

드와이트는 이제까지의 자신의 심정을 솔직히 고백했다. "역시 사람은 자기가 살아온 환경에 따라 달라지는 것 같습니다. 저는 이제까지 지독히도 외롭게 살아왔습니다. 좋은 말로 하면 자립해서 꿋꿋이 살아왔다고 얘기할 수도 있겠지만, 저는 항상 혼자였습니다. '다 끝냈나? 자, 자네가 다음 할 일은 이거야.' 이렇게 일거리 줄 때를 빼고는 아무도 제게 관심을 가져주지 않았어요. 이런 말이 있죠? 늙은 개에게 새로운 재주를 가르칠 수 없다는 얘기요. 사람들과 단절된 생활을 하면서 어떨 땐 그 얘기가 꼭 제 얘기 같이 느껴졌어요. 하지만 저는 그렇게 늙은 개로 지내고 싶지 않았습니다.

이제까지 아무도 저에게 알려주지 않았어요. 그렇게 살지 말라고 조언해 준 사람도 없었습니다. 제게 다른 사람들 생각도 좀 해보라거나, 속도를 좀 늦추라고 얘기해준 적도 없고요. 물론 무엇보다도 제 잘못이 가장 크다는 것은 저도 잘 알고 있었습니다. 어쩌면 제가 항상 사람들과 함께 하는 자리를 피했던 것 같기도 해요. 그런데, 'FISH! 철학'을 알면서부터 이제 저도 달라지기로 했습니다. 사람들과 어울리려 노력하고, 누가 어떤 말을 해도 다 고맙게 들으려고 합니다."

'내 사전에 실수란 없다.' 이것이 바로 드와이트의 인생관이었다. 그는 지나치리만큼 엄격한 완벽주의자였다. 늘 이 말을 중얼거리며 일에 몰두했기 때문에 무엇이든 완벽하게 해냈다. 자신뿐만 아니라 다른 사람들에게도 그런 완벽주의를 강조하며, 일을 완벽하게 해내는 방법을 지도해 주기도 했다. 젊은 친구들은 그를 '구닥다리 영감'이라고 부르긴 했어도, 그에게 배울 점이 얼마나 많은지 잘 알고 있었다. 그의 실력을 신뢰했던 젊은 직원들은 작업 중에 문제가 생길 때마다 그에게 달려가서 물어보았고, 그러면서 자연스럽게 이 무뚝뚝한 늙은이가 오랜 세월 동안 체득한 기술과 정보를 전수받을 수 있었다.

이런 식으로 다른 직원들과 점점 친해지는 동안 드와이트도 마음을 열려고 노력하자, 점심시간이나 휴식시간에도 사람들과 자연스럽게 어울릴 수 있게 되었다. 예전엔 상상도 못할 일이지만, 이젠 젊은 친구들과 함께 브리트니 스피어스의 음악을 들으며 신나게 박자를 맞추며 일할 정도이다.

그는 이렇게 말한다. "살다보면 누군가에게 무언가 주의를 주려고 큰소리를 칠 때가 있습니다. 하지만 화내고 호통 치는 것 말고 다른 방법으로 잘 얘기하는 법을 알게 되면, 그럴 필요가 없어지죠. 인상 쓰고 화낸다고 해서 일이 잘 해결되는 건 아닙니다. 웃고 즐기는 가운데에도 얼마든지 많은 일을 할 수 있다는 것을, 예전에 저는 미처 모르고 살았습니다. 그렇게 하루하루를 즐겁게 지내면, 하루가 뚝딱 지나가 버려도 예전처럼 '오늘도 이렇게 하루가 허무하게 가 버리는구나.' 하는 쓸쓸한 생각이 들진 않아요.

짜증내며 우울하게 살 필요는 없잖아요? 이제까지 저는 항상 불만에 가득 차서 늘 인상을 쓰고 살았습니다. 도로에서 다른 차가 제 앞에 끼어들라 치면 욕을 퍼붓고 심지어 주먹질도 했습니다. 하지만 이제는 그냥 껄껄 웃습니다. 느긋하게 '저 친구들은 뭐가 그리 바쁠까?' 하고 생각해요. 앞에 차가 한 대 끼어든다고 해서 당장 무슨 큰일이 난다거나 생활에 큰 문제가 생기는 것은 아니잖아요?"

드와이트는 사랑하는 손자 이야기를 하면서, 이제 자기에게도 소중한 사람들과 중요한 것들이 많아졌다고 한다.

"제게는 손자 녀석이 다섯 명이나 됩니다. 제 큰아들은 얼마 전에 재혼을 했는데, 지금의 큰며느리에게는 전 남편 사이에서 태어난 사내아이가 둘이 있었어요. 그 중 큰 녀석인 앤드류(Andrew)가 어느 날 저에게 '드와이트 할아버지라고 불러도 돼요?' 하고 묻습디다. 흠음…. 근데 그 소리에 주책없이 눈물이 나더라구요. 그 녀석에게는 할아버지가 없었거든요. 왠지 그 녀석의 말에 가슴이 찡해졌습니다. 그래서 '물론이지. 드와이트 할아버지라고 불러주면 좋겠구나, 앤드류' 하고 말해주었습니다."

그는 아내의 소중함도 다시 한 번 깨달았다고 이야기했다. "지난 봄 제 아내가 갑자기 동맥류 출혈을 일으켜서 긴급 수술을 받았습니다. 저는 세상에서 가장 소중한 사람을 잃을 뻔했어요. 놀라기도 놀랐지만, 덜컥 겁이 났습니다. 이제까지 아내에게 잘해준 것도 없었으니까요. 어쨌든 그 일을 계기로 아내가 더없이 소중하게 느껴졌습니다. 허허…. 요즘은 출근하기가 싫을…. 어이, 이봐. 거 조용히 좀 해줘."

ᒐ 사랑하는 사람을 위해 스스로 안전을 지킨다

노동부의 산업재해 보고에 따르면, 건축업 중에서도 지붕수리 업종은 안전사고가 가장 많이 발생하는 위험한 직종 중 하나라고 한다.

둑이 1987년 타일 테크의 문을 열면서 지붕수리 사업면허를 신청할 때, 주 정부는 안전문제에 대해 아무런 문제를 제기하지 않았었다. 둑은 이렇게 이야기한다. "사실 그때는 안전수칙이 무엇인지 잘 몰랐고, 그게 꼭 필요한 것인지도 몰랐어요. 그런데 언제부턴가 주 정부가 안전수칙을 강화하기 시작했습니다. 저는 그때서야 비로소 저희 회사가 그 안전수칙을 지키지 않고 있었다는 것을 알게 되었습니다."

타일 테크에는 직원들이 자체적으로 구성한 '안전위원회' 라는 것이 있다. 이 위원회는 노동부와 공동으로 직원들에게 안전교육을 실시했고, 수시로 작업장의 안정장치들을 점검했다. 또한 이 위원회의 건의로 몇 가지 안전수칙들이 새로 생기기도 했다. 예를 들어, 각이 진 지붕 위에서 작업할 때는 반드시 전신보호장비를 착용해야 하는 규칙도 그 중 하나였다.

하지만 아무리 회사와 정부가 발 벗고 나서서 안전수칙을 강조해도, 안전장비를 착용하느냐 마느냐는 결국 직원 각자의 선택에 달린 문제였다. 둑은 이야기한다. "제 원칙은 항상 똑같았습니다. 현장의 직원들에게 이렇게 이야기하곤 했어요. 자기 생명을 귀중하게 여기지 않고, 안전사고에 신경 쓰지 않을 사람은 나를 부르라고요. 처벌이요? 아니요. 어떤 처벌도 없습니다. 그냥 집에 돌려보낼 뿐이에요."

타일 테크는 보다 더 안전하게 작업하기 위해서 파이크 플레이스 어시장 상인들이 썼던 방법을 도입해 보았다. "어시장에서는 누군가 주문을 받으면 그 내용을 큰 소리로 외치잖아요. 그러면 다른 상인들도 모두가 그것을 따라서 외치죠. 바로 그거예요. 우리도 그런 방법을 써보았습니다. 공사를 시작하기 전에 우리는 지붕 상태가 어떤지 우선 작업구역을 살펴보는데, 그때 위험한 곳이 나오면 큰 소리로 외쳐 뒷사람들에게 알립니다. 그러면 뒤에 따라오던 인부들도 일제히 따라 외치구요. 그렇게 하면 모든 인부들이 안전수칙을 다시 계속해서 생각하게 되고, 위험한 곳을 다같이 알게 되는 거죠."

처음엔 큰 소리로 따라 외치는 것을 다들 어색해했지만, 그 방법이 안전사고 예방에 얼마나 큰 도움이 되는지를 차차 알게 되었다. 무성한 잡초더미에 가려진 물웅덩이를 보면, 그것을 본 사람이 즉각 '30피트 도랑!' 이라고 외친다. 그러면 뒷사람도 그 말을 따라 외치고, 나중에는 모든 사람들이 다 알게 되는 것이다. 누군가가 깨진 타일을 지붕 위에서 아래로 던질 때, '머리 조심!' 하고 외치면 나머지 일꾼들도 '머리 조심! 머리 조심!' 하고 따라 외친다.

안전책임자인 스티브 월리스(Stephan Wallace)는 공사 현장을 돌아다니면서 직원이 안전수칙을 잘 지키고 있는지 감시하는 일을 한다. "감시라고는 하지만, 잘못된 것을 지적하기보다는 잘하고 있는 것을 칭찬하려고 노력합니다. 인부들이 안전규칙을 잘 지키고 있는 현장을 포착해서 잘한다고 칭찬해주는 것에 역점을 두죠."

안전사고 예방에 대한 타일 테크의 노력은 이뿐만이 아니었다. 타일 테크는 좀더 근본적인 방법으로 안전에 대한 경각심을 일깨우기로 했다. 안전이라는 것이 '무언가로부터 자신을 보호하기 위한 것' 이 아니라, '무언가를 위하여 스스로 자신을 보호하는 것' 이라는 생각을 직원들에게 심어줬던 것이다. 즉, 위험이나 사고를 피하기 위해 자신을 보호한다기보다는, 사랑하는 아내나 자식들을 위해서 스스로를 지키는 것이라는 인식을 직원 각자가 깨닫도록 했다.

"회사가 '가족의 밤' 과 같은 가족동반 행사를·주관하는 이유도 궁극적으로는 이것입니다. 그런 자리에 배우자와 가족들을 초청해서 회사의 철학을 알리는 거죠. 때로는 간부 사원들이 직원들의 가정을 방문해서 안전수칙을 지키는 일이 얼마나 중요한 일인지 가족 모두에게 알려주기도 합니다. '댁의 남편이나 아드님이 더 이상 집에 돌아갈 수 없다.' 고 알려주는 끔찍한 일 따위는 상상도 하기 싫으니까요.

결과적으로 이런 방법은 매우 효과적이었습니다. 안전수칙을 소홀히 여기던 직원들도 가족들을 생각해보면 다시 한번 긴장하게 될 테니까…. 가족간의 사랑을 이용한 전략이었다고 할 수 있죠. 이제 우리 직원들은 안전의식에 있어서만큼은 어느 누구보다도 완벽하다고 자신 있게 말 할 수 있어요."

이러한 노력의 결실은 안전사고 건수의 격감으로 나타났다. 1999년, 타일 테크는 42건의 부상을 기록했지만, 2000년에는 전년도의 절반을 조금 넘는 27건으로 그 수치가 떨어졌다. 그리고 2001년에는 7건에 불과했다.

⌒> 타일 테크에는 뭔가 특별한 게 있다

"우리가 지붕공사를 하고 있으면, 사람들이 밖을 내다보며 뭘 하는 건지 궁금해하곤 합니다. 예전엔 사람들이 우리를 쳐다보면, 그저 '남에 일에 신경 끄시지? 끝나면 뭔지 알 거 아냐?' 하는 표정으로 인상을 썼습니다. 친절함이나 다정함이라고는 눈곱만큼도 찾아볼 수 없었죠."

하지만 달라진 타일 테크는 고객에 대한 그런 태도도 완전히 뿌리뽑았다. 어느 누구라도 공사에 대해 관심을 보이는 사람이 있으면, 지붕공사 팀장이 사다리를 타고 내려와서 '무슨 궁금한 점이라도 있습니까? 하고 친절하게 물어보았다.

"저는 우리가 만들고 있는 것이 그저 단순한 지붕이 아니라는 사실을 상기시켜 드립니다. 공사를 맡긴 고객에게도 이 지붕은 고객의 꿈이라고 얘기하죠. 그리고 그 꿈을 만들어가는 과정에 그 고객을 직접 참여시키기도 해요. 가령, 원한다면 지붕에 올라가 못을 박아 보라고 권하기도 하고요, 콘크리트 반죽을 부어놓고 아기 이름의 첫 글자를 써넣어 보라고 하기도 합니다. 그런 특별한 경험들은 사람들의 기억 속에 오래 남잖아요. 친구들에게 자기가 자기 집 지붕 만드는 것을 도왔다고 얘기하면서 자랑할 수도 있고, 나중에 아이가 크면 지붕에 이름을 새겨 놓았다는 것이 좋은 추억거리가 될 겁니다."

'어떻게 하면 다른 사람들을 즐겁게 해줄까?' 하는 생각에 초점을 맞추면, 상대방의 시시콜콜한 일들까지 모두 중요해진다.

어느 날 타일 테크에 어느 고객으로부터 편지가 왔다. 편지에는, 새로 고친 지붕이 너무나 마음에 든다며 지붕을 튼튼하게 수리해 주어서 고맙다는 인사가 담겨 있었다. 그런데, 그 고객이 편지까지 보내 온 중요한 이유는 따로 있었다. 공사기간 중, 인부 한 사람이 화단에 떨어진 기와 파편을 치우는데, 마치 자기 집 마당이라도 되는 것처럼 아주 작은 조각까지도 꼼꼼하게 주워 담는 장면을 보고 무척 감동을 받았다는 것이었다.

보브는 그때를 떠올리며 이렇게 말했다. "전에는 직원들이 딱 자기가 맡은 일만 끝내고 나면 뭘 하든 상관없다고 생각했었어요. 하지만 이제 우리 직원들은 자기 자신이 곧 우리 회사의 얼굴이라고 생각하고 있습니다. 사람들이 자기들의 행동을 보고 우리 회사를 평가한다는 것을 알게 된 것이죠. 자신들의 마음가짐이 얼마나 중요한지, 행동 하나하나가 얼마나 중요한지, 그게 회사 이미지에 얼마나 큰 영향을 미치는지를 깨달은 겁니다."

러스는 이렇게 덧붙인다. "모든 것을 신중하게 생각하고 판단하게 되었다는 뜻입니다. 공사기간 내내 몇 날 며칠씩 쓰레기를 너저분하게 쌓아두는 회사도 있어요. 하지만, 우리는 그날그날 작업이 끝나면 깨끗이 청소합니다. 내 집이라고 생각하면 당연히 그럴 수밖에 없지 않겠습니까? 고객뿐만 아니라 이웃사람들을 위한 배려라고 할 수 있죠."

'누군가를 기쁘게 해주자.' 는 마음가짐으로 하루를 시작하는 사람들은, 항상 즐겁고 활기찬 기운이 넘쳐나게 마련이다.

타일 테크의 현장 직원들은 때때로 작업이 끝나고 나서, 그 집 아이들과 함께 농구 등의 게임을 하며 놀기도 한다. 지붕 위에서 12시간이나 기왓장 나르는 작업을 하고 나서도, 아이를 보면 같이 놀고 싶어진다는 거다. 그런 모습을 지켜보았던 러스는 "무척 피곤했을 텐데 지치지도 않았는지, 공을 주고받으면서 아이와 한참을 놀아주더라구요. 그때 아이의 부모는 하루 종일 심심해하던 아이가 즐겁게 노는 것을 보고 우리 직원에게 너무 고맙다며 몇 번이나 인사를 했답니다."

공사가 끝났다고 해서 그들의 일이 모두 끝난 것은 아니다. 둑의 설명이다. "우리는 공사가 모두 끝나면 공사를 맡긴 고객의 식구들을 모두 불렀습니다. 모두 모인 자리에서 저는 이렇게 말하지요. '이 지붕은 타일 테크의 작품입니다. 저희는 공사에 대한 여러분의 평가를 듣고 싶습니다. 무슨 문제는 없는지, 수리된 지붕의 장단점을 알고 싶습니다.' 그러면 고객 분들은 이렇게들 말씀하십니다. '놀리지 말아요! 이렇게 완벽하게 해낼 수 있는 사람들이 어디 있다구!'"

요즘은 공사에 대한 평가를 더욱 정확하게 하기 위해 평가 방법을 더욱 강화시켰다. 글렌은 이렇게 말했다. "지붕공사는 그 작업의 특성상 고객이 그 결과를 두 눈으로 직접 확인하기 어렵다는 것이 가장 큰 문제였습니다. 공사가 잘 마무리됐는지 보려고 직접 지붕 위로 올라갈 수도 없는 노릇이니까요. 그래서 저희는 디지털카메라를 이용했습니다. 공사가 끝나면 지붕 위에 올라가서 공사를 마친 부분을 촬영하고, 사진을 보여드리면서 고객과 함께 작업에 대한 검토를 하고 평가도 해봅니다."

"언젠가 한번은 연세가 지긋하신 할머니께서 지붕공사를 의뢰하셨습니다. 그 할머니는 굉장히 깐깐한 분이셨어요. 공사가 끝났을 때, 그 할머니는 저에게 지붕의 홈통 청소를 제대로 해놓았냐고 물으셨습니다. 예리한 지적이셨어요. 공사하다가 생긴 쓰레기와 기와 조각 같은 것이 제대로 치워지지 않고 홈통에 남아 있으면 물받이가 막힐 수도 있거든요. 그래서 저는 할머니께 그 부분을 디지털카메라로 촬영해서 직접 보여드렸습니다. 사실 공사를 마치고 제가 제일 먼저 사진 찍어둔 곳이 지붕 홈통이었기 때문에, 말끔하게 치워진 홈통을 자신 있게 보여드렸죠. 그랬더니 할머니는 안심하신 듯한 표정이셨습니다. 아까도 말씀드렸지만, 홈통에 쓰레기가 있는지 없는지 확인하려고 연로하신 할머님이 지붕에 올라가실 수는 없잖아요. 할머니는 그게 제일 큰 걱정이셨던 겁니다."

지붕수리공사를 의뢰한 고객들은 대개 공사 대금을 늦게 지불한다거나 마지못해 지불했다. 타일 테크의 고객들도 그럴 때가 있었다. 하지만 이제는 완전히 달라졌다고 글렌은 자랑스럽게 이야기한다.

"지금은 공사 대금과 관련해서 전혀 문제가 없습니다. 저희 고객들은 공사 대금을 차일피일 미룬다거나, 주기 싫은 것을 마지못해 주는 것처럼 계산해 주시는 법이 없어요. 저희가 신경 쓰지 않아도 거의 대부분 흔쾌히 제때 입금해 주십니다. 저희가 고객과의 약속에 철저한 것처럼, 저희 고객 또한 약속을 잘 지켜 주시지요. 공사 결과에 만족하기 때문이기도 하구요."

어떤 한 고객이 드와이트와 그의 팀이 해놓은 지붕공사를 보고 이런 말을 한 적이 있다.

"뭐라고 콕 집어 말하기는 어렵지만…, 아무튼 타일 테크는 뭔가 달라요. 이제까지는 건설회사에 대해 안 좋은 이미지를 갖고 있었는데, 그런 나쁜 이미지 대신 아주 새로운 면모를 보여 주었다고나 할까요?"

☞

♻ 비전을 공유하다

2000년 5월, 타일 테크는 전체회의를 통해 기존의 공식 명칭을 조금 바꾸어 보기로 했다. 앞에 두 마디를 더 붙여서 '세계적인 명성의 타일 테크 건축회사(World Famous Tile Technology Roofing)'라고 부르자고 결의한 것이다. 둑은 이 회의에서 직원들에게 이런 이야기를 했다.

"우리가 이 이름처럼 전 세계적으로 유명해지려면 직원 각자가 서로 돕고 협력해야 합니다. 모두가 서로서로 배우고 가르치는 관계가 되어야 한다는 거죠. 물론 누군가에게 무엇을 가르친다는 것은 사실 대단히 부담스러운 일입니다. 하지만 '가르친다'라는 거창한 말을 쓰지 말고 그냥 동료에게 자기가 아는 것을 알려준다고 생각해 보십시오. 작업장에서 뭔가 잘못된 것을 발견했다거나, 깨진 타일을 동료가 모르고 그냥 지나쳤을 때, 혹은 트럭 타이어에 바람이 조금 빠진 것이 보였을 때, 그냥 지나치지 말고 서로서로 알려주는 겁니다."

그는 덧붙여서 이렇게 말했다. "이것은 주인정신이나 책임감과도 관련된 문제입니다. 여러분 스스로가 이 회사의 주인이라는 사실을 잊어서는 안 됩니다. 그것은 우리 회사의 비전이기도 합니다. 회사를 운영하는 간부들만의 비전이라고 생각하지 마십시오. 이것은 저나 글렌이나 러스만의 비전이 아닙니다. 모두의 것이죠. 인간관계가 그렇듯이, 누구 한 사람이 일방적으로 끌고 가는 것은 옳지 못합니다. 조직이 원활하게 돌아가려면 전 직원이 사명을 공유하고, 그것을 바탕으로 모두 함께 비전을 실천해 나가야 합니다.

저는 이 자리에서 두 가지 제안을 하고 싶습니다. 첫 번째는 틀린 것을 보면 서로 가르쳐 주자는 것이고, 두 번째는 그러한 충고나 지도를 겸허하게 받아들이자는 겁니다. 그런데 이 두 가지는 결국 하나나 다름없습니다. 바로 서로에게 코치가 되어주자는 것입니다."

말단 직원들에게 경영진을 지도하라고 요구하다니, 직원들은 모두 의아해하는 표정들이었다. 둑은 그때를 돌아보며 이렇게 말했다. "처음에는 그것을 실천한다는 게 정말 쉽지 않았습니다. 직원들은 대개 경영자가 자신들의 얘기를 경청하지 않는다고 생각했으니까요. 또, 선배나 상관에게 잘못된 점을 지적했다가 괜히 미운털이나 박히지 않을까 하는 걱정도 했구요. 이런 게 바로 '비둘기 경영'이란 겁니다."

비둘기 경영이란, 직원들 얘기는 귀담아 듣지 않으면서 직원들에게 모든 책임을 전가하는 것을 말한다. 경영자가 직원들의 충고나 조언은 전혀 듣지 않고, 직원들이 실수라도 하면 기다렸다는 듯이 달려가서 책임을 떠넘기는 방식을 지적하는 말이다.

"벌써 오래된 이야기지만, 제가 이 사업을 처음 시작했을 때, 직원들은 자신의 의견을 말하는 법이 없었고, 사장이 고함을 질러야 일을 했습니다. 그 당시 저는 그저 다른 직원들보다 일찍 출근해서 더 오랫동안 일을 하면, 그게 바로 우수한 경영자라고 생각했어요."

그러나 이제 둑은 달라졌다. 윗사람이 지시하든 아랫사람이 충고하든, 중요한 것은 누군가가 나의 실수를 발견했다는 사실이고, 고맙게도 그것을 고칠 수 있도록 나에게 알려주었다는 사실이다.

이것과 관련하여 보브는 자신의 경험을 이야기해 주었다. "제가 회사 로비의 접수대 앞에서 동료들과 큰 소리로 떠들고 있을 때였습니다. 그때 접수계의 말단 직원이 제게 와서 정중하면서도 단호하게 이런 말을 했습니다. '다른 곳으로 가주시겠어요? 전화 내용을 통 알아들을 수가 없습니다.' 저는 순간 발끈해서 '자네가 지금 내게 지시하는 거야?'라고 소리를 지르고 말았습니다. 그런데 생각해 보니까, 그 직원의 말이 하나도 틀린 게 없더라구요. 저는 속으로 '그래, 이 사람 말이 옳아.' 하고 제 경솔함을 반성했습니다."

간부 사원인 러스 역시 이런 이야기를 했다. "어제 총무과의 어느 직원으로부터 몇 가지 충고를 들었습니다. 아주 정확한 지적이었어요. 평사원이 까마득히 높은 자리의 간부 사원를 찾아와 '뭔가 잘못하시는 것 같은데요.'라고 말할 수 있었던 그 용기가 대단해 보였습니다. 물론 고맙기도 했구요. 그런 충고를 들은 경영자가 기꺼운 마음으로 '맞아요. 당신 말이 옳아요.'라고 말해준다면 더할 나위 없이 좋겠지요. 하지만 둘 다 쉬운 일은 아닙니다."

글렌도 한마디 거들었다. "둑은 훌륭한 지도자의 자질을 갖추고 있습니다. 특히 거시적인 안목으로 회사 전체를 통솔하는 데 탁월하죠. 반면에, 저는 앞에 나서기보다는 뒤에 서는 것을 좋아합니다. 그래서 꼼꼼하게 잔일을 챙기는 것은 대개 저의 몫이 되지요. 둑과 저는 서로의 단점을 보완하고 충고해주며 멋진 파트너십을 발휘합니다."

다른 사람들의 조언에 귀 기울이며 성심 성의껏 듣고, 겸허하게 받아들인다는 것은 사실 쉬운 일이 아니다. 글렌도 사실 처음에는 그런 충고가 너무 껄끄러웠다고 고백했다.

"부끄럽지만, 저는 그런 것에 완전히 익숙하지가 않습니다. 모든 사람들의 충고를 금세 진심으로 고맙게 받아들이리라고는 기대하지 마세요. 저도 제가 남의 이야기를 사려 깊게 듣고 받아들일 수 있었으면 좋겠습니다. 그리고 팀에 훌륭하게 기여하면서 동료들의 지도를 잘 받아들이는 사람이 되고 싶어요. 하지만 제가 생각해도 아직은 부족한 구석이 많은 것 같습니다. 아직 만족할 만하지는 않지만, 좀 참고 지켜봐 주세요. 계속해서 제 잘못된 점을 지적해주시고요. 저도 계속해서 노력하겠습니다.

저는 이제까지 굉장히 독단적인 사람이었습니다. 남의 말을 잘 들어야겠다는 생각도 없었고, 상대방의 진심을 알려고 노력해 보지도 않았어요. 하지만 이젠 제가 잘못 살아왔다는 것을 깨달았으니까, 태도를 바꿔야지요. 달라지려고 노력하고 있습니다.

특히 제 아내와 두 살 난 딸에게 미안하게 생각하고 있습니다. 직원들에게도 그렇구요. 생각해 보니까 항상 직원들에게 퉁명스럽게 시비조로 말했던 것 같아요. 그래서 예전엔 다들 제 곁에 오기조차 꺼렸죠. 하지만 이젠 제가 조금씩 변하고 있다는 걸 모두들 알고 있을 걸요? 문 닫고 나가는 방법부터도 달라졌으니까요. 예전처럼 문을 부술 듯이 쾅 하고 닫진 않아요."

🐾 연못으로 들어가다

타일 테크의 간부들은 시인 데이비드 화이트(David Whyte)의 '베어울프(Beowulf)' 라는 제목이 대서사시를 보고 좋은 아이디어를 하나 생각해냈다. 베어울프는 늪지에 살고 있는 괴물과 싸우기 위해 호수로 내려간 어느 영웅에 관한 이야기이다. 그 시는 괴물이 살고 있는 호수는 먼 곳에 있는 것이 아니라, 바로 각자의 마음속에 있다고 이야기한다. 그리고, 그 호수에 들어가는 것이 너무 두려운 나머지, 우리는 그 곳에서 맛볼 수 있는 진정한 즐거움과 정직함, 고통을 어루만져주는 정서적인 치유를 포기하고, 불행한 삶을 살아간다고 이야기한다.

"1년 365일을 매일같이 함께 일하다 보면, 누군가 때문에 화가 날 때도 있고, 또 제가 누군가를 열 받게 할 수도 있습니다. 그런 일은 늘 비일비재하죠. 그런데 자꾸 그러다 보면, 서로 감정 상했던 일들이 계속해서 마음속에 쌓이게 되요. 그러다가 결국 사람 자체가 미워지고 하는 짓마다 눈엣가시처럼 거슬리게 되는 겁니다." 보브는 이야기한다.

이런 문제를 해결하기 위해서 타일 테크는 '연못' 을 만들었다. 베어울프 시에서 떠올린 아이디어였는데, 그 시가 말하는 것처럼 문제를 해결하기 위해 용감하게 문제의 한가운데로, 즉 호수로 들어가자는 의미에서였다. 물론 타일 테크가 만들었다는 '연못' 은 진짜 연못이 아니라, 사무실 뒤편에 있는 작은 방을 말하는 것이다. 더 정확히 말하자면, 그 방에 있는 어린이용 플라스틱 장난감 수영장을 말하는 것이었다. 물은 없지만 나름대로 연못처럼 만들기 위해서 수영장 안에 모래와 파라솔을 두었고, 의자도 두 개 준비해 두었다.

"연못은 대화가 필요할 때 쓰기 위해서 만든 것입니다. 왜 그럴 때 있잖아요. 공개적으로 사람들 앞에서 하기 어려운 말 같은 거요. 지나치게 경쟁심에 불타는 동료 때문에 감정이 상했다거나, 누군가가 승진과정에서 누락된 경우 고의로 그런 것은 아닌데 어쨌든 누군가에게 상처를 준 경우 등, 조심스럽게 이야기해야 할 것들이요. 그리고 우리의 비전에 거스르는 행동을 하는 사람에게 무언가 충고하고 싶을 때, 뭐든지 털어놓고 이야기할 수 있는 공간을 마련한 것입니다.

회사 내의 직급이나 지위고하에 관계없이 누구라도 연못 데이트를 신청할 수가 있습니다. 가장 중요한 것은 연못에서는 서로 대등한 입장이 된다는 사실이구요. 그래서 마음속에 있는 말을 모두 털어놓을 수 있어요. '그때 그렇게 말했던 것이 기분 나빴다.' 라거나, 혹은 '그렇게 행동했던 것 마음에 들지 않았다.' 라고 말입니다."

연못에서는 특별한 규칙이 없었다. 단 한 가지, 윗사람이든 아랫사람이든 서로를 존중해야 한다는 것이 유일한 규칙이었다. 그것만 철저하게 지키면 특별한 제한도 없었다. 충분히 대화하고 서로 오해가 풀릴 때까지, 20분이든 2시간이든 그 곳에 있을 수 있다.

"중요한 것은 서로 진심을 털어놓을 용기가 있어야 한다는 겁니다. 무엇이든 마음속에 쌓인 것을 솔직히 말해야 하죠. 도덕적인 잣대로 판단하려 하지 말고, 사실이 아닌 것을 가지고 우기지도 말아야 합니다. 그런 얘기를 하자고 만든 것이 아니니까요." 둑이 이렇게 강조한다. "자신의 참모습을 보여주는 것이 가장 중요합니다. 그래야 연못이 제 역할을 하죠."

말단 직원인 리서(Lisa) 역시 연못이 가진 힘에 대해 이렇게 이야기한다. "살다보면 사람들과 의견 충돌할 때가 많잖아요. 친구나 동료들은 물론이고 남편이나 가족들과도 자주 그렇죠. 그러다가 며칠 동안 말도 안 할 때도 있고, 아예 얼굴조차 마주하기 싫을 때도 있어요. 그런데 연못에서는 그런 걸 모두 풀 수가 있어요. 서먹서먹하게 들어갔다가도 나올 땐 모두 웃으면서 나와요. 연못에서는 자기 생각을 모두 말하니까요. 사람이 어떻게 다 똑같은 생각만 할 수 있겠습니까? 의견이 다르면 각자의 견해 차이를 인정해야죠. 물론 결론을 내려야하는 문제라면, 충분히 대화하고 상대방이 납득할 만한 이유를 들어서 설득하기도 하구요. 연못에서 우리는 함께 공감할 수 있는 합리적인 결론을 건져 온답니다."

보브 역시 이렇게 이야기한다. "문제가 있다면, 적극적으로 해결해야죠. 그게 바로 용기입니다. 안 그러면 어떻게 세계일류회사가 될 수 있겠습니까? 연못에 관해서 지켜야 할 또 한 가지 규칙이 있습니다. 이건 정말 중요한 것인데, 누군가 연못으로 가자고 요청할 때, 자신이 중역 아니라 사장이라고 해도 그 연못 데이트 신청을 못마땅하게 여기거나 고깝게 생각해서는 안 된다는 겁니다. 그리고 연못에서 했던 대화를 꼬투리 잡아서 그에게 불이익을 준다거나, 마음속으로 칼을 벼른다거나 해서도 안 되죠. 연못은 일종의 면책특권 같이 것이 적용되는 곳이라고 보시면 됩니다. 속에서 부글부글 끓고 있던 말을 속 시원히 꺼내놓는 대신, 그 자리에서 다 풀고 잊어야 합니다."

직원 모두가 그 연못을 좋아했던 것은 아니지만, 그것을 유용하게 써먹은 사원들도 많았다. 타일 테크의 경영진 역시 마음을 열고 직원들의 연못 데이트 신청을 받아들였다. 속마음을 털어놓고 이야기를 나누면서 서로 간의 오해가 서서히 풀렸다. 손상되었던 관계가 치유되면서 예전에 상처받은 일을 다 잊고 관계를 새롭게 시작할 수도 있었고, 속 깊은 대화를 통해 상사와 직원들이 서로에 대해 더 잘 알게 되었다. 직원들 중에는 집에서도 연못 대화를 해보았다는 사람도 있었다. 연못에서 이야기할 때처럼 배우자나 자녀들과 마음속에 있는 말을 다 털어놓고 솔직히 이야기해 보았더니, 가족간의 정도 더욱 돈독해졌다고 했다.

"꼭 무대에 서는 것 같았어요." 타일 테크에 입사하기 전에는 직업 가수로 활동했던 리서의 말이다. "혼신을 다해서 노래를 하면, 청중에게도 제 열정이 전해집니다. 박수를 치고 열광하죠. 감동으로 심장이 떨릴 만큼 영혼을 담아 노래를 부르면 기분이 얼마나 좋은지 모르실 거예요. 제가 정말 최선을 다해서 노래를 부르면, 누구도 그것을 무시하거나 야유하지 않아요. 진심이라는 건 자연스럽게 통하게 마련이거든요. 폭발적인 반응이 아닐 때도 있지만, 최선을 다했다는 것은 결국 스스로에게 상쾌한 만족감을 줍니다."

둑은 이렇게 말한다. "요즘은 휴대전화다 뭐다 해서 별 게 다 있잖아요. 유선전화도 있고, 휴대전화도 있고, 이메일도 있고…. 누군가에게 연락을 하는 방법이 수도 없이 많습니다. 하지만 어찌된 일인지 진심을 이야기할 수 있는 기회는 오히려 더 적어진 느낌이에요. 매일 전화로 수다를 떨어도, 그게 제대로 된 의사소통이냐는 겁니다. 우리는 연못에서 보내는 시간을 거의 성스러운 시간이라고 생각하고 있어요. 그곳에서 우리는 서로를 진심으로 이해하기 시작했으니까요."

또 다른 씨앗을 만드는 인재들

어느 날 둑은 친구를 데리고 교회에 갔다. 목사님 설교가 반쯤 끝났을 때, 그 친구는 둑에게 이렇게 이야기했다. "목사님에게 오늘 설교 때 내 얘길 하시라고 말씀드렸어? 이건 완전히 나 들으라고 하시는 말씀 같잖아?"

둑은 말한다. "사람들은 자기 혼자만 문제를 겪고 있다고 생각하면서 혼자 끙끙 앓곤 합니다. 하지만 실제로는 그렇지 않아요. 사람들은 다들 비슷한 문제들을 가지고 살아가고 있습니다."
하지만, 사람들은 다들 비슷한 문제를 안고 살아가고 있을 뿐만 아니라, 같은 꿈을 공유하며 살아간다. "지붕수리를 하는 기술자들도 함께 공유하는 꿈이 있어요. 그들은 모두 자신들의 의견을 존중해주는 위대한 기업에서 각자의 몫을 훌륭히 해내겠다는 꿈을 갖고 있습니다." 글렌의 말이다. "기업이 그들의 말에 진심으로 귀 기울인다면, 우리는 아마 더욱 훌륭한 동반자가 될 것입니다."

타일 테크는 연간 25만 달러가 넘는 돈을 직원들을 위해 투자했다. 다른 회사에서는 상상도 못할 금액이었다. 하지만 더욱 놀라운 것은, 투자한 액수가 아니라 그것의 결과였다. 직원들을 위한 교육과 자기계발 프로그램에 투자한 결과, 타일 테크는 엄청난 수익을 거두었다고 한다.

둑은 이렇게 이야기한다. "믿어지지 않을 테지만, 우리가 거둔 결실은 투자한 것의 열 배였어요. 보통 다른 회사들은 직원교육에 우리만큼 많은 투자를 하지는 않을 거예요. 남들이 우리를 이상하게 볼 만큼 파격적인 조치였던 셈이죠. 사원들 역시 대부분은 그런 투자를 좋게 평가했지만, 완전히 동의하지 않은 사람들도 있었습니다. 그래도 우리는 아무 조건 없이 직원들에게 투자를 계속하기로 하고 그렇게 밀고 나갔습니다.

앞에서도 말씀드렸지만, 저희 회사는 일의 특성상 일용직 근로자를 고용하는 경우가 많아서 직원들의 변동을 종잡을 수가 없거든요. 그런 직원들에게 이만큼의 돈과 시간을 조건 없이 투자한다는 것은 일종의 도박이었습니다.

저희에게 필요한 것은 회사를 이끌어갈 소수의 정예인원입니다. 속이 꽉 찬 씨앗처럼 반듯하게 성장해서 다른 사람들을 이끌어가고, 또 다른 씨앗을 만드는 인재들이요. 스스로 자신의 태도에 책임을 지고 다른 직원들과 협력하는 직원들, 이런 사람들을 성장시키는 것이 바로 회사의 사회적인 책임이자 의무라고 생각합니다. 우리 회사에 입사해서 스스로 성장하게 된 사람이라면 누구든지 자신이 받은 것을 다른 사람에게 베풀 수도 있어야 합니다. 선배와 후배가 서로 주고받으면서 함께 성장하는 것이죠. 어렵고 힘든 일도 모두 함께 겪으면서 서로를 끌어주고 밀어줍니다. 그렇게 해서 목표를 달성하고는 거고요."

작년 회사 송년모임에서 글렌은 둑에게 다가와 이렇게 말했다.
"우리 회사의 성공 비결이 뭔지 알아냈어!"
글렌은 웃으며 그 비결이 뭔지 말했다. "자네가 비즈니스 현장에 가족 간의 사랑을 적용시켰기 때문이야."
둑과 글렌은 서로를 바라보며 환하게 미소 지었다. 서로가 서로의 마음을 너무나 잘 알고 있었다.

🐟 한입씩 깨물어 먹는 이야기 🐟

신나는 날이 될 것 같아요!

　내가 아는 어느 여섯 살짜리 여자아이의 이야기는 언제나 우리를 즐겁게 한다. 그 아이는 예전에 엄마로부터 'FISH! 철학' 이야기를 들은 적이 있다고 한다.

　어느 날 아침, 이 꼬마아가씨가 유치원에 갈 준비를 하고 있었다. 그런데 버스정류장으로 가려다 말고 엄마를 보며 이렇게 얘기하는 것이 아닌가? "엄마, 밖엔 비가 오고 있지만, 오늘은 정말 '펄떡이는 물고기처럼' 신나는 날이 될 것 같아요."

　여섯 살짜리 아이도 하루의 마음가짐을 어떻게 선택해야 하는지, 그 원칙을 분명히 알고 있었던 것이다.

나의 재산 목록 1호는…

　오래된 우화 하나.

　한 동네에 살던 이웃 사람 셋이 얘기를 주고받다가 각자 자기가 가진 재산 이야기를 꺼냈다. "제게는 커다란 저택이 하나 있어요!" 첫 번째 사람이 자랑스럽다는 듯이 말했다. 그러자 두 번째 사람도 "저는 괜찮은 농장을 하나 가지고 있답니다!"라고 말했다. 이를 듣고 있던 세 번째 사람은 "제가 가진 것이라고는 낙천적인 사고방식뿐입니다."라고 말했다.

　그 말을 듣던 나머지 두 명이 그를 비웃으면서 "낙천적인 마음이라니, 그게 돈 한 푼이라도 벌어다 준답디까?", "볼 수도 없고 만질 수도 없는 그런 것 따위가 무슨 소용이요?"라고 이야기했다.

그러던 어느 날, 마을에 큰 폭풍이 불어 닥쳤다. 첫 번째 사람의 저택은 폭풍우에 힘없이 무너졌다. 그는 하늘을 쳐다보며 "어떻게 해야 한단 말인가?" 하며 울부짖었다. 그리고 두 번째 사람의 농장도 폭풍에 망가져 버렸다. 올해 농사를 다 망친 두 번째 사람 역시 탄식하며 "일을 어쩐다지?" 하고 주저앉았다.

세 번째 사람의 가옥과 농장도 마찬가지로 무사하지 못했다. 하지만 세 번째 사람은 "자, 무엇부터 시작할까?" 하며 팔을 걷어붙였다. 그리고, 다른 사람들이 망연자실해서 하늘만 보며 한탄하고 있을 때, 그는 무너진 집과 농장을 손질하기 시작했다.

어쩔 줄 몰라 하며 주저앉아 있었던 두 이웃은 세 번째 사람을 보고 깜짝 놀랐다. 자신들이 한탄만 하고 있을 때, 세 번째 사람은 집과 농장을 복구하고 있었던 것이다. 그들은 그에게 그 비결을 물어보았다.

"그건 비결이 아닙니다." 세 번째 사람이 말했다. "제가 가진 것이라고는 낙천적인 사고방식뿐이라고 하지 않았습니까?"

두 이웃은 그제야 그 말뜻을 이해하고 세 번째 사람의 도움을 받아 복구 작업을 서둘렀다. 그 후로, 그들은 더 이상 서로 재산을 자랑하거나 으스대지 않았다. 그들은 즐거운 일만 이야기하면서 서로 기쁨을 나누었다.

도대체 왜 당신이 가지지 못한 것에 매달려 그렇게 울상을 짓고 있는가?

양팔을 활짝 벌리고

우리는 최근 희귀한 소화 불량증을 앓고 있는 어느 아이에 관한 이야기를 읽었다. 그 아이는 늘 양팔에 여러 개의 주사 바늘을 꽂은 채 병원침대에 누워 지냈다. 그런데 그 아이는 의사나 간호사가 다른 주사를 꽂으러 다가오면, 울기는커녕 미소를 지으면서 양팔을 활짝 벌렸다. 항상 주사만 놓고 가는 의사선생님이었지만, 아이는 마치 크게 껴안으려는 듯이 팔을 내밀었다.

삶은 양팔을 활짝 벌리고 반갑게 맞이해도 괴로운 일만 한 아름 껴안아야 할 때가 있다. 그러나 어차피 부딪혀야 할 일이라면, 괴로워하기보다는 즐겁게 생각하는 편이 좋지 않을까? 자신의 마음가짐을 바꾸는 것 말고, 괴로운 일을 흡족하게 받아들일 수 있는 다른 방법은 어디에도 없다.

베어를 아시나요?

파이크 플레이스 어시장 상인들 중 베어(Bear)라는 사람이 있다. 걸걸한 목소리에 거대한 몸집, 수염이 덥수룩한 얼굴 때문에 그는 상인들 중에 단연 가장 눈에 띄었다. 베어는 선택이 갖는 힘을 이렇게 이야기한다.

"아침에 잠에서 깨어나면 곧바로 그날 하루 내가 어떤 사람이 되어야 할지 생각합니다. 매일 의식적으로 그런 선택을 하죠."

어느 날 우리는 자동차 공장의 생산부에서 일한다는 어떤 사람으로부터 전화를 받았다. 그 역시 자갈 굴러가는 것 같은 목소리를 가진 사람이었는데, 그는 "그 베어라는 사람 아세요? 당장이라도 당신

엉덩이를 걷어찰 것처럼 생긴 사람 말입니다."라며, 투박하지만 웃음 띤 어조로 말했다. "그게 바로 접니다. 저 역시 매일 아침마다 공장 직원들이 출근하기 전에 거울을 들여다보고, 오늘 하루를 어떤 모습으로 살아갈지 마음을 정합니다. 젊은 녀석들이 이런 건 좀 절 보고 배워야 하는데 말입니다. 허허."

해피엔딩이 아니어도 좋다

'FISH!' 세미나에 참석한 어떤 여자가 우리에게 들려준 자신의 경험담이다.

그녀는 남편과의 결혼생활이 거의 파경에 이르렀다고 이야기했다. 한때는 서로를 세상에서 가장 소중한 존재라고 여겼던 두 사람, 그들의 관계는 점점 틀어지고 있었다. 그때 그녀는 밑져야 본전이라는 생각으로 남편과의 관계에 'FISH! 철학'을 실천해 보기로 했다.

그때부터 그녀는 남편을 즐겁게 해주겠다고 마음먹고 여러 가지 재미있는 일을 시도했다. 그리고 언제나 남편의 말을 주의 깊게 들으려고 노력했다. 그 효과는 금세 나타났다. 오랫동안 서로 무관심하게 대했던 것이 이들 부부의 가장 큰 문제였다는 것을 그녀는 그제야 깨달았다고 했다. 그리고 그녀의 변화에 남편도 달라지기 시작했다는 것이다. 그들 부부는 함께 서로에게 노력하기 시작했다.

몇 달 후 우리는 그녀에게 요즘은 어떻게 지내느냐고 물어보았다. 안타깝게도 그녀와 남편은 그때까지도 이혼소송을 끌어가고 있다고 했다. 사실 우리는 어느 정도 동화 같은 결말을 기대했기 때문에 그녀의 이야기에 다소 실망했다. 하긴 삶이란 예상대로 굴러가는 일은 거의 없으니까. 그래도 그녀는 그녀 스스로가 변했다고 말했다. 실제로 우리가 보기에도 그녀는 예전과 달리 여유를 되찾은 것처럼 보였고, 편안해 보였다. 예전처럼 쉽게 화를 내지도 않는다고 했다.

비록 그들 부부는 결국 이혼을 했지만, 이제는 얼굴만 마주치면 싸우던 남녀가 아니라, 각자의 길을 가며 서로 걱정해주고 보살펴주는 좋은 친구가 되었다. 어시장의 교훈이 결혼 생활을 지속시키지는 못했지만, 평생 계속될 우정은 살려준 셈이다.

화요일도 토요일처럼

어느 대단위 학군에서 자체 사업을 보다 열정적으로 추진하기 위해 'FISH! 철학'을 실천해 보기로 했다. 이에 대해 회의적인 반응을 보이던 학교 이사회의 이사 한 사람이 우연히도 시애틀에 체류하게 되었다. 그는 시애틀에 온 김에 파이크 플레이스 어시장을 찾아가 보자는 일행들의 설득에 마지못해 시장엘 찾아갔다. 그는 그곳에서 생각지도 못했던 에너지와 열정이 넘치고 있음을 알게 되었다.

"제가 본 그 어시장의 분위기는…, 마치 주말에나 있을 법한 풍경이었어요." 그가 말했다. "화요일 오후에도 이렇게 신나는 곳이 있으리라고는 생각도 못했어요."

매일매일 우리는 다른 것을 선택한다. 오늘 당신은 어떤 사람이 되고 싶은가? 화요일 같은 사람인가, 아니면 토요일 같은 사람인가?

건드리지 마시오!

어젯밤에 늦게 잠자리에 들었는가? 아침마다 한바탕 소동을 부리고 나가는 아이들 뒤치다꺼리에 지쳤는가? 혹시 부부싸움을 했는가? 길이 무척 막히고 교통이 몹시 혼잡하다고?

그렇게 얼굴을 찌푸리고 회사에 가려거든, 차라리 아예 당신의 이마에 '건드리지 마시오!' 라고 쓰인 경고쪽지를 붙일 것을 권한다. 그렇게 남들에게 당신의 좋지 못한 컨디션을 알려 주어라. 최소한 문제가 무엇인지는 알아야 무언가를 바꿀 수 있을 테니까.

조약돌과 스키가 전해준 희망

1978년, 어느 젊은 대학 교수에게는 하루하루가 시련의 나날이었다. 그는 자신의 삶이 산산조각 나고 있다고 느꼈다. 이혼 직후, 아내는 아이들을 데리고 떠나버렸고, 자신은 돈 한 푼 없는 상태였다. 그에게 남은 것이라고는 이혼하기 전에 아이들과 함께 바닷가에 여름휴가를 갔다가 거기서 주워온 조약돌 몇 개가 전부였다. 다행히도, 절망에 빠진 그에게 그 작은 돌들은 작은 희망이 되어 주었다.

그러던 어느 날, 그 젊은 교수의 아버지가 그에게 스키 장비는 물론, 스키장 이용권과 리프트 이용권까지 선물하며 스키를 타볼 것을 권했다. 그래서 그 교수는 학생들과 함께 난생 처음 스키를 타보게 되었다.

아니나 다를까, 그는 오전 내내 눈 위에서 넘어지기만 할 뿐이었다. 그런데 어느 순간 그와 함께 스키강습을 받던 그의 제자들이 그를 에워싸고 "교수님 일어나세요!" 하고 소리치며 격려를 해주었다. 그때 그는 갑자기 자기 안에서 무언가가 솟구치고 있는 것을 느꼈다. 그것은 어떤 희망 같은 것이었다.

그는 조심조심 일어나서 정신을 차리고 스키장을 다시 한번 둘러보았다. 그리고는 처음으로 초보자용 코스 아래까지 넘어지지 않고 스키를 타고(!) 내려갈 수 있었다. 그날이 그에겐 생애 가장 상쾌한 날이었다. 그는 그런 즐거운 마음으로 하루 종일 스키 연습에 매달렸다. 내일은 다시 일상으로 돌아가 강단에 서야 한다는 생각을 하며, 그는 마지막으로 코스를 내려올 때 크게 고함을 질렀다. "난 스키를 타듯이 살 거야!" 그리고 그 말을 종이에 적어 연구실 앞에도 붙여 두었다.

수년이 지나, 그의 아이들은 다시 그의 곁으로 돌아와서 함께 즐겁게 스키를 탔다. 지금은 대학의 학장이 된 그는 자신에게 주어지는 기회를 어느 것 하나라도 놓치지 않으려고 노력한다. 그의 책상 위에는 아직도 아이들과 주웠던 조약돌이 있다. 절망에 빠졌을 때 그에게 작은 희망이 되어주었던 조약돌은 언제나 그 자리에서 그에게 희망을 줄 것이다.

이제 낚시하러 가자!

LET'S GO FISHING!

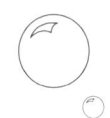

12주간 'FISH! 철학'을 실천해보자.
작은 실천만으로도 우리의 삶은 크게 달라진다.
보람으로 가득 찬 풍성한 나날은 당신의 선택에 달려 있다.

제5부는 생활 속에서 'FISH! 철학'을 실천할 수 있는 유용한 아이디어들로 엮어보았다. 여기서 소개하는 12주 프로그램을 차근차근 따라하면서 'FISH! 철학'을 각자의 삶에 실천해보자. 여기 나온 활동들 중 몇 가지는 'FISH! 교육'을 받은 학생들이나 세미나 참석자들이 직접 실험해본 것이지만, 대부분은 이 책에서 처음으로 소개하는 것들이다.

이 프로그램을 실제로 생활에 적용해보기 전에 다시 한번 생각해볼 것이 있다. '충실한 삶 = 직장 생활 + 기타 생활'이라는 사실! 이것은 모든 'FISH! 철학'의 기본이기도 하다. 새삼스러울 것도 없는 공식이지만, 우리의 삶에서 일터가 얼마나 중요한 비중을 차지하는지를 다시 한번 확인하자는 것이다. 직장에서 보내는 시간을 중요하게 여기지 않는다거나, 직장 생활을 단순히 생계 유지를 위한 것쯤으로 생각해서는 안 된다.

'FISH! 철학'에 뛰어들기 전에 일단 아래와 같은 몇 가지 사항을 곰곰이 생각해보며 워밍업을 해보자.

· 늘 당연하다고 생각해왔던 것, 하지만 우리가 살아가는 데 절대로 없어선 안 되는 것이 있다면 그것은 무엇인가? 우리의 삶을 풍성하고 아름답게 해주는 것은 무엇인가?

· 어떤 일을 하는 도중에 미리 앞서서 다음 할 일을 생각하고 고민한다면, 그것으로 인해 지금 현재에 얻을 수 있는 것마저 모두 잃어버릴 수도 있다는 것을 아는가?

· 우리 주변에는 우리를 위해 매일 수고를 아끼지 않고 봉사하는 많은 사람들이 있다. 그런데 우리는 대개 그런 사람들을 무관심하게 지나치며, 감사하게 생각하질 않는다. 하지만 이들이 없다면 우리가 당연하다고 여겼던 모든 것들이 중단되어 버릴 수도 있다는 것을 아는가?

이제 'FISH! 철학'을 받아들일 준비가 되었다면, 당신의 직장을 다시 한번 진지하게 되돌아보자. 당신의 삶을 충만한 빛으로 가득 차게 해주는 멋진 직장은 누가 대신 만들어주는 것이 아니다. 당신 스스로가 해내지 않으면 변하는 것은 아무 것도 없다.

어쩌면 12주가 더 걸릴지도 모른다. 하지만, 긴장하거나 걱정할 필요는 없다. 시작이 반이라고 하지 않던가. 이제 출발 신호가 울렸다!

첫 번째 주 : 감사일지 쓰기
감사의 마음을 마음껏 표현하자!

산타클라라 대학(Santa Clara University)에 재학 중인 멜러니 (Melanie)는 3학년 때 한 학기 동안 '해양 프로그램'에 참가했다. 그 프로그램은 '유니버스 익스플로러(Universe Explore)'라는 여객선을 타고 바다를 항해하며 세계 여러 나라를 방문하는 것이었다. 그 커다란 여객선이 600여 명의 학생들을 싣고 벤쿠버를 출발했다. 100일간 바다에서 생활하며 10개 국가를 방문하게 될 여정이 시작된 것이다.

배가 떠나고 난 뒤 몇 주 후, 멜러니의 부모는 그녀에게서 편지를 받았다. 일본 우표가 붙은 편지였다. 그 편지에서 멜러니는 일본의 고베(Kobe) 항에 도착해서 신나게 돌아다니며 진짜 일본 초밥을 먹었다고 자랑했다. 그 후로도 배가 새로운 항구에 정박할 때마다 멜러니는 편지와 전화 혹은 이메일로 소식을 알려왔다.

그런데 처음에는 한껏 들뜬 어조로 여행 중의 재미난 이야기들을 신나게 떠들던 멜러니는 항해를 계속하면서 조금씩 달라지고 있었다. 철부지 아이가 점점 어른이 되어가는 듯한 느낌이랄까? 새로운 것에 대한 신기함과 설렘은 여전했지만, 다양한 사람들의 다양한 삶을 진지하게 관찰해 보았던 멜러니는 그들의 삶에서 감동을 받고 있는 것 같았다.

베트남, 중국, 말레이시아, 인도 등지에서 다양한 삶의 모습들을 바라보며, 멜러니와 그 친구들은 세상을 바라보는 새로운 시각을 얻게 되었다. 그리고, 새로워진 눈으로 자신들의 삶과 그 터전을 되돌아보며, 이제까지의 삶에 대해 새삼 고마움을 느꼈다.

그들은 계속해서 아프리카와 브라질, 쿠바 등지를 여행하였다. 그러는 가운데 살아가는 방식은 다 다를지라도, 모두들 가족과 친구를 소중히 여기며 더불어 즐겁게 살아가는 모습들을 보았다.

그리곤 어느 순간 정말 소중한 깨달음을 얻었다. 물질적으로 풍족한 삶이든 아니면 척박하고 고단한 삶이든, 지구 위 어디에서도 저마다의 삶은 계속된다. 극도로 굶주린 상태이거나 전쟁으로 고통받는 상황이 아니라면, 외적인 환경이 삶의 질에 절대적인 영향을 주지는 않는다. 삶의 질이라는 것은 노후연금의 많고 적음이 아니라, 자신의 '선택'이다.

오늘날의 편리한 교통시설들에 감사할 줄 안다면, 구멍 난 타이어 하나가 당신의 하루를 망치는 일 따위는 없을 것이다.

행복은 어디에서 오는 것일까?

작가이자 'LA 토크쇼'의 사회자인 데니스 프레이저(Dennis Prager)는, 매일 아침에 눈을 뜰 때마다 우리가 받은 축복을 느끼지 못하고 지나치는 사람이 많다는 것을 늘 안타까워했다. 그는 사람들에게 이렇게 묻는다.

'진정한 행복은 어디에서 오는 것일까?'

지금 당신의 간(肝)이 얼마나 훌륭하게 제 역할을 다하고 있는가?

왜 모두 그것을 당연하게만 여기는 것일까? 모든 것에 너무 빨리 익숙해지다 보니, 그것에 대한 고마운 마음도 금세 무뎌지는 것이 아닐까?

데니스는 우리의 삶 속에 존재하는 여러 가지 크고 작은 은총을 항상 감사하게 생각하고 기쁜 마음으로 받아들이는 것이 바로 행복이라고 했다. 그리고, 충만하고 행복한 삶은 감사한 마음을 아는 사람에게 더 빨리 찾아온다고 강조했다.

생활 속 작은 일에도 감사함을 느낄 수 있을 때, 당신은 'FISH! 철학'에 한 발짝 더 가까이 다가갈 수 있게 될 것이다. 감사하고 또 감사하는 생활이야말로 물고기가 펄떡일 수 있는 가장 훌륭한 바다이다.

FISH! 연습

첫째 주에는 감사일지를 쓴다. 회사든 집이든, 당신의 일상생활에서 감사하게 여길 만한 모든 사항을 기록하는 것이 이번 주의 과제이다. 지금까지 항상 당연한 것으로만 받아들였던 일들, 고마운 것인지 아닌지조차 모르고 무심코 지나쳐 버린 작은 것들에 대해 다시 한번 생각해 보자. 주변의 모든 것에 특별한 관심을 보이고 애정을 쏟아보자.

이런 마음가짐으로 1주일간 빠짐없이 일지를 쓴다면, 차곡차곡 쌓인 감사의 기록들로 인해 당신의 마음은 어느새 'FISH! 철학'이 펄떡일 수 있는 훌륭한 바다가 될 것이다.

아래에 당신의 생활 속에서 감사하다고 생각하는 모든 것들을 기록해보자. 그리고, 그렇게 한 주가 지나고 나면, 주변 사람들에게 당신이 기록한 감사한 마음을 표현해보자. 한 가지 절대로 잊지 말아야 할 것은, 어쨌거나 당신에게 주어진 가장 큰 선물은 '삶' 그 자체라는 것이다.

내가 고마워하는 소중한 것들

두 번째 주 : 'FISH! 철학'으로 돌격!
목표를 정하고, 계획을 세우자

이번 주에는 '공식 FISH!지수 측정표(ofFISH!ial FISH! Scale)'의 각 질문을 잘 읽어보고, 당신의 직장을 평가해보자. 각 문항에 대해 최하 1점부터 최고 5점까지 점수를 주면 된다. 문항을 읽기 선에 우선 함께 일하는 동료들의 모습과 평소의 회사 모습을 떠올려 본다. 그리고 나서 앞에서 읽었던 회사의 이야기, 즉 'FISH! 원칙'을 실제로 적용해 보았던 회사의 이야기들을 생각해본다.

이 책에 나왔던 다른 회사의 사례들과 비교해 볼 때, 지금 당신의 일터는 어떤 수준인가? 아래의 질문에 몇 점을 줄 수 있는지 엄중하게 평가해보자. 솔직히 그리고 정확하게 평가해보자.

FISH! 연습 I

놀이	1	2	3	4	5

1 우리 회사는 지나치게 경직된 분위기다. '놀이'라는 것은 그냥 두 글자로 된 단어에 불과하다.

5 우리 회사의 분위기는 정말 명랑하고 쾌활하다. 생각만 해도 즐거워져서 얼굴에 저절로 미소가 피어오른다.

그들의 날을 만들어 주기   1   2   3   4   5

> 1 우리 회사 직원들은 동료나 고객에게 무관심하다. 서로
>   를 방해물로 여길 때도 있다.
> 5 우리 회사 직원들은 동료나 고객을 항상 세심하게 배려하
>   여, 상대방이 특별한 대우를 받고 있다고 느끼게 해준다.

그 자리에 있기   1   2   3   4   5

> 1 우리 회사 직원들은 주의가 산만해서, 이들이 상대방의
>   말을 잘 듣고 있는지 알 수가 없다.
> 5 우리 회사 직원들은 오로지 지금 대화하고 있는 상대방에
>   게만 집중하고 관심을 쏟는다.

하루의 마음가짐을 선택하기   1   2   3   4   5

> 1 우리 회사 직원들은 하루 종일 무료하고 수동적으로만 보
>   내는 두 살 난 갓난아이의 정신연령을 보인다.
> 5 우리 회사 직원들은 누구보다도 책임감이 강하고, '모든
>   것은 자신의 마음가짐에 달렸다.' 라는 것을 잘 알고 있다.

위의 문항에 솔직하고 정확하게 답했다면, 이제 좀더 심층적인
단계로 넘어가자.

FISH! 연습 Ⅱ

이제까지 앞에서 살펴본 네 가지 'FISH! 원칙' 중에서 나에게 가장 필요하다고 생각되는 것을 하나 고른다. 그리고 그것을 아래에 써 놓는다. 예를 들면, 다음과 같다. "나는 평소에 동료들에게 무관심하고 무뚝뚝하게 대하며, 고객서비스 정신이 부족하기 때문에 두 번째 원칙인 '그들의 날을 만들어 주기'를 선택했다."

이제 당신은 목표를 정한 셈이다. 그럼 이제 이것을 어떻게 달성해야 할지 생각해보고 구체적인 계획을 세운다. 일단 이번 주에 할 일부터 정해야 하는데, 여기서 잊지 말아야 할 점은 그 일이 당신 스스로와의 약속이라는 점이다. 그러므로 다른 사람의 도움 없이도, 혼자서 충분히 할 수 있는 현실적인 목표를 정해야 한다. 너무 거창한 계획을 세웠다가 실천하지도 못하고 포기하는 것보다는, 작은 것부터 하나씩 실천하며 성취감을 얻는 편이 훨씬 바람직하기 때문이다.

예 : 동료 두 사람을 정하고, 그들에게 무언가 특별한 일을 해줄 기회를 포착한다. 그러기 위해서는 평소에 그의 주변을 잘 살피고 관심을 기울인다.

예 : 나의 성격을 좀더 명랑하게 바꿀 수 있는 방법을 생각해본다.

이제 당신 차례다.

1.

2.

3.

세 번째 주 : 당신의 직장에서 할 수 있는 '놀이'를 찾아보자

이번 주에 할 일은 굉장히 쉬운 일이다. 어시장에서 상인들이 생선을 던지고 노래를 부르며 손님들과 농담을 주고받았던 장면을 다시 생각해보자. 또 '스프린트' 사원들이 음악을 듣고 춤을 추면서 즐겁게 일하던 장면을 떠올려보자. 상인 중 누군가가 말했던 것처럼, '놀이'를 하는 데는 수많은 방법이 있다. 생선을 집어던지는 것만이 '놀이'는 아니다. 놀이를 하려고 모두 다 어시장에 취직할 수는 없지 않은가!

이번 주에 당신이 할 일은 당신의 직장에서 할 수 있는 50가지 놀이를 생각해보는 것이다. '놀이'라는 것은 모두에게 즐거움을 주는 것이어야 한다는 사실을 염두에 두어야 한다. 따라서 위험한 일이거나 누군가에게 불쾌감을 주는 것이라면 곤란하다. 이런 것을 생각하며 놀이를 적어보자.

만약 적당한 아이디어가 떠오르지 않는다면, 우선 당신 주변의 동료들부터 관찰해보는 것도 좋은 방법이다. 당신의 동료 중에는 분명 늘 사무실 분위기를 밝게 만들어주는 분위기 메이커가 있을 것이다. 이들의 행동을 잘 관찰해 보는 것으로도 큰 도움을 얻을 수 있을 것이다. 이번 주에는 미지의 땅에서 '놀이'를 찾고 있는 탐험가가 되었다고 생각하고, 주변을 둘러본다. 그리고 거기서 찾아낸 놀이 아이디어를 기록한다.

FISH! 연습

1.   2.

3.   4.

5.   6.

7.   8.

9.   10. 우스꽝스러운 모자 쓰고 출근하기

11.   12.

13.   14.

15.   16.

17.   18.

19.   20.

21.   22.

23.   24.

25.   26.

27.

28.

29.

30.

31.

32.

33.

34.

35.

36.

37.

38.

40.

41.

42. 회사 복도에 가족사진 붙여놓기

43.

44.

45.

46.

47.

48.

49.

50.

네 번째 주 : 즐겁게 지내요!
하루에 한 가지씩 놀이를 실천하자

이번 주는 지난주에 생각해낸 '놀이' 아이디어를 가지고 실제로 직장에서 실천해 본다. 우선 지난주에 작성한 50개의 '놀이' 목록 가운데 다섯 개를 골라서, 하루에 한 가지씩 직접 해보자. 만약 당신의 회사가 주5일 근무제를 실행하는 회사가 아니라면, 회사생활을 다시 한번 생각해보는 게 좋겠다. 이건 농담이고, 토요일에도 근무해야 한다면 여섯 개를 고르면 된다.

놀이를 할 때 꼭 기억해야 할 것이 있다. '놀이'는 나머지 'FISH! 원칙', 즉 '그들의 날 만들어 주기', '그 자리에 있기', '그날의 마음가짐을 선택하기'와 함께 이루어져야 한다는 것이다. 놀이를 할 때 이것을 꼭 유의해야 한다. 만약 허리가 안 좋은 사람 뒤에서 몰래 의자를 빼서 넘어지게 한다면 재미는 있을지 몰라도, '그의 날을 만들어 주기'에는 완전히 실패하게 되는 것이다. '놀이'를 하려다가 그에게 최악의 날을 만들어 줄 수는 없지 않은가?

FISH! 연습

매일 한 가지씩 당신이 생각한 '놀이'를 실천해 보았다면, 이제 그 결과를 정리해보자.

'놀이'를 하며 일어났던 재미있는 일이나 인상적인 사건들을 떠올려보자. 아래의 빈칸에는 '이번 주의 하이라이트'라고 이름 붙여도 될 만큼 재미있었던 사건을 기록한다.

'놀이'를 통해 이번 주를 즐겁게 보냈다면, 친구나 동료에게도 위에 적어둔 것과 같은 재미난 일을 얘기해준다.

다섯 번째 주 : 누군가를 위해 특별한 그의 날을 만들어 주자

어시장 상인들은 항상 모든 고객에게 '그들의 날을 만들어' 주었다. 그것은 손님 한 사람 한 사람을 유심히 관찰하여 손님에게 특별한 경험을 안겨 주려고 노력했기 때문에 가능한 일이었다. '그들의 날을 만들어 주기' 원칙을 항상 생각하면서 생활한다면, 누군가에게 '그의 날을 만들어 줄' 수 있는 기회는 의외로 쉽게 찾을 수 있을 것이다.

'타일 테크'의 이야기를 다시 생각해보자. 둑은 작업 현장의 기술자들을 즐겁게 해주려고 엔진 세 개짜리 고물 오토바이를 타고 공사 현장에 나타나 직원들을 즐겁게 해주었다. 그리고 푹푹 찌는 여름날, 지쳐 있는 직원들을 위해 오후 작업을 중단하자고 제안하기도 했다. 이런 이벤트를 통해서 회사는 직원들에게 기대하지 않은 휴식을 주기도 하고, 회사가 직원들을 얼마나 소중하게 여기는지를 보여주기도 했다. 작은 이벤트 하나로도 직원들에게 '그들의 날을 만들어' 주었던 것이다.

FISH! 연습

당신의 주변에 당신이 '그들의 날을 만들어 주고' 싶은 사람들을 떠올려본다. 아래에 그들의 이름을 적고, 그들을 기쁘게 해줄 아이디어를 생각해본다. 지금 당장 좋은 아이디어가 생각나지 않더라도 조급해할 것 없다. 떠오를 때마다 그때그때 아이디어를 기록해둔다. 그리고 정말 그를 기쁘게 해줄 적절한 순간을 포착하면, 머뭇거리지 말고 작전 개시!

나는 이 사람을 위해 세상에서 가장 특별한 그의 날을 만들어 줄 것이다. 언제 어떻게 무엇으로 그를 기쁘게 해줄까?

1. 이름 :   아이디어 :

2. 이름 :   아이디어 :

3. 이름 :   아이디어 :

4. 이름 :   아이디어 :

5. 이름 :   아이디어 :

6. 이름 :   아이디어 :

7. 이름 :   아이디어 :

여섯 번째 주 : 의도하지 않았던 친절과
암소 떼 이야기

얼마 전에 카와 스티븐은 위스콘신(Wisconsin) 주 도지빌 (Dodgeville)에 있는 어느 회사를 방문하고 돌아왔다. 스티븐은 다른 일정 때문에 먼저 비행기를 타고 미네아폴리스로 돌아왔고, 시간 여유가 있었던 카는 자동차를 한 대 빌려서 직접 차를 몰고 돌아왔다.

카가 로체스터 외곽 52번 고속도로를 달리고 있을 때, 앞에서 달리던 차가 갑자기 브레이크를 밟으며 멈추었다. 무슨 사고라도 생겼나 싶어서 창 밖을 내다보았더니, 도로 한복판에 한 떼의 암소들이 느릿느릿 걸어 다니는 것이 아닌가. 그는 깜짝 놀라 차에서 내렸다. 열두 마리나 되는 암소들이 고속도로가 마치 초원이라도 되는 듯 그 위를 제멋대로 돌아다니고 있었다. 아니, 정확히 말하면 돌아다녔던 것이 아니라 반대편 차선 사이에 있는 풀을 뜯어먹으려고 길을 건너는 중이었던 것이다. 질주하는 자동차도 아랑곳하지 않고 고속도로를 겁 없이 가로질러가던 암소들은 속도를 줄이지 않고 아슬아슬하게 이들을 피해간 어느 트럭에 놀라서 잠시 주춤했지만, 잠시 물러섰다가 곧 다시 고속도로 위로 올라왔다.

카는 도시에서 자랐기 때문에 그렇게 많은 암소를 한꺼번에 본 것은 그때가 처음이었다. 그래서 그는 난생처음으로 '소몰이'를 해볼 수 있는 좋은 기회라고 생각하고 자못 들뜬 목소리로 소들을 향해 고함을 지르고 양손을 흔들면서 암소 떼를 도로 밖으로 몰았다. 처음에는 아무리 카가 소리를 질러도 암소들은 들은 척도 안 하고 제멋대로 돌아다녔다. 하지만 카의 눈물겨운(?) 노력으로 우여곡절 끝에 암소들은 도로 한복판에서 벗어났다. 하지만, 여전히 두세 마리의 소가 급격히 구부러진 곡선 도로의 진입지점 앞을 위험하게 가로막고 있었다. 카는 혹시라도 사고가 날까봐 거기에 있는 소들도 길 밖으로 몰아냈다. 금세 암소들과 친해진 카는 마치 목동이라도 된 듯 소 떼를 끌고 길옆의 산허리까지 가서 소들에게 풀을 뜯도록 해주었다.

그 순간, 아까 소들이 돌아다니던 그 도로에는 어떤 청년이 오토바이를 몰고 거의 음속에 가까운 속도로 곡선 도로에 진입하고 있었다. 헬멧도 쓰지 않은 채 그 청년은 부르릉거리는 소리를 내며 이내 빠른 속도로 멀어져갔다.

카는 길에서 멀찌감치 떨어져 있었지만, 방금 그곳에서 일어날 뻔했었던 일을 생각했다. 그 젊은이는 얼굴도 모르는 사람이 자기 생명을 구해주었다는 사실을 알고 있을까? 카는 소를 길 밖으로 몰고 나오길 잘했다고 생각하면서, 다행스럽기도 했고 한편 흐뭇하기도 했다. 그리고, 이 상황을 겸손한 마음으로 좀 다른 시각에서 돌아보았다. 그는 그 젊은이를 위해 자기가 했던 일을 자랑스러워하기보다는, 반대로 이제까지 자신을 위해 보이지 않는 곳에서 무언가 고마운 일을 해준 사람들에게 보답을 해야 하지 않을까 하는 생각을 해보았던 것이다.

알게 모르게 우리를 위해 수고를 아끼지 않은 사람들이 얼마나 많을까? 그들을 모두 적어본다면, 도대체 그 수는 얼마나 많을 것인가.

FISH! 연습

이번 주는 친절을 베푸는 한 주이다. 단, 의도적이거나 계획적인 친절이어서는 안 된다. 한 주 동안 당신의 주변 사람들을 위해 남몰래 좋은 일들을 해보자. 그리고 이번 주에 했던 의도하지 않은 친절한 행동을 기록해 두었다가 이것을 친구와 이야기해보자.

즐거운 마음으로 남몰래 실천했던 작은 친절들

일곱 번째 주 : 그냥 우리 자리에 있기만 하면 되잖아 ?!

스티븐은 사크(SARK)라는 작가의 독특한 글을 굉장히 좋아한다. 그는 사크의 책에서 나온 멋진 말들을 메모지에 적어서 냉장고 문 앞에 붙여놓곤 했다. 그 중에서도 그가 가장 좋아하는 말은 냉장고 앞을 지날 때마다 한번씩 읽어보며 잊어버리지 않으려고 노력한다. 그 말은 바로 이것이다.

"그냥 우리 자리에 있기만 하면 되는데, 우리는 왜 그걸 못하지?"

파이크 플레이스 어시장 상인들은 단순히 생선만 파는 것이 아니다. '지금 이 순간' 손님에게 최선을 다하는 그들의 마음가짐은, 결과적으로 그들을 찾아오는 사람들의 삶의 질까지 높여주고 있는 것이다. 그들이 세계적으로 유명해진 것은 바로 그런 이유 때문이 아닐까? 게다가 장사가 잘되는 것도 그들의 그런 고객서비스 덕분이다. 만약 그들이 손님을 맞을 때, 손님이 오든 말든 신경도 안 쓰거나, 이 손님 저 손님 왔다갔다하며 정신없이 서비스를 한다거나, 혹은 손님을 앞에 두고 휴대전화로 친구와 수다를 떤다면, 손님들의 발길은 자연히 끊어질 수밖에 없다. 그들은 손님과 만날 때 그야말로 혼신을 다해서 봉사한다. '그 자리에 있기' 라는 원칙은 그들에게 무엇보다 중요한 것이었다.

7월의 크리스마스

　제리 맥넬리스(Jerry McNellis)는 어렸을 때 소아마비에 걸려서 세인트 폴(St. Paul)에 있는 '질레트 아동병원(Gillette Children's Hospital)'에서 오랫동안 치료받은 적이 있다.

　그 병원에서 지내는 동안 좋았던 기억도 많았지만, 좋지 않은 기억도 많았다. 공휴일이 되면 질레트 아동병원은 선의를 베풀려는 독지가들로 넘쳤는데, 이들 대부분은 병실을 돌아다니면서 아주 어색하고 불편한 미소를 지으며 재빨리 과자를 나누어주고 돌아가 버리곤 했다. 그런 반갑지 않은 방문객들은 심각한 장애로 고통 받고 있는 아이들에게 '무언가'를 해주려고 병원을 찾아왔지만, 불행히도 아이들에게는 이들의 방문이 오히려 커다란 스트레스였다. 아이들이 바라는 것은 자기들과 함께 어울리고 함께 놀아주는 것인데, 그들은 마지못해 동정을 베푸는 표정으로 과자만 나누어 주고 사라져 버렸기 때문이다.

　물론 아이들에게 진정한 사랑과 관심을 가지고 찾아오는 사람들이 없었던 것은 아니다. 어떤 무용단은 병원에 찾아와서 아이들과 함께 춤을 추기도 했고, '성 피터 병원(St. Peter Hospital)'에서 요양 중인 어린이들도 질레트 아동병원을 찾아왔다. 그 아이들은 '7월의 크리스마스'를 축하하기 위해 해마다 7월이 되면 이 병원을 방문했다. '성 피터 병원'의 아이들은 질레트 병원의 꼬마 환자들을 마치 친동생 돌봐주듯 놀아 주었고 함께 어울렸다. 그 아이들은 보살핌을 받아야 할 환자들이었지만, 오히려 꼬마 친구들을 즐겁게 해주기 위해서 최선을 다했던 것이다. '그 자리에 있기'의 힘은 바로 그런 것이다. 그것은 사람에게 열정과 에너지를 준다.

FISH! 연습

이번 주에는 '그 자리에 있기'를 해본다. 매일 회사에서 만나는 동료와 상사, 부하 직원들을 위해 '그 자리에 있기'를 실천하는 것이다. 옆 사무실에 슬그머니 문을 열고 들어가 인사를 하는 것도 좋겠다. 그런 인사를 통해서 잘 몰랐던 직원들과의 서먹함을 없앨 수도 있고, 그렇게 되면 함께 일할 때 더욱 효율적으로 일할 수 있다.

여기 '그 자리에 있기'에 도움이 될 만한 몇 가지 방법이 있다. 당신이 지금 누군가를 위해 그 자리에 있다면, 각 항목을 꼼꼼히 읽어보도록 한다. 그리고 그 사람에게 당신의 진심이 제대로 전달되었는지, 당신이 그에게 해준 작은 친절과 배려가 그를 기쁘게 해주었는지 물어본다. 이렇게 상대방의 반응을 들어보고 의견을 교환해봄으로써, 더욱 효과적으로 '그 자리에 있기'를 실천할 수 있다.

'그 자리에 있기' 위한 몇 가지 아이디어

- 누군가가 당신에게 할 말이 있어서 당신을 찾아왔다. 마침 한참 바쁜 일을 처리하던 중이어서 그와 대화를 할 수 없다면 "음, 미안하지만 지금은 곤란한데요. 어쩌죠?"라고 말한다. 그게 아니라면, 적어도 그와 함께 이야기하는 동안은 컴퓨터를 끄고 휴대전화도 꺼버린다. 혹시라도 꼭 받아야 할 중요한 전화가 온다면 상대방에게 양해를 구하고 받아야 한다.
- 누군가와 대화할 때는, 당신이 지금 그와 함께 이야기할 수 있

는 시간이 얼마나 있는지를 미리 얘기해둔다. 그리고 그 정도면 충분한지 상대방에게 물어본다.

- 누군가와 대화를 나눌 때는 딴 생각을 한다거나 딴청을 부리지 말고, 그 이야기에만 집중한다. 이런 연습은 신경 써서 반복 연습해야 한다.

- 사무실 내부의 책상배치를 쉽게 바꿀 수 있다면 다른 직원들이 잘 보이는 자리에 당신의 책상을 놓는다. 다른 사람들이 당신에게 쉽게 다가올 수 있는 자리, 또 당신도 남들에게 쉽게 관심을 기울일 수 있는 위치에 책상을 놓도록 한다.

- 모토롤라 사 기술회의에 참석하고 있지 않은 한, 점심식사를 하는 중에는 절대로 휴대전화를 받지 않도록 한다. 혹시 전화가 걸려올 경우, 받더라도 통화는 되도록 짧게 하고 가급적 전화기를 꺼둔다.

- 특히 공개된 장소에서 누군가와 이야기를 할 때는 상대방을 무시하거나 못 본 척하지 않도록 주의한다.

- 대화할 때는 상대방의 이름을 자주 부르는 것이 좋다. 단, 상대방의 기분이 언짢을 만큼 지나치게 자주 부르지는 말아야 한다.

-

-

-

일곱 번째 주의 보너스 : 사소한 일에 목숨 걸지 말자

이번 주는 누군가를 위해 '그 자리에 있기'에 집중하는 주이다. 그러려면 우선 정신을 바짝 차리고 머릿속을 복잡하게 만드는 잡생각들을 버려야 한다. 리처드 칼슨(Richard Carlson)이 쓴 《우리는 사소한 일에 목숨을 건다 *Don't Sweat the Small Stuf … and It's All Small Stuff* 》라는 책을 읽어보는 것도 좋은 방법이다.

부정적인 생각들은 대체로 예고도 없이 불쑥불쑥 마음속에 나타나 우리의 굳은 결심을 흔들어 놓는다. 그렇다면 어떡해야 할까? 우리의 위대함은 이러한 생각들을 통제하는 데 있는 게 아니라, 이를 생각하지 않기로 마음가짐을 정하는 데 있다. 바로 여기에 해답이 있다. 그렇게 자신의 마음가짐을 스스로 선택했다면, 이기적인 생각이나 잡념을 떨쳐버릴 수 있고, 결국 지금 이 순간 상대방에게 집중할 수 있게 될 것이다. '마음가짐'만 잘 선택하면 '그 자리에 있기' 분야에서 박사학위도 문제없다.

여덟 번째 주 : '그 자리에 있기'란
얼마나 신나는 일인가!

마인드맵 연구 개발에 30년을 바친 토니 부전(Tony Buzan)은 "얼마나 신나는가!"라는 두 단어로 항상 우리를 즐겁게 해주었다. 그는 강의 시간에 학습의 원리를 설명하면서, 마술을 보여 주다가 실수로 공을 떨어뜨려도 "얼마나 신나는가!"라고 말하곤 했다. 학습 과정에서는 공을 떨어뜨리는 실수도 중요한 교훈이며, 이것이 없으면 학습이 이루어지지 않는다는 게 그가 전달하고자 했던 메시지이다. 그는 실수를 했다고 해서 스스로 부끄러워하거나 숨기려고 하지 않는다. 그리고 남들의 실수에 대해서도 "땡~! 틀렸잖아." 하고 말하기보다는, "얼마나 신나는가. 다시 한 번 해봐!"라고 말한다.

하루가 다르게 정신없이 돌아가는 세상에서 '그 자리에 있기'라는 것은 어쩌면 굉장히 어려운 일인지도 모른다. 사람들은 늘 시간에 쫓기고 일에 치여서 머릿속이 온통 엉망진창이라고 말하며, 그래서 지금 하고 있는 일에 집중하기 힘들다고 푸념한다. 만약 당신도 지금 쓸데없는 걱정에 파묻혀 허우적거리는 상태라면, 이렇게 말해보자!

"얼마나 신나는 일인가! 전라도 광주가 아니라, 경기도 광주에 갈 생각이었는데! 신나는 일이야! 다시 되돌아가면 되지 뭐."

스티븐의 큰딸 베스가 네 살 때 있었던 일이다. 어느 날 베스는 그에게 공원에 가자고 졸랐고, 그는 "그래, 가자!" 하고 흔쾌히 대답했다. 그런데 하필 그때 회사에 급한 일이 생겨 그는 그 약속을 지키지 못했다. 물론 그는 약속을 지키고 싶었지만, 중요한 출장 일정 때문에 어쩔 수가 없었다. 그리고 어영부영하다가 그 약속은 흐지부지 사라져 버렸다.

그리고 일년이 지난 어느 날, 스티븐은 갑자기 그때 딸아이와 했던 약속이 떠올랐다. 그는 딸에게 무척 미안했지만, 별다른 사과도 못하고 그냥 또 넘어가게 되었다.

스티븐은 어느 강연회에서 청중들에게 이 이야기를 털어놓았다. 그리고 일주일 후, 그날 그의 강연을 인상 깊게 들었다는 한 사람으로부터 이메일을 받았다. 그는 두 아이의 아버지라며, 자기도 일 년 전에 아이들과 뒤뜰에서 함께 야영하자고 약속만 해놓고 여태껏 지키지 못하고 있는 처지라고 이야기했다.

그는 스티브의 강의를 듣고 나서야 비로소 뭔가 중요한 것을 깨달은 것이다. 그리고 혼자서 이렇게 중얼거렸다고 한다. "얼마나 멋진 일인가! 나의 사랑하는 두 아들과 함께 무언가를 할 수 있다니. 뒤뜰에서 함께 야영하자고 처음 말을 꺼낸 게 벌써 일년이 되었구나." 그리고 그날 밤 그는 드디어 뒤뜰에 텐트를 치고 아이들과 함께 야영을 했다.

누군가를 위해 그 자리에 있으려면 당신의 머릿속의 혼란부터 없애야 한다. 그런 다부진 각오를 가지고 그 자리에 있으려고 노력을 해도, 언제인가는 당신도 분명 실수를 하거나 좌절하는 순간이 있을 것이다. 만약 그런 위기의 순간이 찾아오면 이렇게 외쳐보자. "얼마나 멋진 일인가!"

FISH! 연습 : 지금 이 순간

이번 주에 해야 할 과제를 수행하기 전에, 우선 아래에 있는 토머스 머턴(Thomas Merton)의 글을 읽어보자.

> "혼란스럽고 강압적인 현대인의 생활은 아마 타고난 폭력성의 형태로 가장 흔히 나타난다. 여러 가지 상충되는 관심사에 이리저리 떠밀려가도록 자신을 방치한다거나, 주체할 수 없을 만큼 많은 것을 욕망하며, 지나치게 많은 일에 관여하는 것, 그러면서도 매사에 모든 사람을 도와 주어야만 안심하는 것은 어쩌면 스스로가 가진 폭력성이라는 본능에 굴복하는 것일지도 모른다. 아니 굴복이 아니라, 어쩌면 난폭함에 대한 협력이라고 할 수 있을 것이다. 광포한 분노는 평화를 위한 자신의 노력을 무용지물로 만들어버리고, 평화에 대한 자신의 내적인 능력과 역량을 파괴한다. 더욱 심각한 문제는 분노가 내적인 역량뿐만 아니라, 내적인 지혜의 뿌리까지 파괴한다는 사실이다."

FISH! 연습

이번 주에는 '지금 이 순간'이 얼마나 소중한 것인지를 차분히 생각해보자. 그것은 세상에서 가장 값진 교훈이다. 그 교훈을 잘 생각해보면, 현재라는 공간에서 긴장이나 불안을 몰아낼 수 있을 것이다. 만약 '미래에 있을지도 모르는 어떤 일'로 걱정하고 있다면,

"얼마나 신나는 일인가!"라고 큰 소리로 말해 본다. 그리고 나서 심호흡을 몇 번 하고 현재에 집중한다. 다른 일에 신경 쓰지 말고 지금 해야 할 일을 생각해 보자.

지금 당신이 해야 할 일은 딸아이와 공원에 가는 일이고, 아내와 다정하게 대화를 나누는 일이며, 아들 녀석과 뒤뜰에서 야영을 하는 일이다. 지금 이 순간이 얼마나 소중한 것인지 계속해서 생각하고, 현재에 집중하려고 노력해보자. 미래에 대한 불안이나 과거에 대한 후회를 버리면, 현재는 놀라우리만큼 멋진 곳임을 알 수 있게 될 것이다.

당신은 지금 일을 하기로 마음먹을 수도 있고, 아이와 함께 공원에 가기로 결정할 수도 있다. '지금 이 순간'의 소중함을 알면, 마음이 가는 대로 어떤 것을 선택하든 아주 멋진 선택이 될 것이다. 앉아서 걱정만 하지 말고, 일어나서 움직이자. 그리고 다시 한번 외쳐보자. 얼마나 신나는 일인가!

아홉 번째 주 : 마음의 카드를 뽑다
내가 선택한 마음가짐은 무엇인가?

어느 날 카는 자기가 연극배우를 하던 시절에 깨달은 것이라며, 나에게 이런 이야기를 해주었다. "그냥 연기만 하는 배우는 관객들에게 진정한 감동을 주지 못해. 무대에 선 배우라면 그 순간을 연기라고 생각하지 말고, 완전히 그 연극 속의 인물이 되어야지."

나는 이 말을 곰곰이 생각해 보았다. 훌륭한 배우는 '연기'만 하는 배우가 아니다. 자신이 진짜 극중 인물이 되어 그 인물의 정서와 감정과 개성을 모두 몸과 마음에 새겨야 한다. 이것이야말로 우리 각자가 자신을 변화시킬 수 있는 힘을 가지고 있다는 증거이다.

당신이 어떤 마음가짐을 선택하느냐에 따라, 당신은 완전히 다른 사람이 될 수 있다는 것을 증명하는 것이다. 무대에 선 로미오와 줄리엣은 무대 밖에서의 각자의 삶을 완전히 버리고 완전히 다른 사람이 된다. 우리는 모두 그런 능력을 충분히 가지고 있다!

내가 맡은 가장 큰 역할—나 자신의 삶—을 준비할 때, 연극무대 위의 배우들을 떠올려보자. 연극의 대본 대신 마음가짐을 정하는 카드 한 벌을 펼친다고 생각해보는 것이다. 이 카드의 앞면에는 마음가짐을 설명하는 말이 쓰여 있고, 뒷면에는 그러한 마음가짐의 상태를 알려주는 데 도움이 될 만한 단어, 그림, 설명문구가 있을 수 있다. 바꾸어 말하면, 카드는 '마음의 상태'인 것이다.

내가 '평온함'이라는 카드를 선택했다면, 슈페리어 호수에서 내가 좋아하는 어떤 장소를 카드 뒷면에 그려놓을 수도 있다. 만약 '인내'를 선택했으면, 42km를 달려온 마라톤 주자가 결승테이프를 끊기 직전의 순간을 상상해볼 수 있다. 이기적인 마음을 버리고 조건 없는 사랑을 실천하고 싶다면, 테레사 수녀님의 모습을 그려보면 어떨까?

FISH! 연습

이번 주에 실천할 사항은 두 가지이다. 첫 번째 과제는 마음가짐 카드를 만드는 것이다. 우선 카드 다섯 장을 준비한다. 3×5사이즈 사진만한 크기의 빳빳한 종이카드가 적당할 것 같다. 여러 가지 마음가짐 중에서, 당신에게 가장 필요하다고 생각하는 마음가짐 다섯 가지를 생각해둔다. 그리고 다섯 장의 카드에 그 마음가짐을 하나씩 써 넣는다.

그렇게 다섯 장의 마음가짐 카드가 준비되었다면, 가까운 곳에 붙여두고 생각날 때마다 읽어본다. 한 시간에 한 번씩 시간을 정해놓고 봐도 좋고, 전화기 옆에 붙여 놓고 전화를 걸거나 받을 때마다 볼 수도 있다. 그때마다 마음속으로 당신 자신에게 이렇게 물어본다. '내가 선택한 오늘 나의 마음가짐은 무엇인가? 다섯 가지 중 한 가지를 선택했다면, 나는 내가 선택한 지금 그 마음가짐대로 잘하고 있는 것인가?

지금 당신의 마음가짐이 선뜻 마음에 들지 않는다면, 다른 것을 고르면 된다. 하지만 되도록 오늘 처음 선택했던 마음가짐대로 하루를 보내기 위해 최선을 다해보자.

나의 마음가짐 기록

지금 나의 마음가짐　　　　　　　　내가 선택한 마음가짐

-
-
-
-
-
-
-
-
-
-
-
-

열 번째 주 : 꼭 긍정적인 태도만 선택해야 하는 것은 아니다

  어느 회사의 사무실 벽에는 좀 특이한 구조물이 걸려 있다. 그것은 장식품이 아니라 수많은 버튼이 다닥다닥 붙어 있는 '마음가짐 선택의 벽'이라는 것이다. 직원들은 거기에 붙어 있는 수많은 버튼 중에 그날그날 마음에 드는 버튼을 눌러 그날의 마음가짐을 선택한다.

  '마음가짐 선택의 벽'이라고 부르는 그 벽에는 '평화로움', '인내', '긍정적인 자세', '활기찬 태도', '남을 돌보는 자세', '감성적인 태도', '생산적인 태도', '다정함' 등의 여러 가지 마음의 상태를 나타내는 마음가짐 버튼이 있다. 그런데, 이 여러 개의 버튼들 중에서 항상 사람들의 시선을 끄는 것이 하나 있다. 그것은 바로 '진저리내다' 버튼이다.

  이번 주에 생각해봐야 할 문제는 바로 우리가 인간인 이상 항상 긍정적인 태도만 선택할 수는 없다는 것이다. 하루하루 사는 게 정말 힘들고 고달프다면, 어떻게 항상 밝고 명랑한 마음가짐만 선택할 수 있겠는가? 가끔씩 그저 그런 태도를 선택하는 날도 있는 것 아닐까? 하지만 그 마음가짐이 긍정적이든 부정적이든, 마음가짐을 선택하는 주체는 당신 자신이므로 당신의 마음 상태를 가장 투명하고 솔직하게 표현해야 한다.

어느 유통회사의 유통조직 관리업무를 맡고 있는 웬디(Wendy)와 그웬(Gwen)은 사무실 출입문에 게시판을 걸어 놓고, 매일 아침 그 게시판에 각자가 선택한 그날 하루의 마음가짐을 써 놓았다. 사람들은 매일 일부러 그 사무실 앞을 지나며 그들이 어떤 마음가짐으로 오늘 하루를 보내고 있는지 살펴보곤 했다. 가끔 '실망'이라든가 '우울' 같은 말이 게시판에 씌어 있을 때도 있었지만, '자신만만' 혹은 '활기 넘침' 같은 말이 더 자주 눈에 띄었다.

이처럼 그들의 마음가짐이 늘 긍정적일 수는 없지만, 어쨌든 솔직한 마음가짐을 게시판에 써 둔다는 것 자체만으로도 다른 직원들에게 자극을 주었다. 직원들은 그 게시판 앞을 지나면서 그것을 보고 스스로에게 '오늘 나는 어떤 마음가짐을 선택할 것인가?'라는 질문을 던져보게 되고, 그런 질문을 해봄으로써 자기가 선택한 그날의 마음가짐으로 하루를 열심히 살 수 있게 되었다.

FISH! 연습

이번 주에 해야 할 일은 비교적 쉬운 일이지만, 아주 중요한 일이다. 우선 사무실 문 앞에 게시판을 걸어 놓고 당신이 선택한 그날의 마음가짐을 적어둔다. 그 앞을 지나다니거나 사무실을 출입하는 사람들은 당신이 써 놓은 것을 보고, 그 아래에 자기들이 선택한 그날의 마음가짐을 적어 놓을 수도 있을 것이다.

열한 번째 주 : 무엇이든 세계신기록을
세워보면 어떨까?

당신도 세계신기록보유자가 될 수 있다. 거짓말이 아니다. 비록 지금 나는 몸무게 106kg에, 뱃살은 세 겹으로 접혀 있는데다, 머리도 벗겨져 한마디로 볼품없는 대머리 할아버지이지만, 나는 세계신기록보유자이다. 믿을 수 없겠지만 사실이다.

1993년 나는 후바부바 경주대회(Hubba Bubba Road Race)에 참가하려고 루이지애나(Louisiana) 주 라파예트(Lafayette)에 갔다. 그때 내가 참가한 경기는 클라이즈데일(Clydesdale) 종(種) 말을 타고 5마일을 달리는 세계선수권대회였다. 성인남자 부문에서 클라이즈데일 종목 출전 자격을 얻으려면 체중이 90Kg 이상이어야 했는데, 나는 106Kg이었기 때문에 쉽게 출전 자격을 얻을 수 있었다.

드디어 경기가 시작될 무렵, 나는 출발선에서 준비하고 있던 경쟁자들을 훑어보았다. 출전자들은 나이에 따라 등번호의 색깔을 다르게 배정받았기 때문에, 그것으로 연령별 부문을 구별했다. 참가자들의 등번호를 쭉 훑어보니 출발선에 서 있는 사람들 중에 50세 이상 부문의 참가자는 나를 포함해서 다섯 사람밖에 없었다. 나는 경쟁자들을 찬찬히 살펴보았다. 다섯 사람 중 두 사람은 체중이 나보다 10Kg은 더 나갈 것 같이 보였다. 그 두 사람은 스피드와 민첩성에서 나의 적수가 안 될 것이다. 나는 자신만만했다. 승리가 바로 눈앞에 있는 것 같았다. 그 무거운 두 사람이 출발할 때 내 발등을 밟지만 않는다면 말이다.

드디어 출발 신호가 떨어졌다. 수십 마리의 말들이 한꺼번에 출발 지점을 차고 달려 나가자, 천둥소리처럼 우르르 쾅쾅 소리가 나며 땅이 울렸다. 나와 경쟁자들은 1마일을 지나는 지점에서 7분 15초를 기록했다. 그들과 나는 앞서거니 뒤서거니 하며 쫓고 쫓기는 추격을 계속했다. 속력을 늦추지 않고 꾸준히 달리려면 경쟁자들 사이를 파고들어가 했기 때문에 나는 네 번째 사람의 말 뒤에 바짝 붙었다.

드디어 결승선이 눈앞에 보이기 시작하자, 나는 나의 장기인 '막판 스퍼트'로 경쟁자들 앞으로 치고 나갔다. 그런데 내가 마지막 순간에 속력을 내자, 내 옆을 따라붙던 경쟁자가 당황하여 그만 다른 말에 걸려 넘어지고 말았다. 나는 넘어지는 그를 옆으로 날렵하게 피했고, 쏜살같이 앞으로 달려 나갔다. 결국 나는 그를 따돌리고 아슬아슬하게 34분 40초를 기록하며 세계선수권자가 되었다.

내가 우승했던 그 경기는, 마지막 5마일 후바부바 세계선수권대회였다. 그리고 나는 마지막 챔피언이 되었던 것이다. 그래서 지금까지도 그 종목의 세계챔피언에는 내 이름이 기록되어 있다. 요점이 뭐냐고? 작은 연못에서는 누구든지 큰 '물고기'가 될 수 있다. 당신은 세계챔피언이다. 아직 찾아내지 못했을 뿐이지, 당신만의 특별한 부문에서 당신은 독자적인 세계기록을 보유하고 있다. 게다가 더욱 신나는 것은, 우리가 우리 자신을 위해 무언가 노력할 때마다 새로운 세계기록이 만들어진다는 것이다. 자, 이제 도전할 일만 남았다.

당신에게는 당신만의 특기가 있다

열한 번째 주에는 당신이 이미 보유하고 있는 여러 가지 세계신기록을 경신하는 데 전력한다. 당신뿐만 아니라 팀원들의 기록도 새롭게 경신해본다. 이번 주에는 당신이 속한 팀에 적극적으로 기여하는 것에 기록을 세워보자. 그러다 보면 당신 자신만의 세계신기록도 세울 수 있을 것이다.

FISH! 연습

새롭게 무언가를 시작하려는 지금, 선뜻 자리를 털고 일어나지 못하고 있는가? 시동을 걸어줄 무언가가 필요하다면, 스스로에게 이렇게 물어보자. "내가 세계기록보유자가 된다면, 나는 지금 어떤 사람일까?" 사소한 것이라도 좋다. 지금 자신이 수행하고 있는 업무에서 최고의 기록을 세워 보라. 다음번에는 더욱 향상된 기록으로 기존의 기록을 새롭게 경신할 수도 있을 것이다. 못할 이유가 없지 않은가?

내가 뛰는 종목	내가 세운 세계신기록
•	
•	
•	

열두 번째 주 : 'FISH! 철학'으로
날마다 새로워지기!

내가 캠프 커리지(Camp Courage)에서 자원봉사를 하던 첫 해에 있었던 일이다. 그때 우리 조 아이들은 몸은 조금 불편했지만 마음 만은 어느 누구보다도 밝고 명랑했던 일고여덟 살짜리 개구쟁이 아이들이었다. 이 녀석들만 나타나면 여기저기서 깨지고 부서지는 소리가 들려왔지만, 나는 쾌활하고 명랑한 이 장난꾸러기들과 무척 즐겁게 지냈다. 장애아동들의 캠핑을 도와주면서 인상 깊은 사건도 무척 많았지만, 그 중에서도 나는 비버(Beaver)라는 아이를 아직도 잊을 수가 없다.

비버는 뻐드렁니가 귀여웠던 여덟 살짜리 남자 아이였다. '근육 위축증'이라는 희귀병을 앓고 있어서, 반듯하게 서 있거나 허리를 곧추세우고 똑바로 앉을 수 없는 아이였다. 근육 위축증은 근육이 점점 약해지는 병이었기 때문에 비버는 항상 휠체어에 구부정하게 앉아 있을 수 밖에 없었다. 하지만 비버는 늘 환하게 웃으며 다른 아이들과 친하게 지내는 명랑한 아이였다.

야영 두 번째 날은 도보 여행 프로그램이 예정된 날이었다. 우리 조였던 비버는 나에게 그 도보 여행에 따라가고 싶다고 말했다. 하지만 그날의 도보 여행은 휠체어가 쉽게 갈 수 있는 평탄한 포장도로를 따라가는 여행이 아니라, 다소 험한 숲길 여행이었다. 그래서 나는 비버를 데려갈 엄두조차 못 내고 있었다. 하지만 나는 한참을 고민하다가 마침내 비버를 데리고 가기로 결심했다. 사실 지금 와서 하는 얘기지만, 그때 내가 혈기왕성한 스무 살 청년이 아니었다면, 아마 그런 일은 꿈도 못 꾸었을 것이다.

우리는 우선 비버가 다치지 않도록 비버를 두툼함 비치 타월로 둘둘 말았다. 그리고는 이동주택차의 뒷부분을 분리해서 거기에 비버를 앉히고, 그것을 통째로 끌고 산을 넘었다. 휠체어 4대와 목발 6개를 끌고 일렬 종대로 줄지어 덤불 숲 속을 헤쳐나가는 모습을 상상해 보라. 한 시간 후에 우리는 볼이 발갛게 되어 다시 야영장으로 돌아왔다.

캠프가 끝날 때까지 비버는 계속 그 이야기뿐이었다. 나중에 들은 이야기지만, 캠프 일정을 마치고 집에 가는 동안에도 비버는 계속 그 숲길 도보 여행 이야기만 했다고 한다.

이듬해 여름, 나는 캠프 커리지에 참가할 아이들의 신청서를 챙기고 캠핑 프로그램을 준비하면서 비버의 파일을 찾아보았다. 하지만 유감스럽게도 비버는 그 해 캠프에는 참가할 수가 없었다. 아니 영원히 캠프에 참가할 수 없었다. 그 아이는 병세가 급속히 악화되어 결국 그 이전 해 겨울을 넘기지 못했다는 것이다.

나는 비버처럼 여름 캠프로 돌아오지 않은 친구들, 베트남에서 돌아오지 못한 병사들, 그리고 나보다 먼저 세상을 떠난 사람들을 생각해 보았다. 우리가 아무 생각 없이 보내고 있는 하루하루가 얼마나 소중한 것인지 사람들은 잘 모르고 있다. 지금 손에 쥐고 있는 빛나는 삶의 순간순간을 모래알처럼 손가락 사이로 빠져나가도록 놔둔다거나, 지겨운 일상을 그저 다른 곳으로 가기 위한 임시 정류장쯤으로 여기는 사람들이 많다. 이것은 얼마나 큰 낭비인가!

지난주의 과제는 매일 신기록을 세우며 매순간을 충실하게 살자는 것이었다. 이것은 우리의 삶에 경의를 표하는 한 방법이기도 하다. 삶 자체의 귀중함을 알고 그것에 감사하는 생활을 말하는 것이다. 삶에 대한 당신의 열정을 남들에게도 전달해 줄 수 있다면, 당신으로 인해 그들의 삶은 달라질 것이다. 그리고 '삶은 너무나 소중한 것이라서, 한순간이라도 그냥 지나치기에는 너무나 아깝다.'는 사실을 함께 공감할 친구가 또 한 명 늘어나는 것이다.

FISH! 연습

항상 지니고 다니면서 스스로와의 약속을 상기시켜 줄 만한 물건을 찾아본다. 볼 때마다 매순간 충실하게 살겠다는 당신 자신의 결심을 생각나게 해주는 것이어야 한다. 특별한 의미를 부여할 수 있는 것이라면 좋고, 다른 사람들이 그게 무어냐고 궁금해 할 만한 물건이라면 더욱 좋다. 남들이 왜 머리에 낙지모양 핀을 꽂고 다니느냐고 물으면, 그에게 당신의 비전을 이야기해 주어라. 그러면 동시에 당신은 누군가의 마음에 작은 불씨를 지필 수도 있다. 그렇게 시간이 지날수록, 그리고 더 많은 사람들에게 당신의 비전을 이야기할수록, 당신이 가진 비전과 스스로의 다짐은 더욱 단단해질 것이다.

만약 다른 사람들이 당신에게 뭘 믿고 그렇게 낙관하느냐고 묻거든, '선택'에 대해 이야기해보라. 이것은 상대방에게 그들 자신의 선택이 얼마나 중요한 것인지 이해시키는 데 큰 도움이 될 것이다.

누군가에게 그의 가능성과 잠재력을 깨울 수 있도록 도와줄 기회가 생긴다면, 최선을 다해서 도와주어야 한다. 그것은 당신이 이 세상에 남겨 놓을 수 있는 가장 값진 유산이며, 이런 것들로 인해 우리는 우리가 가진 각자의 한계를 매일 조금씩 무너뜨릴 수 있게 될 것이다.

코카 · 콜라 보틀링 사의
'파 '철학' 적용사례

물고기와 함께 항해를 시작한
코카 · 콜라 보틀링 사는 어떤 회사인가?

코카 · 콜라는 1886년 미국 조지아 주 애틀랜타의 존 S. 펨버튼 (John S. Pemberton) 박사에 의해 제조되기 시작한 이후, 전세계 200여 개국에서 판매되고 있는 청량음료 브랜드이다. 우리 나라에는 1950년대 초 한국전쟁 당시 미군들을 위한 군납품용으로 들어와 첫 선을 보였지만, 국내에서 본격적으로 생산을 시작한 것은 1968년 첫 보틀링 업체였던 한양식품에 의해서였다.

그후 두산음료, 우성식품, 호남식품 및 범양식품에서 코카 · 콜라를 생산 및 판매를 해왔으나, 1997년 이들 중소음료업체들이 IMF라는 험난한 파고를 이기지 못하고 연쇄부도와 도산을 맞으면서, 현재의 한국 코카 · 콜라 보틀링(주)가 탄생하게 되었다. 당시 코카 · 콜라는 외국 기업으로서는 가장 많은 액수였던 약 10억 달러(약 1조 2천억 원) 이상을 투자하여 이들 중소 보틀링 업체를 인수하고 모든 임직원들을 승계하는 방식으로 새로운 회사를 만들었다. 그리고 현재 몇 명의 임원진을 제외한 약 3,000여 명의 직원 모두 한국인이며, 다국적 기업으로는 국내에서 가장 많은 한국인 직원을 고용한 외국 기업이라고 할 수 있다.

한국 코카 · 콜라 보틀링(주)는 고객을 최우선으로 생각하는 경영 철학을 바탕으로 지역사회와 함께 발전하고자 노력한다. 그러한 노력의 일환으로 수재민 돕기나 체육활동 지원 등에 투자수익의 일부를 환원하는 모범을 보여주기도 하였다. 다음과 같은 경영철학과 인재상을 바탕으로 고객과 지역사회를 위해 사회적 책임을 다하는 기업으로 성장하고 있다.

〈한국 코카 · 콜라 보틀링(주)의 인재상〉

- **현상에 도전하는 사람**

  변화와 혁신을 선도하고, 높은 목표를 설정하고 도전하는 인재 그리고 그 도전에 수반될 수 있는 위험을 감수할 수 있는 인재

- **비전을 공유할 수 있는 사람**

  회사의 성장과 발전에 따라 주어지는 무한한 기회를 미리 준비하고 이에 대비하여 꾸준히 자신과 조직의 역량을 개발해 가는 인재

- **팀 플레이를 잘 하는 사람**

  개인의 성과에 더하여 조직 단위의 시너지를 창출하고, 혼자 일하기보다는 함께 팀 플레이를 하며, 조직 전체를 위해서는 성공사례뿐 아니라 실패사례까지도 공유하고 함께 배울 수 있는 인재

- **역할 모델이 될 사람**

  솔선하여 회사의 가치를 실천하고, 말만 앞세우는 것이 아니라 행동과 함께 이루어진 결과로 이야기함으로써 신뢰를 쌓아 가는 인재

- **감성 지능이 발달한 사람**

  내 · 외부 고객의 마음과 정서를 이해하고 팀워크와 협력을 이루어내는 데 필수적인 관계형성과 네트워크 구축에 능한 감성적 인재

〈한국 코카 · 콜라 보틀링(주)의 경영철학〉

- **신뢰의 구축**

  우리는 솔직하고 열린 의사소통을 견지하며, 업무처리 방식에서도 개인적인
  모범을 보여 줌으로써 우리와 관계되는 모든 사람들에게 신뢰를 심어 간다.

- **탁월함의 추구**

  우리들은 내 · 외부의 고객에게 최고의 제품과 최상의 서비스를 제공하며,
  그러기 위해서 우리가 하는 모든 일이 최고의 부가가치를 창출하도록 노력
  한다.

- **팀워크의 존중**

  우리들은 스피드와 유연성을 중시하고 변화를 선도해 나가는 하나의 팀이다.
  따라서 조직의 경계를 초월하여 팀워크를 이루고 즐겁게, 열심히 일한다.

- **평생교육의 실천**

  우리는 개인이나 조직이 가지고 있는 잠재 능력의 개발을 중시하며, 이를
  위한 정보 공유와 아이디어 교환, 교육과 자기개발 지원에 지속적으로 투자
  를 한다.

- **사회적 책임 완수**

  우리는 기업 시민으로서 기업이 져야 할 사회적 책임을 다한다. 일터에서의
  안전과 생산에 따른 환경오염 문제는 법적 요구사항보다 더욱 엄격한 기준
  으로 자체 관리하며, 사원들에게는 개개인의 능력에 입각하여 공정한 기회
  를 보장한다.

위와 같은 경영철학과 이념을 지닌 한국 코카·콜라 보틀링(주)는 다국적 기업답게 끊임없는 학습과 성장을 계속해 왔지만, 과거 여러 보틀링 업체의 통합에서 오는 문화적 갈등과 이로 인한 반목 및 생산성 저하, 대기업 특유의 건조한 직장 분위기 등 내재된 문제도 적지 않았다.

그런데 최근 이 회사에 심상찮은 변화의 바람이 불고 있다. 사무실 곳곳은 물론, 심지어 화장실 거울에까지 붙어 있는 재미있는 포스터와 구호들, 생동감과 에너지가 넘치는 직원들의 표정…. 그렇다. 'FISH! 철학'이 도입된 것이다.

물고기와 함께 한 한국 코카·콜라 보틀링(주)의 변화

한국 코카·콜라 보틀링(주)는 부서간에 존재하는 물리적 장벽뿐 아니라 심리적 장벽을 제거, 에너지 넘치는 팀 분위기를 조성하고 보다 역동적인 팀워크를 이끌어내기 위하여 부서 단위로 'FISH!' 프로그램을 도입하였다. 그것은 단순한 조직도상의 통합을 넘어 조직원 모두가 하나 되는 정서적, 심리적 통합을 이룸으로써 궁극적으로 '하나의 회사에 하나의 기업문화(one Corporate, One Culture)'를 조성하기 위한 기반작업이었다.

생생하게 살아있는 조직, 즐겁고 행복한 일터, 서로가 서로에게 활기를 불어넣어 주고 변화와 창조의 에너지가 끊임없이 꿈틀거리는 곳…. 그러한 일터를 만들기 위한 그들의 '변화의 여정'은 그렇게 시작되었다.

우선 'FISH! 철학'을 본격적으로 일터에 적용하기 위해서 한국 코카 · 콜라 보틀링(주)는 부서 단위로 지속적으로 'FISH! 교육'을 실시하였다. 한 마디로 에너지 넘치는 직장 분위기 조성과 문화적 공감대를 형성하기 위한 대장정을 시작한 것이다. 참가자들은 이 교육 프로그램을 통해서 'FISH! 철학'을 자신들의 업무에 접목시키는 방법을 배우는 한편, 이를 곧바로 실제 현장에 구현하고자 많은 노력을 기울였다. 다행히 현재까지 교육에 대한 참여도와 만족도는 5.0 만점에 평균 4.5를 훨씬 넘어서는 대단히 호응도 높은 결과를 나타내었고, 실제로 교육과정에서 도출된 다양한 아이디어를 실제 업무현장에 적용하는 모습도 눈에 띄게 달라지고 있다.

자, 그러면 한국 코카 · 콜라 보틀링(주)에서 'FISH! 철학'이 어떻게 구현되고, 어떤 변화의 모습들이 일어나고 있는지를 실제 업무 현장에 들어가 좀더 구체적으로 살펴보기로 하자.

그날의 마음가짐 선택하기 :
마음가짐이 나의 하루를 결정한다!

'FISH! 철학' 교육 이후 가장 많이 변화된 모습 중의 하나는 "나 자신의 생각, 즉 나의 하루를 즐겁게 시작하는 것"이다. 실제로 이 'FISH! 철학'을 처음 알게 된 많은 사람들이 네 가지 원칙 중에서 '그날의 마음가짐을 선택하기'가 가장 인상적이었다고 말한다.
《펄떡이는 물고기처럼》에는 "비록 우리가 어떤 일을 하는가에 있어서는 선택의 여지가 없다 하더라도, 우리가 어떤 방법으로 그 일을 할 것인가에 대해서는 항상 선택의 여지가 있다. 직업을 대하는 태도는 우리가 선택한다. 매일 일터로 가져오는 태도를 선택한다. 그 선택은 일하는 방법을 결정한다."는 인상적인 메시지가 실려 있다.

내가 어떤 자세와 태도로 일터에 임하느냐에 따라 그날 하루 일하는 방법이 달라지며 결과적으로 일에 대한 만족도도 현격하게 달라진다는 이야기다.

'태도 선택' 은 전적으로 나의 마음가짐에 따라 결정되는 문제이다. 누가 뭐라고 해도 내가 어떻게 생각하느냐에 따라 긍정적인 자세로 일터에 임하느냐, 부정적인 자세로 임하느냐가 결정된다.

FISH! 교육 후 몇몇 부서에서는 '그날의 마음가짐 선택하기' 를 구현하기 위해서 〈태도 선택 메뉴판〉이라는 것을 제작했다. 그리고 그것을 사람들이 많이 드나드는 화장실과 출입구 등에 붙여놓고, 그것을 볼 때마다 그날의 마음가짐을 다잡고 업무에 임하는 자신의

 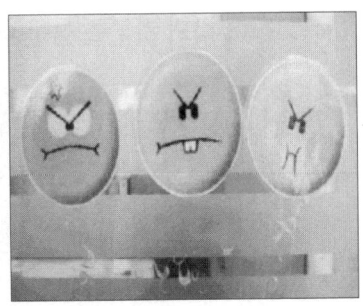

〈그림 1〉 그날의 마음가짐을 선택한다

자세와 태도를 선택하는 활동을 하고 있다.

　사람은 하루 동안 오(5)만 가지 잡생각을 한다고 한다. 그런데 그 중에서 49,900가지가 전부 부정적인 생각이고, 긍정적인 생각은 겨우 100가지 정도뿐이어서, 세상사는 일이 괴롭고 짜증나는 스트레스의 연속으로 느껴질 수밖에 없다고 한다. 하지만 한국 코카 · 콜라 보틀링(주) 사람들은 다르다. 그들은 이제 모든 변화의 시작과 중심은 '나 자신이고, 나의 변화를 통해서 행복을 얻을 수 있다는 점'을 깨닫고 실제로 이를 실천하고 있다. 우리는 그러한 모습을 현장에서 쉽게 목격할 수 있다. '펄떡이는 물고기' 철학을 통해서 삶의 에너지를 충전한 한국 코카 · 콜라 보틀링(주) 사람들은 항상 '펄떡이는 마음가짐'을 가지고 오늘 하루도 더욱더 적극적인 자세로 재미있게 일하고 있다. 그리고 그들의 얼굴에는 이제까지와는 달리 보다 적극적이고 긍정적인 사고방식으로 회사생활을 하고 있는 모습이 역력하다.

〈그림 2〉 화장실에 설치된 태도 선택 메뉴판

그들의 변화된 모습은 결국 마음먹기에 따라 동일한 일이라도 현격하게 다른 의미로 다가온다는 사실을, 그리고 어떤 일에 대한 마음가짐이 우리들의 사고와 행동방식에 얼마나 현격한 영향을 미치는지를 우리들에게 가르쳐준다.

모든 것이 스스로의 마음가짐에 달려 있다는 것, 마음먹기에 따라 같은 일도 완전히 다르게 할 수 있다는 것을 잘 알게 된 한국 코카·콜라 보틀링(주) 사람들의 얼굴에는 어느 때보다 더 밝은 미소가 피어나고 있다.

그 자리에 있기 :
나는 그동안 그 자리에 없었다!

'그 자리에 있기' 원칙은 나에게 살아가는 행복감과 가치를 제공해주는 나 아닌 모든 사람들을 위한 것이다. 그들이 말하지 않는 의도나 감정까지 포착해서 상대방과 물리적으로 뿐만 아니라 심리적으로 함께 하는 자세와 태도이다.

'그 자리에 있기' 원칙을 구현하기 위해서는 반드시 상대방과 함께 늘 물리적으로 같이해야 되는 것은 아니다. 설령 물리적으로는 함께 하지 못하지만 내 마음만은 늘 당신을 생각하고 아끼는 마음을 갖고 있음을 상대방이 느낄 수 있도록 하는 것이 중요하다. '그날의 마음가짐 선택하기'가 나 자신의 마음가짐이라고 한다면 '그 자리에 있기'는 상대방을 지향하는 나의 마음가짐이라고 볼 수 있다. 따라서 '그날의 마음가짐 선택'은 나 자신을 내면적으로 지향하는 자신과의 대화라고 한다면 '그 자리에 있기' 원칙은 타인을 지향하는 타인과의 무언의 대화를 통해 나 자신의 마음가짐을 추스리는 과정이라고 볼 수 있다.

FISH! 교육 이후 '웃으며 동료 대하기'와 '눈을 마주치면서 대화하기'라는 평범한 아이디어를 실천함으로써 '그 자리에 있기' 원칙을 구현하고 있다. 내가 당신의 생각을 잘 들어 주고 있으며, 당신의 영원한 응원자이자 삶의 전부까지도 같이 할 수 있다는 믿음과 신념을 눈과 표정을 통해서 보여주는 것이다. 아니 보여주는 것이라기보다는 그런 표정과 느낌을 공유하고 공감하는 가운데 내 곁에는 늘 든든한 후원자가 함께 하고 있다고 느낄 수 있도록 해주는 것이다.

〈그림 3〉과 같이 '그 자리에 있기' 원칙은 구체적인 실천대안도 중요하지만 무엇보다도 상대방을 아끼고 사랑하는 마음가짐이 가장 중요하다. 이것은 그 사람을 생각하고 아끼는 마음이 밖으로 표출되는 것이므로, 진실한 마음가짐만이 서로간의 관계를 더욱 공고하게 다져줄 수 있다.

'그 자리에 있기'는 비단 업무나 회사 내의 사람들에 국한된 이야기가 아니다. 만약 당신이 항상 새벽에 나가서 오밤중에 돌아오는 가장이라면, 아내와 아이들에게 편지라도 써서 그동안 '그 자리에 있어 주지' 못해서 미안하다는 심정을 토로할 수도 있다.

결국 '그 자리에 있기' 원칙은 궁극적으로 무엇이 우리의 인생에서 소중한지에 대해서 생각해 보게 한다. 그것은 나와 더불어서 살

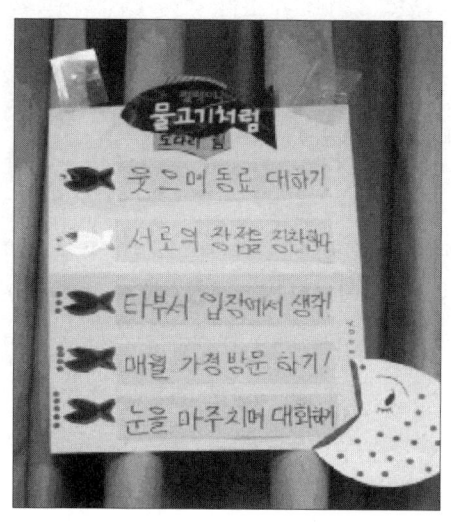

<그림 3> '그 자리에 있기' 원칙을 구현하기 위한 아이디어

아가는 사람들, 즉 나의 가족, 나의 동료, 나의 이웃 등과 함께 살아
가는 공동체적 삶의 기본 철학이라고 볼 수 있다.

**그들의 날 만들어 주기 :
고객의 행복은 나의 행복**

'그들의 날 만들어 주기'에서 '그들'이란 음으로 양으로 나에게
행복을 주는 모든 사람을 말한다. 나의 행복을 위해서 누군가가 나
를 배려해 주었다면, 그동안 나는 나 아닌 다른 사람의 행복을 위해
무엇을 했을까? 그들로 하여금 영원히 잊을 수 없는 추억을 만들어
주었다거나, 특별한 체험을 할 수 있도록 재미있는 이벤트를 마련

해 본 적은 있는가?

《펄떡이는 물고기처럼》에서는 '그들의 날 만들어 주기'의 좋은 점을 이렇게 이야기하고 있다.

"고객을 잘 대접하는 것은 우리에게 다른 사람을 섬김으로써 받을 수 있는 만족감을 줄 것이다. 그것은 우리로 하여금 자신의 문제들로부터 눈을 돌려, 다른 사람들을 위해 어떻게 긍정적인 변화를 제공해 줄 수 있을 것인지에 주의를 집중하도록 할 것이다. 이는 건강한 생각이며 우리 기분을 좋게 해 줄 것이고, 오히려 타인에게보다 우리 자신에게 더 많은 에너지를 만들어 줄 것이다."

일부 부서에서는 'FISH! 교육'이 끝난 후 〈그림 4〉와 같이 팀별로 실제 작업현장에서 이를 실천하기 위해 '그들의 날 만들어 주기 달력'을 만들어서 활용하고 있다.

팀원들은 이 달력에 기념일이라든지 재미있는 추억거리를 써놓기도 했고, 지루한 일상을 벗어나게 해줄 즐거운 이벤트 계획을 표시하기도 한다. '그들의 날 만들어 주기 달력'을 볼 때마다 직원들은 'FISH! 철학'을 다시 한 번 떠올리며 '동료들과 회사가 나를 위해서 이런 배려를 해주고 있구나.' 하는 것을 느낄 수 있었다고 한다.

또한 재미있는 이벤트를 열어주는 쿠폰이나, 즐거운 일터를 만들기 위한 놀이 쿠폰을 모은 쿠폰 북도 발행하고 있다. 그리고 1년에 한 번씩 직원들의 가정을 방문하기도 하고, 직원들의 기념일에는 부서별로 파티를 열어준다. 〈그림 5〉와 같이 복권을 발행하기도 하는데, 운 좋게도 이 복권에 당첨된 사람은 식권을 선물로 받고, 그를

〈그림 4〉 '그들의 날 만들어 주기' 실천을 위한 달력

위한 축하음악이 연주된다.

'그들의 날 만들어 주기'는 나보다는 남을 먼저 생각하는 마음과
행동의 구체적인 표현이다. 서로가 상대방을 생각하고 배려해주는
마음이 가득할 때, 조직 내적으로는 따뜻한 인간적 정이 오고가는
정감어린 일터로 변화될 것이다.

고객을 만날 때도 마찬가지이다. 고객 한 사람 한 사람에게 '그들
의 날 만들어 주기' 원칙을 실천한다는 것은 고객들로 하여금 잊을
수 없는 특별한 체험을 할 수 있는 기회를 주는 것이다. 단순한 상품
판매와 서비스 제공에 그치는 것이 아니라, 제품과 서비스는 물론
이고 고객에게 '독특한 경험'까지 보너스로 선물하는 것이다.

과거처럼 제품과 서비스에 대한 대가를 지불하는 것이 아니라,
이제는 제품과 서비스, 이들과 함께 제공받은 특이한 경험에 대한

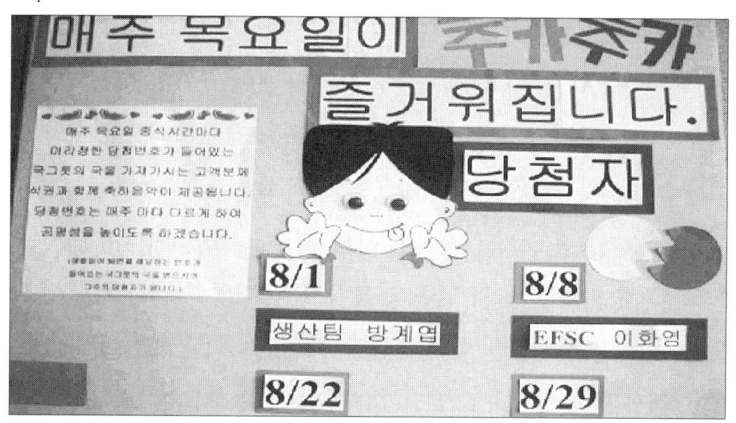

〈그림 5〉 '그들의 날 만들어 주기' 실천을 위한 경품권 행사

값을 지불하는 시대이다. 바야흐로 '소유의 시대'는 막을 내리고 '접속의 시대'가 되었기 때문이다. 이 말은 고객체험의 경제가 활짝 열렸다는 것을 뜻한다. 이제 질 좋은 상품이나 차별화 된 서비스를 제공하는 것만으로는 부족하다. 경쟁우위를 유지하려면 고객에게 체험을 선물해야 하는 시대다. 고객들이 특정회사의 제품을 잊지 않고 자주 찾는 이유는 상품의 질과 서비스의 수준이 좋아서라기보다는 다른 회사에서 제공하지 못하는 신기하고 새로운 경험, 독특한 체험 때문이다.

이러한 고객 체험의 경제가 도래한 시점에서 한국 코카·콜라 보틀링(주) 사람들은 우선 나의 동료, 상사, 직원 등 내부고객을 위한 '내부고객의 날'을 만들었다. 내부고객 만족과 감동, 그리고 환희 체험이 우선적으로 이루어지지 않고서는 이들이 상대하는 외부고객들의 만족과 감동, 그리고 환희체험은 달성될 수 없다고 생각했기 때문이다. '내부고객의 날'에 이들은 재미있는 이벤트를 열고 내부고객을 즐겁게 해줌으로써, 궁극적으로 업무에 더욱 몰입하고 만족스러운 회사생활을 해 나갈 수 있도록 돕는다.

아울러 이들은 코카 · 콜라의 브랜드 가치와 기업 이미지를 기반으로, 고객에게 '그들의 날을 만들어주는' 다양한 행사도 벌이고 있다. 이러한 행사들을 통해 그들은 고객에게 더욱 가까이 다가가고 고객과 함께 성장하고 발전한다는 이미지를 심어주고자 노력하는 것이다.

일터를 놀이터로 만들기 :
작은 아이디어지만 큰 실천을 가져오는 놀이 찾기

'FISH! 교육'을 받은 후 일어나는 변화 중에서 가장 주목할 만한 변화는 이제는 활기와 열정, 즐거움이 넘치는 일터를 만들 수 있겠다는 팀원들의 자신감이다. 그리고 그들이 실제로 일터에 복귀하여 '작은 혁명'을 일으킨다는 점이다. 그것은 한국 코카 · 콜라 보틀링 (주)도 예외가 아니었다.

'FISH! 철학'으로 무장한 부서원들의 아침은 그 어느 부서보다도 활기차다. 그들은 출근하면서 모두 큰 소리로 인사를 나누고, 동료들과 함께 '파이팅!'을 외치면서 활기차게 하루를 시작한다. 또 하루 일과를 시작하기 전 다양한 유머와 생생한 정보를 공유하고, 자신의 신상 등에 관해 이야기를 나누면서 지금 우리가 몸담고 있는 일터는 그 누구의 것도 아닌 우리 스스로가 만들어가는 삶의 터전임을 재확인하곤 한다. 〈그림 6〉은 이러한 노력의 일부를 보여주는 모습이다.

'일터를 놀이터로 만들기'의 성공은 무엇보다 '실천' 여부에 달려 있다. 사소한 아이디어라도 그것을 실제로 실천하느냐, 아니면 생각만 하고 실천하지 않느냐에 따라 우리 업무현장의 모습은 여러 가지 면에서 엄청난 차이를 보여주기 때문이다.

놀이라는 것이 무언가 굉장히 특별하고 거창한 방법일 필요는 없다. 한국 코카 · 콜라 보틀링(주) 사람들은 비록 작은 아이디어라도 그것을 직접 실행에 옮겼을 때 우리의 일터에는 생각지도 못했던 커다란 변화가 일어난다는 사실을 직접 체험을 통해 깨닫고 있다. 그들이 처음에 부담없이 시작한 '놀이'는 마음이 맞는 동료끼리 취미활동을 같이 한다거나, 출근시간에 신나는 음악을 틀어주기 등이다. 또 한 사람이 하루에 적어도 상대방을 한 번 정도는 칭찬해주는 '1일 1찬(讚) 운동'을 펼치기도 하고, 각 부서 별로 일터의 지루함

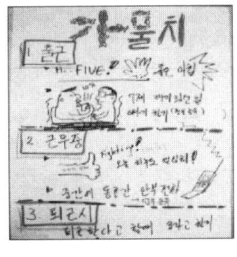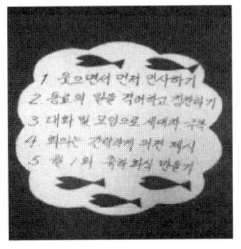

〈그림 6〉 일터를 놀이터로 만들기 위한 노력

을 달래주고 활력을 불어 넣어주는 각종 행사를 개최하기도 한다.

직원들 스스로가 생각해낸 아이디어를 적극 반영하여 모든 사람이 즐겁게 하루를 시작할 수 있도록 회사는 최선의 배려를 아끼지 않았다.

이 밖에도 사내 '열린 음악회'를 수시로 개최함으로써, 우리의 일터가 단순히 '일만 하는 곳'이라는 고정관념을 불식시키고 바야흐로 일터를 일상적 삶의 많은 부분을 차지하는 중요한 삶의 터전으로 함께 승화시켜 나가고 있다.

'FISH! 챔피언'이라는 상도 계획하고 있다고 한다. 이것은 연말에 'FISH! 철학'의 네 가지 원칙을 가장 잘 실천한 사람에게 상을 주고 격려하는 행사이다. 이러한 행사는 'FISH! 철학'이 단순히 직원교육을 위해 추진한 일시적인 교육 프로그램이 아니라 전체적인 기업문화를 개혁할 수 있는 변화의 핵심이자 구체적인 실천방안이라는 것을 모두가 인식하자는 데 있다.

영업 현장의 판매팀장들은 즐거운 일터를 만들기 위해 노래 테이프도 제작해서 배포하고 있다. 1집은 'FISH! 교육' 때 나왔던 노래들로 구성되어 있고, 2집은 판매팀장들의 애창곡으로 꾸며졌다. 그리고 앞으로 나올 예정인 3집은 판매팀장들이 직접 부른 노래로 엮을 계획이라고 한다. 이 아이디어는 직원들이 업무중에는 차안에서 보내는 시간이 많다는 점에 착안하여 제안했다고 한다. 각자 달려가는 곳은 모두 다르지만, 같은 노래를 함께 듣는 셈이니까, 동질감을 느낄 수 있다는 설명이다.

'일터를 놀이터로 만들기' 원칙은 앞서 살펴 본 '그날의 마음가

짐 선택하기', '그 자리에 있기', '그들의 날 만들어 주기'가 통합
되어서 시너지 효과를 발휘할 때 더욱 빛을 발할 수 있다(〈그림 7〉
참고).

이제 사람들은 긍정적이고 적극적인 마음가짐으로 출근할 것이
고, 그런 개개인의 마음가짐으로 회사는 재미있고 즐거운 일터가 된
다. 마음가짐 선택의 문제는 철저하게 개인의 문제라 할 수 있겠지
만, 그것의 효과는 나 아닌 다른 사람과의 관계 속에서 빛을 발한다.
그것은 다른 사람들과 함께 헤엄쳐 가는 물고기 철학이기 때문이다.

'그 자리에 있기'와 '그들의 날 만들어 주기'는 혼자서 할 수 있
는 일이 아니다. 내가 아무리 노력해도 나와 관계를 맺고 있는 상대
방이 바뀌지 않는다면, 결과적으로 달라진 나의 태도 역시 원점으
로 돌아가는 경우도 많다.

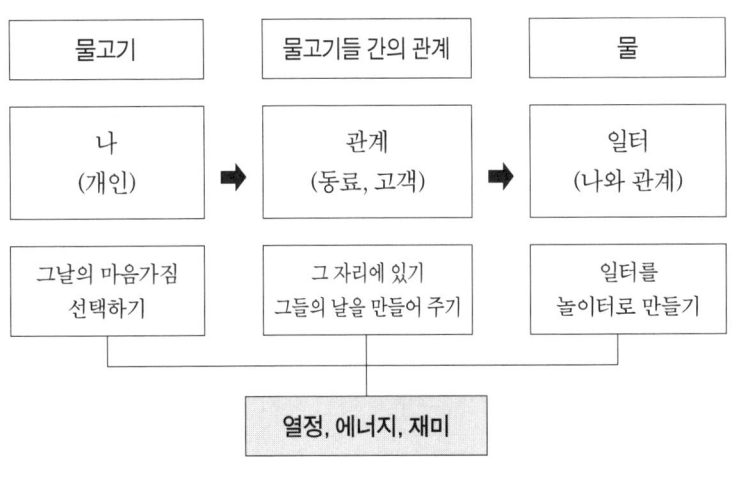

〈그림 7〉 FISH! 철학 해부도

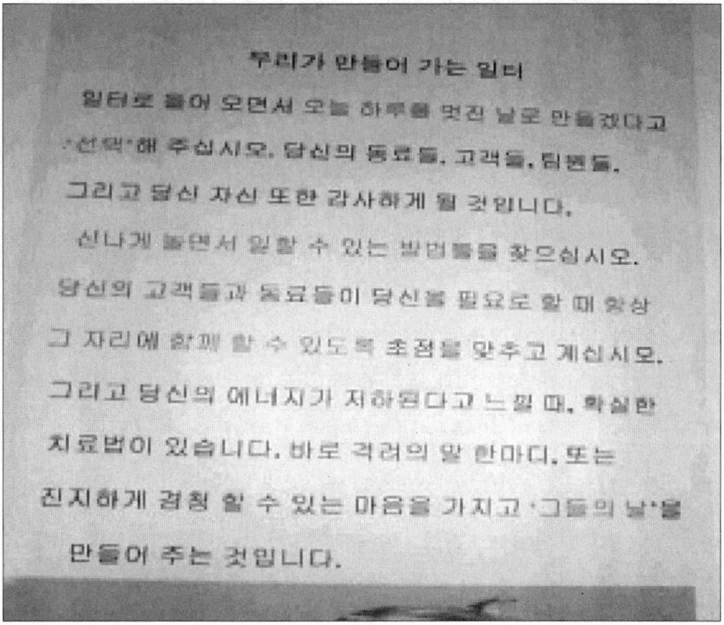

<그림 8> 'FISH! 선언문'

　우리가 매일 아침 출근하는 직장은 사람사이 관계맺음의 연속이
라고 할 수 있다. 놀이를 통해 일터를 놀이터로 바꾸자는 이야기는
혼자서만 일을 놀이처럼 즐겁게 하자는 것이 아니라 함께하는 놀이
를 통해 나, 동료들, 나의 일터, 그리고 이 모든 것의 관계들까지 모
두 바꾸자는 것이다. 그래야만 본래 의도했던 조직의 변화를 이끌
어낼 수 있다. 한국 코카 · 콜라 보틀링(주) 직원들의 변화노력도
바로 이런 개인, 사람관계, 그리고 일터를 바꾸자는 데에 역점을 두
고 있다.

　그들은 〈그림 7〉처럼 'FISH! 철학'에 대한 의지를 다지고, 그것을

실제 업무 현장에 확실히 적용시키기 위해 〈그림 8〉과 같은 'FISH! 선언문'을 작성했다. 그리고 그들은 이 선언문에서 스스로 선언한 대로 자신들의 일상 업무와 함께 하는 'FISH! 철학'을 만들어 가고 있다.

모두가 함께 만들어 가는 즐거운 일터, 바로 한국 코카 · 콜라 보틀링(주)의 예에서 우리는 'FISH! 철학'의 모범적인 전형을 엿볼 수 있었다. 이들을 보며 한국에 'FISH! 철학'을 처음 소개한 《펄떡이는 물고기처럼》과 이 책의 역자로서 작은 보람을 느낀다. 앞으로도 더 많은 사람들이 'FISH! 철학'을 현실로 옮겨와 자신의 사무실에서 펄떡이게 하길 기원해 본다. FISH!는 여기 이 책갈피 사이가 아니라, 우리의 삶 한가운데서 힘차게 펄떡여야 한다.

〈그림 9〉 'FISH! 철학'을 구현해나가는 한국 코카 · 콜라 보틀링(주) 사람들

ᘓ 감사의 글 ᘓ

이 책의 출판을 준비하면서 이제까지 발표했던 수십 편의 기고문들을 검토하고 있을 때, 갑자기 오래된 이야기 하나가 떠올랐다.

"책을 한 권 쓰려면 몇 사람의 저자가 필요한가?"라는 질문에 누군가 "펜을 잡는 것은 한 사람이지만, 페이지를 넘기는 데는 열두 사람이 필요하다."고 대답했다.

실제로 이 책을 위해 펜을 잡은 것은 차트하우스 사의 필 스트랜드와 왕참치 박사로 통하는 본인 스티븐 C. 런딘 두 명이다. 우리의 공동작품에 나온 이야기들은 다양한 곳의 다양한 사람들을 직접 만나서 들은 생생한 실제 이야기들이다.

예컨대, 우리는 미주리 침례교 의료센터에 직접 방문해서 그들의 놀라운 활동을 눈으로 직접 확인할 수 있었다. 레오와 지휘자의 이야기도 실제 주인공인 레오에게서 들은 이야기이다. 우리는 미주리 침례교 의료센터뿐만 아니라, 이 책에 소개된 다른 회사들도 모두 직접 방문했었고, 그곳의 직원들로부터 살아있는 'FISH! 철학' 경험담을 들을 수 있었다. 그 펄떡이는 경험담을 바탕으로 이 책이 완성되었다.

그래서 여기에 언급된 이름들은 전부 실명이고, 이야기도 모두 실화이다. 바쁜 와중에도 싫은 내색 한번 없이 자기들의 경험담과 생각을 말해 준 등장인물 모두에게 깊은 감사를 드린다.

공저자인 존 크리스텐슨은 'FISH! 이야기' 라는 다큐멘터리 영화를 시리즈로 제작했다. 그는 'FISH! 철학'을 실천하는 회사들의 펄떡이는 이야기와 그들의 생생한 변화 과정을 다큐멘터리 필름에 담는 작업을 했다. 존은 카 헤거먼을 비롯한 많은 친구들의 도움을 받아 이 책에 나온 네 가지 이야기 중 하나를 다큐멘터리 영화로 만들기도 했다.

존은 다큐멘터리 제작과 함께, 우리를 위해 여러 가지 에피소드와 사례들을 바지런히 수집해주었다. 그는 '세계를 변화시킬 놀라운 이야기를 들려주는 것'을 비전으로 삼은 차트하우스 사의 최고 경영자이기도 한데, 여기에 나온 이야기들은 대부분 차트하우스의 직원과 고객이 주고받은 대화에서 나온 아이디어들이다.

우리에게 이런 좋은 소재를 제공해 준 차트하우스의 교육상담 직원들뿐만 아니라, 차트하우스 웹사이트와 FISH! 연못을 개발한 마케팅통신 팀, 차트하우스 사를 운영하는 모든 직원들에게도 고마움을 전하고 싶다.

공저자인 해리 폴은 우리에게 기업과 조직에 대해 현명한 조언을 많이 해주었고, 편집도 맡아주었다. 그는 지금 'FISH! 철학'에 대한 순회 강연 중인데, 아침 운동을 하는 동안에도 운동보다는 얘깃거리를 수집하느라 비지땀을 흘리고 있다고 한다.

필과 내가 이 책을 쓰는 동안, 페이지를 넘겨준 고마운 사람들이 있다. 세상에서 가장 유능한 편집자인 빌 슈발베를 비롯한 하이페리언 출판사의 인재들, 특히 이 책을 쓰자고 제의한 하이페리언의

밥 밀러 사장에게 감사드린다.

마지막으로 우리의 훌륭한 세 동료, 레이 크리스텐슨, 카 헤거먼, 크리스 브룩스에게 감사한다. 이들은 좋은 소재와 그것을 맛깔스럽게 해줄 양념 같은 이야기를 모아주었고, 제일 처음 우리에게 'FISH! 철학'을 책으로 써보라고 권유하며 용기를 주기도 했다. 카는 특히 자신의 풍부한 경험을 바탕으로 우리에게 세상을 다르게 보는 법을 가르쳐 주었고, 그것은 우리가 이 책을 저술하는 데 매우 큰 도움이 되었다.

마지막으로 항상 나를 격려해주고 믿어주는 가족들에게 고맙다는 말을 남기고 싶다. 세상에 이들 말고 무엇이 더 필요하겠는가?

ﾟ 옮긴이의 글 ﾟ

《펄떡이는 물고기처럼》이라는 책을 번역한 지도 어언 2년이 다
되었다. 그 당시 번역을 하면서 무겁고 우울하기만 했던 우리 나라
의 일터에 'FISH! 철학'이 어떤 생기를 심어줄 것이라고 기대했었
다. 그리고 실제로 그 책에 나온 네 가지 'FISH! 철학'은 우리의 일
상에 펄떡이는 에너지를 충전시켜 주었고, 일터에 새로운 활력을
불어넣으며 많은 직장인들에게 커다란 희망과 용기를 심어 주었다.
'놀이', '그 자리에 있기', '그들의 날을 만들어주기', 그리고 '그
날의 마음가짐 선택하기', 이 네 가지 원칙은 지루한 일상에 일대
소동을 일으켰고, 일터에 새로운 희망을 싹트게 하여 좌절과 실의
에 빠진 사람들에게 새로 시작할 수 있는 용기를 주었다.

일터를 재미있는 놀이터로 만들면 모두가 재미있고 신나게 일할
수 있다. 재미있고 신나게 일하면 생산성이 저절로 올라갈 뿐만 아
니라, 직원들 모두가 열정과 에너지로 충만하게 되어 죽어지내던
하루하루가 갓 잡아 올린 물고기처럼 생생하게 살아날 것이다.
《펄떡이는 물고기처럼》에서 무겁게 가라앉은 '유독성 폐기물 더
미' 팀이 몰라보게 달라지는 과정을 지켜보았다면, 이번엔 우리가
바로 그렇게 해 볼 차례이다. 시애틀의 파이크 플레이스 어시장에
서 유래한 'FISH! 철학'은 이제 우리의 일터에까지 활력과 생동감,
에너지를 넘쳐흐르게 하고 있다. 네 가지 'FISH! 원칙'은 평범하고

지루하던 일상을 즐거운 축제의 나날로 바꾸어 놓았다.

　《펄떡이는 물고기처럼》에서 건져 올린 'FISH! 철학'에 많은 사람들이 공감했던 이유는 그것이 평범한 사람들의 소박한 일터에서 실제로 벌어졌던 일을 바탕으로 한 생활 속의 철학이기 때문일 것이다. 'FISH! 철학'을 통해서 많은 사람들은 실제로 아침에 일어나 자신이 선택하는 그날의 마음가짐에 따라 하루가 전혀 달라진다는 것을 체험했다(그날의 마음가짐 선택하기). 그리고 보이는 곳이든, 보이지 않는 곳이든 우리를 위해서 고마운 일을 해주는 사람들을 다시 생각해보며, 나 역시 누군가에게 행복을 주기 위해 그에게 집중하고 늘 그 자리에서 그와 함께하는 것이 중요하다는 사실도 깨달을 수 있었다(그 자리에 있기). 또, 다른 사람들을 기쁘게 해주고, 그에게 잊지 못할 즐거운 추억을 만들어주는 것(그들의 날 만들어주기)이 얼마나 신나는 일인지, 다양한 아이디어로 일터를 재미있는 놀이터로 만드는 일(놀이)이 얼마나 재미있는지도 깨닫게 되었다. 우리는 'FISH! 철학'을 통해, 지루하고 답답하던 직장이 활력과 즐거움으로 가득한 곳으로 변신하는 놀라운 모습을 확인했다.

　그러나, 이러한 네 가지 'FISH! 철학'은 이제까지 존재하지 않았던 전혀 새로운 철학이 결코 아니다. 평범한 사람들이 살아가는 삶의 한가운데, 오늘도 무심히 스쳐 지나간 직장인들의 일터에서 벌어지는 일들이다. 고객을 만나고 동료들과 함께 일하는 가운데 발견해낸 평범한 일상철학이다.

《펄떡이는 물고기처럼 그후 이야기》는《펄떡이는 물고기처럼》에 제시된 네 가지 'FISH! 철학'이 실제 일터에서 어떻게 적용되고 있는지를 생생한 실화를 통해 보여주는 책이다. 네 가지 'FISH! 철학'을 현장의 목소리로 담아내고 있으며, 그들이 'FISH! 철학'을 실천하면서 겪은 놀랍고 감동적인 경험담을 엮은 책이다.

'놀이' 원칙을 일터에서 실천하면서 일대 소동을 일으킨 '스프린트 글로벌 커넥션 서비스 사', '그들의 날을 만들어 주기'를 실천하면서 자동차를 사러오는 손님들에게 잊지 못할 추억과 즐거움, 때로는 감동을 선사하고 그들 자신도 기쁨을 함께했던 '로체스터 포드 도요다 사', '그 자리에 있기'를 통해서 환자에게 편안함과 만족감을 주어 가족 같은 병원으로 변신한 '미주리 침례교 의료센터', 마지막으로 '그날의 마음가짐 선택하기'를 통해 힘들고 위험한 작업에 즐거운 마음으로 안전하게 임할 수 있었던 '타일 테크놀로지 건축회사'의 사례는 우리 주변에서도 쉽게 발견할 수 있는 평범한 직장의 모습이기에 더욱 친근하고 가깝게 느껴진다.

그러한 사례들을 보며 우리는 이 'FISH! 철학'에 한 발짝 더 가깝게 다가갈 수 있었고, 실제로 이들을 통해 우리의 일터와 삶을 혁신할 수 있다는 자신감도 얻었다. 이제 남은 것은 실천이다. 직접 'FISH! 철학'에 풍덩 빠져서 내 삶에 물고기가 펄떡이게 할 수 있도록 실천을 하느냐는 어디까지나 여러분에게 달렸다. 생각만 하고 직접 실천하지 않는다면 'FISH! 철학'뿐만 아니라 세상의 어떤 것도 소용없는 것이다. 사소한 실천이라도 직접 해는 것, 직접 부딪혀 보는 것이야말로 가장 중요하다. 그럼으로써 스스로가 원하는 방향으로 헤엄쳐갈 수 있도록 자신을 바꾸고, 지금 몸담고 있는 일터까지도 주도적으로 바꾸어 나가야 하는 것이다.

　조직 구성원 개개인이 물고기라면, 그 물고기가 살기 위한 삶의 기반은 물이다. 물은 곧 조직이고, 물이 오염되면 물고기가 살 수 없듯, 조직이 오염되면 구성원들도 조직에서 살 수 없다. 물고기가 힘차게 펄떡이려면 물고기의 생존 기반인 물부터 깨끗하게 지켜야 한다. 또한 물이 아무리 맑아도 미꾸라지 한 마리가 그 물을 흐려 놓는다면, 다른 물고기들과 함께 살아가는 맛과 멋이 사라질 것이다. 조직의 여건과 시스템적 기반도 중요하지만, 그 속에 몸담고 있는 개개의 조직 구성원들의 조화가 꼭 필요하다는 말이다.

　이제까지 한국의 기업교육은 나와 다른 사람이 맺고 있는 관계의 질과 시스템, 조직 문화 등은 바꾸지 않은 채, 오로지 개인의 사고와 행동을 변화시키는 것에만 주력해왔다. 주변여건은 개선하지 않고 개인의 사고와 행동만 바꾸려고 했던 것이다. 똑똑한 개인을 키워냈지만, 똑똑한 개인의 똑똑함이 발현될 수 있는 환경은 조성되어 있지 않다. 오히려 똑똑한 개인을 방해할 뿐이었다. 그것은 더러운 물을 놔두고 물고기에게 일방적으로 삶의 방식을 바꾸라고 요구해 온 꼴이다.

　"파이크 플레이스 어시장에 가면 모든 사람들이 행복하다. 정신 없이 폭소가 터져 나오고, 삶의 에너지가 파도를 친다! 머리 위로 여기저기 물고기가 날아다니고, 사람들은 마치 놀이를 하듯 신나게 그 놈을 잡으러 다닌다."

원래 일과 놀이는 하나였다. 지금까지 전해 내려오는 고대의 노래들은 대부분 노동을 하면서 불렀던 노동요가 아닌가. 선인들이 지금보다 훨씬 더 고된 노동을 하면서도 삶의 활력을 잃지 않았던 것은 바로 일과 놀이가 하나였기 때문이다. 그런데 언제부터인가 일과 놀이가 분리되기 시작했다. 그러면서 노동은 더 이상 신성한 것이 아니라, 그야말로 밥벌이의 수단으로 전락하고 말았다.

'FISH! 철학'은 침체된 조직 분위기에 기운을 불어넣고 일터를 재미있고 신나는 곳으로 바꾸는 데 크게 한몫을 하고 있다. 뿐만 아니라, 삶에 임하는 개인의 가장 기본적인 자세와 태도를 긍정적으로 바꾸어 준다는 것, 그리하여 활기찬 삶을 살아가는 보석 같은 지혜를 알려준다는 점에서 큰 의의가 있다.

《펄떡이는 물고기처럼》과 함께 이 책《펄떡이는 물고기처럼 그후 이야기》가 여러분의 일상에 새로운 변화를 시도해볼 수 있는 계기가 되었으면 한다. 뿐만 아니라, 반복되는 일상에 지친 수많은 직장인들에게 새로운 도전 의지를 심어주고, 문제 해결의 돌파구를 찾는 데 작게나마 도움이 되길 바란다.

2002년 10월
시리도록 짓푸른 가을 하늘 한가운데에서
지식생태학자 유 영 만 識

☞ 저자 소개

스티븐 C. 런딘(Stephen C. Lundin, Ph.D.)은 왕참치 박사라는 별명으로 불리며, 작가이자 영화제작자이며 전문 컨설턴트이다. 현재 FISH! 캠프의 수석 카운슬러를 맡고 있다. 또한, 경영학 연구소 활동의 일부로 정기적인 세미나를 운영하고 있으며, 미네아폴리스에 위치한 세인트 토마스 대학에서 창의력과 기술 혁신 연구소(Institute for Creativity and Innovation)를 이끌어가고 있다.

존 크리스텐슨(John Christensen)은 영화제작자이자 차트하우스 사의 최고경영자이다. 수많은 기업에서 사용되고 있는 교육용 비디오 FISH!를 비롯하여 여러 가지 기업용 학습영화를 제작하고 있다.

해리 폴(Harry Paul)은 켄 블랜차드 사의 부사장으로 컨설팅 업무를 맡고 있는 유명강사이다. Nelson Motivation 사의 강사교육을 담당하고 있으며, 특별 프로젝트들을 종합하는 역할을 맡고 있다.

필립 스트랜드(Philip Strand)는 차트하우스 사의 전담 작가로서, 이 책을 저술하는 데 큰 도움을 주었다.

☞ 옮긴이 소개

유 영 만

한양대학교 사범대학 교육공학과 석사과정을 마친 뒤, 미국 플로리다 주립대학에서 교육공학 박사학위를 취득하였다. 미국 플로리다 주립대학 Learning System Institute 연구원을 역임하고, 삼성경제연구소 인력개발원을 거쳐, 현재 한양대학교 교육공학과 교수로 재직 중이다.

저서로는 《e세상 e러닝》, 《민사고 천재들은 하버드가 꿈이 아니다》, 《죽은 기업교육, 살아있는 디지털 학습》, 《지식경영과 지식관리 시스템》, 《지식경제 시대의 학습조직》 등이 있고, 역서로는 《펄떡이는 물고기처럼》, 《디지털 경제를 배우자》, 《열린조직 열린경영》 외 다수가 있다.

한언의 사명선언문

Our Mission

−. 우리는 새로운 지식을 창출, 전파하여 전 인류가 이를 공유케 함으로써 인류문화의 발전과 행복에 이바지한다.

−. 우리는 끊임없이 학습하는 조직으로서 자신과 조직의 발전을 위해 쉼없이 노력하며, 궁극적으로는 세계적 컨텐츠 그룹을 지향한다.

−. 우리는 정신적, 물질적으로 최고 수준의 복지를 실현하기 위해 노력하며, 명실공히 초일류 사원들의 집합체로서 부끄럼없이 행동한다.

Our Vision   한언은 컨텐츠 기업의 선도적 성공모델이 된다.

저희 한언인들은 위와 같은 사명을 항상 가슴 속에 간직하고
좋은 책을 만들기 위해 최선을 다하고 있습니다.
독자 여러분의 아낌없는 충고와 격려를 부탁드립니다.

- 한언가족 -

HanEon's Mission statement

Our Mission

−. We create and broadcast new knowledge for the advancement and happiness of the whole human race.

−. We do our best to improve ourselves and the organization, with the ultimate goal of striving to be the best content group in the world.

−. We try to realize the highest quality of welfare system in both mental and physical ways and we behave in a manner that reflects our mission as proud members of HanEon Community.

Our Vision
HanEon will be the leading Success Model of the content group.